Buena nueva sobre
Sexo y matrimonio

EDICIÓN REVISADA

Buena nueva sobre
Sexo y matrimonio

Respuestas a tus preguntas honestas
sobre la doctrina católica

EDICIÓN REVISADA

CHRISTOPHER WEST

Prólogo de
Charles J. Chaput, O.F.M., Cap., Arzobispo de Denver

ASCENSION
PRESS

West Chester, Pennsylvania

Nihil obstat: Rev. Gerard Beigel, s.t.d.
                Censor Librorum
                Sr. Timothy J. McCarthy, j.c.l.
                Vice Canciller, Arquidiócesis de Denver
Imprimatur: S.E.R. Mons. Charles J. Chaput, o.f.m. Cap.
                Arzobispo de Denver
                27 de abril de 2004

Las notificaciones *nihil obstat* e *imprimatur* se aplican al texto de la versión original inglesa, de la que esta versión en español es una traducción fiel.

Todas las citas de la Escritura, a menos que se indique especialmente, están tomadas de La Biblia de Navarra en esta traducción, Copyright 1983 y siguientes. Facultad de Teología. Universidad de Navarra. Ediciones Universidad de Navarra S.A (EUNSA). Plaza de los Sauces 1 y 2. Barañaín-Pamplona (España).

Citas de la Traducción Española del *Catecismo de la Iglesia Católica,* versión oficial, propiedad de la Santa Sede, Segunda Edición, 1992.

Redacción de: Come Alive Communications, Inc., www.CatholicTranslation.com

ISBN-13 978-1-932927-96-2

Publicado por Ascension Press
Post Office Box 1990
West Chester, PA 19380
Pedidos: 1-800-376-0520
www.AscensionPress.com

Versión original en inglés ©2000, 2004, por Christopher West y la Arquidiócesis de Denver. Publicada por St. Anthony Messenger Press, Cincinnati, OH 45202. Utilizada bajo licencia.

12 13 6 5

Impreso en EE.UU.

A mi amada esposa, Wendy.
Sin su amor por mi condición de hombre, no sería lo que soy,
ni podría haber escrito este libro.

Contenido

Prólogo

Aquí tiene una apuesta segura: apostaría que la mayoría de los que abren este libro han oído hablar de una "crisis de vocaciones" en la Iglesia. Esto ha sido tema de conversación generalizado en los últimos treinta años. Y se han escrito miles de artículos al respecto. Probablemente usted ha visto varios.

Aquí tiene otra apuesta segura: apostaría que casi todos esos artículos y conversaciones se referían a sacerdotes y religiosas —tenemos tan pocos, y en el futuro tendremos menos. Y por supuesto, necesitamos más sacerdotes y religiosas, y en muchas partes de Estados Unidos la escasez es realmente seria.

Pero hay una tercera apuesta segura: apuesto que muy pocos de esos artículos y esas charlas se referían a la más severa crisis vocacional de todas: la del matrimonio y la familia. Dios nos llama a cada uno y a cada una por nuestro nombre, para participar en su creación, cada uno a su manera. *Todos* tenemos una vocación. El matrimonio es una vocación. La paternidad es una vocación. No es por accidente que la mayoría de los sacerdotes y religiosas salen de familias católicas que creen, viven su fe y se aman. De hecho y en muchas formas diferentes, el amor mutuo del marido y la esposa es la piedra fundamental sobre la que se edifican todas las otras vocaciones. Matrimonios y familias sólidas edifican una Iglesia vital y llena de alegría. Y lo contrario es también verdad. Familias que aman tibiamente a Dios y son indiferentes al culto que se le debe tributar, debilitan todas las otras dimensiones de la vida de la Iglesia. Por eso es que la Iglesia necesita con urgencia de hombres y mujeres que puedan brindar el ejemplo y la orientación que nuestras familias necesitan.

Usted encontrará que Christopher West es exactamente esa persona: se expresa bien, con alegría y es fiel a la Iglesia, y con un amor apasionado por Jesucristo y el Evangelio. Como marido y padre, escribe a partir de su experiencia. Conoce los problemas y alegrías de la vida matrimonial. Conoce de primera mano las objeciones a la doctrina de la Iglesia, porque ha tenido que luchar para afrontarlas. Y tiene el don extraordinario de hacer fácilmente accesibles las verdades más importantes —demostrando de manera convincente y refrescante los "por qué" de lo que la Iglesia enseña.

Sin duda el lazo más tierno y estimulante del amor conyugal es la intimidad sexual. Es también el que se malentiende y se confunde con mayor facilidad. Por esa razón el testimonio de una persona como Christopher West resulta tan valioso. En su libro *Buena nueva sobre sexo y matrimonio*, toma la "teología del cuerpo" de Juan Pablo II y la hace fácil de entender, convincente e importante para las parejas casadas de hoy. Su análisis sobre la Iglesia y sobre la anticoncepción es simplemente extraordinario. De hecho, este libro es una especie de "catecismo de la doctrina católica sobre el sexo y el matrimonio" —y por consiguiente, perfecto para los cursos de preparación al matrimonio, catequesis de adultos (RICA), educación de adultos y enriquecimiento matrimonial.

Pero no es un libro teórico ni un texto de estudio. Es más bien una fuente de *nutrición práctica*, porque muestra continuamente que al tratar honestamente los problemas del sexo y el matrimonio nos enfrentamos cara a cara con todo el mensaje evangélico y lo que significa en nuestras vidas. Se llama *Buena Nueva* por una razón realmente buena. Es un libro sobre nuestra condición humana y sobre el drama humano de nuestra creación, de nuestra caída y de nuestra redención en Jesucristo, que es verdaderamente la Buena Nueva —*buena nueva* porque hay auténtico poder en Cristo para vivir la verdad.

Haga un favor a la Iglesia —y a usted mismo. Lea y relea este libro. Aliente a todos los que usted conoce a hacer lo mismo.

Si quiere contribuir a resolver el problema de la "crisis de vocaciones"... puede empezar por aquí.

Charles J. Chaput, O.F.M. CAP.
Arzobispo de Denver, Colorado

Agradecimientos

Agradezco profundamente a los siguientes hombres y mujeres que me han ayudado a hacer realidad este libro:

- Papa Juan Pablo II, sin cuya sabiduría este libro no podría haberse escrito.

- Todos mis profesores en el Instituto Juan Pablo II, por los conocimientos que me transmitieron, especialmente a William May, Lorenzo Albacete, David Schindler, Mary Shivanandan, Stanislaw Grygiel y Robin Maas.

- Todo el personal de Servant Publications, especialmente Bert Ghezzi, por la fe con que me han honrado desde el momento que le sugerí la idea de este libro, y a Paul Thigpen, por su ayuda para editar el manuscrito.

- Al Arzobispo Chaput, por haber escrito el prólogo y haberme animado en mi trabajo.

- Fran Maier, por promover mis esfuerzos.

- Rebecca Knoell y Helena Díaz, por haber ayudado en la investigación.

- Jeanette Stackhouse, por leer y criticar cada capítulo a medida que los iba escribiendo.

- Padre James Moreno, por su ayuda en la sección de derecho canónico.

- Michael Kowalewski, por su investigación sobre orígenes del feminismo.

- David Morrison, por su ayuda en el capítulo ocho.

- William May, Padre Richard Hogan y Padre Gerard Beigel por ayudarme a pulir finalmente el manuscrito.

- Greg Weidman, por sus comentarios y su corrección de pruebas de todo el manuscrito.

- Y Wendy West, por contribuir con su "equilibrio femenino" a mi perspectiva masculina.

Introducción

El hombre no puede vivir sin amor. Él permanece para sí mismo un ser incomprensible, su vida está privada de sentido si no se le revela el amor, si no se encuentra con el amor, si no lo experimenta y lo hace propio, si no participa en él vivamente. Por esto precisamente, Cristo Redentor, como se ha dicho anteriormente, revela plenamente el hombre al mismo hombre. .

Papa Juan Pablo II[1]

Creciendo dentro de la Iglesia Católica en las décadas de 1970 y 1980, yo tenía muchas dudas y también objeciones, sobre la doctrina de la Iglesia sobre la sexualidad y el matrimonio. Cuando mis hormonas se dispararon, descarté prácticamente todo lo que me habían enseñado sobre "mantenerse puro". Sin embargo, en los años que siguieron, mi conducta sexual me hizo pagar caro.

En el primer año de Universidad, me encontré profunda y dolorosamente confundido sobre mi identidad como ser humano. No podía negar el hecho que me había buscado todas estas penas y confusión por mis propias conductas y actitudes sexuales. La exuberante promiscuidad de la vida en la residencia de estudiantes sólo servía para exagerar la falta de sentido de esa vida.

Las historias de "conquistas sexuales" que nos contábamos, y que sin duda exagerábamos, como novatos, me hacían darme cuenta más y más de la posibilidad de hacer cosas terribles. En cada "conquista" había una mujer al otro lado, que había sido usada y descartada. Y a nadie le importaba.

Todo esto hizo crisis para mí una noche que me tocó presenciar la violación "en cita" de una muchacha en uno de los dormitorios (esto sucedía en una universidad católica). La experiencia me perseguía. ¿Cómo podía un hombre tratar a una mujer como una mera "cosa", para satisfacer sus deseos sexuales? Pero mientras más me hacía esta pregunta con respecto a lo que me había tocado presenciar, tanto más tenía que hacerme esta pregunta a mí mismo.

Nunca he violado a nadie, pensaba. *Pero ¿soy tan distinto de ese tipo en la forma como he tratado a las muchachas, en mi propia manera de pensar y en mi actitud? ¿No estoy usando a mi amiga para divertirme sexualmente?* Cuando terminé por ser honesto conmigo mismo, tuve que reconocer que no era mucho mejor que el violador.

En esos momentos de profunda introspección, llegué a estar muy enojado con Dios. "¡Le diste esas hormonas a los hombres!" E insistía: "Parece que me meten a mi, y a todos los que conozco, en un montón de problemas realmente terribles.

¿Qué se supone que puedo hacer con ellas? ¡Quiero saber la verdad! ¿Qué es esto del sexo, al fin de cuentas? ¿Qué es ser hombre?"

Esa oración me llevó a aventurarme en busca de la verdad sobre el sexo. Cristo había dicho: "Buscad y hallaréis" (Mt 7, 7). De modo que empecé a buscar.

En resumen, lo que terminé por encontrar fueron los escritos del Papa Juan Pablo II. Encontré un hombre que había vuelto a pensar y a presentar la doctrina de la Iglesia sobre el sexo y el matrimonio en una forma muy profunda y muy original. Su obra ha llevado a una nueva "revolución sexual" que promete desarrollar lo que sus predecesores no pudieron: la verdadera satisfacción del deseo que nos mueve a todos —amar y ser amados.

En realidad, la contribución de Juan Pablo II a las enseñanzas de la Iglesia con respecto al sexo y al matrimonio es tan vasta, que más de los dos tercios de lo que ha dicho la Iglesia sobre el tema viene de sus labios. Y sin embargo, su obra es prácticamente desconocida por el católico corriente. Cuando sus ideas reciban el reconocimiento que merecen, el mundo va a presenciar la restauración del matrimonio y la familia, y el desarrollo de una verdadera cultura de vida. Tal será, según creo, la nueva primavera de la fe de la que ha hablado tan a menudo.

En el curso de unos pocos meses devoré su *Teología del cuerpo*,[2] su Exhortación apostólica *El papel de la familia cristiana en el mundo moderno (Familiaris consortio*[3]*)*, y su libro *Amor y responsabilidad*.[4] Lo que leí me traspasó el corazón. De alguna manera, este viejo pontífice soltero era capaz de poner el dedo en la llaga de mis más profundos sentimientos y ayudarme a encontrarles sentido.

Era capaz de explicar los *por qués* detrás de las *doctrinas* que enseña la Iglesia, en una forma que mostraba la profunda belleza de las razones originales de Dios al crearnos varón y hembra. Y alteró en forma radical la manera como me veía a mí mismo como hombre, la manera como miraba a las mujeres, la manera cómo entendía a la Iglesia y a Dios. En suma, me cambió mi manera de ver *todo*. Supe en ese momento que iba a continuar el resto de mi vida estudiando las ideas de este Papa y compartirlas con los demás.

Ahora, dedicado a educar a tiempo completo sobre las enseñanzas de la Iglesia en materia del sexo y el matrimonio, tengo oportunidad de hablar en forma regular a distintas audiencias sobre estos temas. Dondequiera que vaya, la gente me hace preguntas sinceras y agudas sobre la doctrina de la Iglesia. Hacen preguntas y objeciones que les pesan en el corazón y que afectan íntimamente sus propias vidas y las vidas de los que aman. Tales preguntas y objeciones requieren respuestas sinceras, directas y completas —respuestas que se refieren a las más íntimas áreas de la vida humana en forma concreta, y que puedan ayudar a la gente a reconocer el sentido de lo que parecen enseñanzas "anticuadas" y "arbitrarias" de la Iglesia.

Inevitablemente, al extraer de mi propia experiencia y de las enseñanzas de Juan Pablo II para explicar las doctrinas de la Iglesia, la gente me responde: "Fui a escuelas católicas toda la vida, y nunca escuché esto. ¿Por qué?" Otros me responden entre lágrimas: "Si hubiera sabido antes estas cosas, a lo mejor hubiera podido evitarme tantos sufrimientos y tantos errores."

Este libro nació de esas conversaciones. Es un libro que gente como ustedes me han ayudado a escribir. He reunido preguntas y objeciones de adultos solteros, de parejas de novios, de recién casados, de parejas que han estado casadas por diez, veinte y aun cuarenta años; de católicos, protestantes y gente sin fe; de los que están feliz o infelizmente casados, y de los que han sufrido la pena del divorcio. Presento todas aquí, y me dirijo a ellas, una por una.

Siguiendo la guía de Juan Pablo, el primer capítulo expone los fundamentos bíblicos del plan de Dios para el sexo y el matrimonio. Los capítulos que siguen se dividen por temas, y se presentan en un formato de preguntas y respuestas. Lo que quiero es que sea tan completo como sea posible con respecto a lo que la gente quiere saber. Aun cuando uno pueda tener dudas que no sean tratadas directamente, se puede encontrar los elementos que lo lleven a descubrir una respuesta católica formada.

Algunos lectores pueden querer encontrar respuestas a problemas específicos, para una referencia más rápida. Está bien, pero hay que recordar que cada capítulo está basado en el anterior. Para obtener el cuadro completo, se deben leer los capítulos uno después del otro. Y también recomiendo encarecidamente tener paciencia y leer las notas explicativas al final. Además de las referencias, con frecuencia contienen información útil, incluyendo fuentes adicionales y cómo ordenarlas.

Le pido a Dios de todo corazón que, sea la que sea su situación en la vida, este libro le ayude en su búsqueda para saber, entender, vivir y experimentar la hermosa verdad sobre el amor humano. Porque allí es donde encontramos la imagen de lo divino, un gozo anticipado del cielo —la satisfacción completa de nuestros deseos más íntimos.

Christopher West

1

El Gran Misterio

Colocando los cimientos

No existe el "gran misterio", que es la Iglesia y la humanidad en Cristo, sin el "gran misterio" expresado en el ser "una sola carne"... en la realidad del matrimonio y de la familia.

Papa Juan Pablo II[1]

La doctrina de la Iglesia sobre sexo y matrimonio es *buena nueva*. Esta verdad debe ser recalcada desde el comienzo. Es buena nueva porque es la verdad con respecto al amor, y el verdadero amor es lo que satisface a la persona humana.

Pero la doctrina de la Iglesia sobre sexo y matrimonio es también noticia que nos *desafía*. Esto es así porque la verdad sobre el amor es siempre un desafío.

Cuando escudriñamos el verdadero significado de la sexualidad, llegamos al fondo de nuestro ser como hombres o mujeres. Encontramos nuestros deseos y aspiraciones más profundas y, al mismo tiempo, nuestros temores más profundos, nuestras heridas, egoísmos y pecados. He aquí el desafío: debemos encarar la realidad de nuestra humanidad —lo bueno y lo malo— si queremos descubrir la verdad sobre nuestra sexualidad. Inevitablemente esto nos lleva a la cruz. Porque es Cristo el que, al mostrarnos la verdad sobre el amor, nos muestra el significado de la vida.

"Que os améis los unos a los otros como yo os he amado" (Jn 15, 12). Estas palabras de Cristo resumen el significado de la vida *y* el significado de la sexualidad humana. En su esencia, la moral sexual consiste en expresar el amor de Dios por medio de nuestros cuerpos. Esta es la razón por la que el Papa Juan Pablo II ha llegado a decir que si vivimos de acuerdo a la verdad de nuestra sexualidad, satisfacemos el verdadero sentido de nuestro ser y de nuestra existencia.[2]

Pero lo opuesto también es cierto. Si no vivimos de acuerdo a la verdad de nuestra sexualidad, extraviamos el significado de nuestra existencia. Se nos escapa la verdadera alegría, la verdadera felicidad.

En consecuencia, las disputas sobre la moral sexual no son meras discusiones sobre diferentes perspectivas éticas, distintas interpretaciones de la Escritura o de la autoridad de la Iglesia contra nuestra conciencia personal. No, calan mucho más hondo que aquello. En su raíz, las disputas sobre la moral sexual son disputas sobre el significado verdadero de la vida.

La Iglesia nunca cesa de proclamar que Cristo vino al mundo no sólo para mostrarnos el significado de la vida, sino también para darnos la gracia para superar nuestros temores, nuestras heridas, egoísmos y pecados para poder vivir una vida de acuerdo a ese significado. El verdadero amor es posible. Tal es la promesa que la Iglesia nos ofrece en su doctrina sobre el sexo y el matrimonio. Esto es una buena nueva. Esto es una gran noticia.

Pero si es esta tan "gran noticia", se puede preguntar, ¿por qué son tantos los que están en desacuerdo con las enseñanzas de la Iglesia? Seamos honestos. La gente encuentra que hay muchos aspectos de la doctrina de la Iglesia que uno puede discutir, pero si alguien encuentra un problema especial contra la Iglesia Católica, está casi siempre relacionado con el sexo. Ya sea la doctrina de la Iglesia con respecto a la anticoncepción ("¡dejémonos de tonteras, vivamos en el mundo actual!"), divorcio y nuevo matrimonio ("¿Cuán insensible se puede ser?"), o la ordenación sacerdotal sólo para los hombres ("prueba positiva de que la Iglesia oprime a las mujeres"), tales opiniones dependen en definitiva de nuestras ideas sobre la sexualidad.

Por eso es que resulta tan importante que lleguemos a tener ideas claras sobre lo que Dios nos ha revelado respecto a la naturaleza de la sexualidad humana. Si bien la opinión popular sostiene que una perspectiva cristiana con respecto al sexo es claramente negativa, lo que en realidad descubrimos al reflexionar sobre las Escrituras es que el sexo en el plan de Dios es más admirable de lo que ningún ser humano podría imaginar. Es literalmente *increíble* —es decir, imposible de creer. Sólo la fe puede creer este "gran misterio".

La ubicación central de la sexualidad en el plan de Dios

El sexo, entonces, no es de ningún modo un tema periférico. De hecho, el Papa Juan Pablo II dijo que la vocación al "amor nupcial" que se revela a través de nuestra sexualidad es el "elemento fundamental de la existencia del hombre en el mundo".[3] No hay nada más importante que eso. Llegó a insistir que no podemos entender el cristianismo si no entendemos la verdad y el significado de nuestra sexualidad.[4]

Desde el comienzo hasta el final, la Biblia misma es una historia sobre el matrimonio. Comienza en el *Génesis* con el matrimonio de Adán y Eva, y termina en el *Apocalipsis* con las "bodas del Cordero" —el matrimonio de Cristo y la

Iglesia. En todo el Antiguo Testamento, el amor de Dios por su pueblo se describe como el amor del marido por su esposa. En el Nuevo Testamento, Cristo *encarna* este amor. Viene como el Novio celestial para unirse para siempre con su Novia —con nosotros.

De modo que aplicando esta analogía, podemos decir que el plan de Dios desde la eternidad es "casarse" con nosotros (ver Os 2, 19). Dios quería revelarnos su plan eterno en una forma que no pudiéramos confundirnos, de modo que estampó una imagen de aquello precisamente en nuestro ser como hombre y mujer. Esto quiere decir que prácticamente todo lo que Dios quiere decirnos en este mundo sobre su ser, quiénes somos, el significado de la vida, la razón para crearnos, cómo tenemos que vivir y aun nuestro destino final, se contiene de alguna manera en la verdad y el sentido de la sexualidad y el matrimonio. Esto es verdaderamente importante.

Mirémoslo más de cerca.

Hombre y mujer: Imagen de la Trinidad

El libro del *Génesis* contiene en realidad dos historias de la creación. Leemos en la primera que Dios creó a la humanidad a su imagen y semejanza, específicamente como hombre y mujer (ver Gn 1, 27). Esto quiere decir que de alguna manera, en la complementariedad de los sexos, somos imagen de Dios. Como varón y hembra, hacemos visible el misterio invisible de Dios.

¿Cuál es el misterio invisible de Dios? San Juan lo resume bien: "Dios es amor" (1 Jn 4, 8). A menudo pensamos en este versículo en términos del amor de Dios por nosotros. Esa es parte del significado. Pero aún antes del amor de Dios por nosotros, él es amor *en sí mismo*, en la relación de las tres Personas de la Trinidad.

Dios es en sí mismo una *Comunidad de Personas* que da vida. Desde la eternidad, el Padre hace donación de sí mismo en amor al Hijo (como leemos en la Escritura, Jesús es el "amado" del Padre; ver Mt 3, 17). Y el Hijo, recibiendo eternamente el don del Padre, hace de sí mismo un don a Aquél. El amor entre ellos es tan real, tan profundo, que ese amor es otra Persona eterna —el Espíritu Santo.

Entre otras cosas, esto es lo que revela nuestro ser hecho a imagen y semejanza de Dios: estamos llamados a amar como Dios ama, en *una comunidad de personas* que da vida. Y lo hacemos específicamente como hombre y mujer. El hombre está dispuesto en su mismo ser a darse como don a la mujer. Y la mujer está dispuesta en su mismo ser a recibir en sí misma la donación del hombre, y a darse a su vez a él. Y el amor de ellos es tan real, tan profundo, que, si Dios quiere, puede llegar a ser otra persona humana.

De este modo, la relación sexual misma está destinada a participar en la verdadera vida y amor de Dios. El mismo contacto sexual revela (hace visible) algo del invisible misterio de Dios.[5] Por supuesto, esto no quiere decir que Dios sea sexual. Dios es Espíritu puro, en quien no hay lugar para la diferencia de los sexos. Debemos tener cuidado de no entender mal lo que se dice. Que nuestra sexualidad revela algo del misterio de la Trinidad no quiere decir que la Trinidad sea sexual. Dios no está hecho a imagen de la humanidad como hombre y mujer, sino que la humanidad en la de Dios (véase el *Catecismo de la Iglesia Católica*, n. 370). El misterio de Dios permanece infinitamente más allá de cualquier imagen o analogía humana. Siempre debemos tener esto en mente cuando apliquemos la analogía del amor sexual, a menos que cometamos el grave error de reducir al Dios Infinito a nuestros limitados conceptos.

Habiendo dicho aquello, la analogía del amor sexual fiel, si bien es limitado, nos ayuda a entender el amor de Dios de un modo especialmente profundo. Amar y ser amado como Dios ama —tal es el deseo más profundo del corazón humano. Dios lo colocó allí cuando nos hizo a su imagen. Ninguna otra cosa puede satisfacernos. Ninguna otra cosa nos colmará.

Esto es lo que encarnamos como varón y hembra. El sexo es tan hermoso, tan maravilloso, tan glorioso, que está destinado a expresar el amor de Dios que es libre, total, fiel y fructífero. Otro nombre para esta clase de amor es matrimonio.

Sí —el sexo está destinado a expresar los votos matrimoniales. Es donde se encarnan las frases de los votos matrimoniales. Por esa razón la relación sexual se ha llamado el abrazo matrimonial.

En el altar, la novia y el novio se comprometen el uno al otro de modo libre, total, fiel y fructífero hasta la muerte —tales son las promesas canónicas que se hacen, las promesas de fidelidad, indisolubilidad y de estar dispuestos a recibir hijos. Luego esa noche, y en el curso de su matrimonio, instauran este compromiso. Expresan con sus cuerpos lo que expresaron en el altar con sus mentes y corazones. Al hacerlo, consuman su matrimonio, es decir, lo completan, lo perfeccionan, lo sellan, lo renuevan.

Matrimonio: sacramento de Cristo y la Iglesia

Los esposos no sólo son imagen del amor de Dios en la Trinidad, sino que también son imagen del amor entre Dios y toda la humanidad, hecho visible en el amor de Cristo y la Iglesia. En virtud de sus bautismos, el matrimonio de los cristianos es un sacramento. Esto quiere decir que es un signo vivo que realmente comunica y participa en la unión de Cristo y la Iglesia. Los votos matrimoniales vividos durante toda la vida conyugal y particularmente en la unión en "una sola carne" de los esposos constituye este signo vivo.[6]

Parafraseando a San Pablo: Por esta razón un hombre dejará a su padre y su madre y se unirá a su esposa, y serán los dos una sola carne. Gran misterio es éste, *y se refiere a Cristo y a la Iglesia* (véase Ef 5, 31-32). Cristo dejó a su Padre en el cielo. Dejó el hogar de su madre en la tierra —para entregar su *cuerpo* por su esposa, de tal modo que pudiéramos llegar a ser "una carne" con él.

¿Dónde nos hacemos "una carne" con Cristo? Especialmente en la Eucaristía. Una vez más, usamos el amor sexual solamente como una analogía del amor de Dios. Obviamente, la Eucaristía no es un "encuentro sexual". Pero aplicando la analogía, la Eucaristía es la consumación sacramental del matrimonio místico entre Cristo y la Iglesia. Y continuando con la analogía, cuando recibimos el cuerpo de nuestro Novio celestial en nuestro cuerpo, como la novia, concebimos nueva vida en nosotros —la misma vida divina. Como dijera Cristo, "Si no coméis la carne del Hijo del Hombre y no bebéis su sangre, no tendréis vida en vosotros" (Jn 6, 53).

Dado que la comunión en "una carne" de marido y mujer anticipó desde el primer momento la comunión eucarística de Cristo y la Iglesia, Juan Pablo II se refirió al matrimonio como el "sacramento primordial". Hagamos una pausa por el momento para dejar que esta realidad cale bien hondo en nosotros. Juan Pablo II dijo que de todas las formas que Dios ha elegido para revelar su vida y amor en el mundo creado, el matrimonio —realizado y consumado en la unión sexual— es hasta cierto punto el más fundamental. Cristo, por supuesto, es la más plena revelación del amor de Dios en el mundo. Sin embargo, es el matrimonio —más que ninguna otra cosa— lo que nos prepara para entender el amor de Cristo.

San Pablo no bromeaba cuando dijo que éste era un "gran misterio". ¿Podía Dios haber hecho de nuestra sexualidad algo más importante que esto? ¿Algo más hermoso? ¿Algo más glorioso? Dios nos dio el deseo sexual mismo para que fuera el poder de amar como él ama, de modo que podamos participar en la vida divina y consumar plenamente el verdadero significado de nuestro ser y de nuestra existencia.

Suena muy bonito, dices, pero es algo muy distinto de cómo se presenta el sexo en la experiencia de los seres humanos reales. Sí, así es. El abuso histórico de la mujer a causa de los hombres; la tragedia de la violación y de otros gravísimos crímenes sexuales, aun contra niños; el SIDA y un conjunto de otras enfermedades de transmisión sexual; madres solteras; niños "sin padre"; aborto; adulterio; índices crecientes de divorcios; prostitución; la industria pornográfica que genera miles de millones de dólares; la nube de vergüenza y de culpa que cubre todas las cuestiones sexuales —todo esto pinta un cuadro muy distinto del que nos han dado San Pablo y Juan Pablo II.

De hecho, el cuadro que todo esto pinta es la tragedia de la concupiscencia humana y de nuestro alejamiento "desde el comienzo" de la idea de Dios respecto a nuestra sexualidad.

La sexualidad humana "al principio"

Volvamos al *Génesis*. Mientras la primera historia de la creación relata objetivamente nuestra vocación al amor, la segunda historia de la creación habla de la experiencia subjetiva de nuestros primeros padres sobre tal llamada. Adán y Eva nos representan a todos. Si permitimos que el Verbo inspirado nos hable, vemos en su historia, puestos al desnudo, los movimientos internos de nuestros corazones. Experimentamos en nuestro interior un "eco" de la intención original de Dios. Sentimos su belleza, nos damos cuenta de cuán bajo hemos caído desde ese primer momento, y ansiamos su restauración.[7]

Dios creó a Adán del polvo de la tierra y le insufló en sus narices aliento de vida (véase Gn 2, 7).[8] En el lenguaje original de la Biblia, la palabra hebrea para "aliento" es también la misma palabra que para "espíritu". Y recordemos que el Espíritu de Dios es el amor mismo entre el Padre y el Hijo. Dios *está insuflando su amor* en el hombre.

Lo que esto significa, como hemos visto, es que el hombre es una persona llamada a vivir en una relación de amor con Dios. Al haber recibido el amor de Dios, el hombre está llamado a darse a su vez a Dios. Está también llamado a compartir el amor de Dios con los demás (véase Mt 22, 37-40). Esto está estampado en su mismo ser, y sólo puede satisfacerse haciéndolo. Como lo afirmó el Concilio Vaticano II, "El hombre, única criatura terrestre a la que Dios ha amado por sí mismo, no puede encontrar su propia plenitud si no es en la entrega sincera de sí mismo a los demás."[9]

No es bueno estar solo

Esta es la razón por la que el Señor dijo: "No es bueno que el hombre esté solo; voy a hacerle una ayuda adecuada para él" (Gn 2, 18). En otras palabras, Dios dijo, "Voy a crear a alguien que él pueda amar." De modo que el Señor creó animales del polvo de la tierra y se los presentó al hombre para que les pusiera nombre.

Al nombrar los animales, se dio cuenta que era distinto de ellos. Los animales no eran libres como él para determinar su propia conducta. No estaban llamados como él a amar a imagen de Dios. Podemos imaginar la respuesta de Adán a Dios: "Gracias, Dios, por todos estos animales. Pero no puedo amar a una jirafa. No puedo entregarme a una mosca que se posa en la fruta."

Es por eso que el Señor hizo dormir un sueño profundo al hombre, y tomó una costilla de su costado. Una vez más, perdemos algunas cosas en la traducción del original al español. "Sueño profundo" podría traducirse mejor por "éxtasis". El significado literal de éxtasis es "salir de uno mismo", y el "éxtasis" de Adán es que Dios saca una mujer *de él*. Además, para los Judíos la palabra "huesos" significaba todo el ser humano. El punto en esto es que hombre y mujer comparten la humanidad. *Ambos* tienen el Espíritu de Dios dentro de ellos, lo que quiere decir que *ambos* están llamados a amar a imagen de Dios.[10]

Ahora, imaginémonos la actitud mental de Adán al despertar y ver a la mujer. El deseo más profundo de su corazón es de entregarse por amor a otra persona "como él", y acaba de dar nombre a millones de animales y no ha encontrado ninguno. ¿Qué es lo que dice entonces?

"Ésta sí es hueso de mis huesos y carne de mi carne" (véase Gn 2, 23). Es decir: "Por fin, una persona como yo a la que puedo amar."

¿Cómo sabe Adán que es a ella la que puede amar? Recordemos que estaban desnudos. Eran sus *cuerpos* los que revelaban la verdad espiritual de sus personas. En su desnudez descubrían lo que Juan Pablo II ha llamado "el significado nupcial del cuerpo", es decir, "la capacidad [del cuerpo] de expresar el amor: ese amor precisamente en el que el hombre-persona se convierte en don y —mediante este don— realiza el sentido mismo de su ser y existir."[11]

Adán se miró a sí mismo y miró a Eva. Se dio cuenta de esta profunda realidad: "Caminemos juntos. Dios nos hizo el uno *para* el otro. Me puedo entregar a ti, y tú te puedes entregar a mí, y podemos vivir en una comunidad de amor que da vida" —la imagen de Dios, el matrimonio.

Tal fue el sentimiento del deseo sexual tal como Dios lo creó y como ellos lo experimentaron: donarse cada uno de ellos mismos al otro que es a imagen de Dios. Es por esto que estaban desnudos y no sentían vergüenza (véase Gn 2, 25). No hay vergüenza en amar como Dios ama, sólo la experiencia de gozo, paz y un conocimiento profundo de la bondad humana.

Las consecuencias del pecado original

Consideremos esta situación por un momento. Si la unión matrimonial en "una carne" está destinada en la creación a ser la revelación fundamental de la propia vida y amor de Dios, y si hay un enemigo de Dios que quiere evitar por todos los medios que experimentemos la vida y el amor de Dios, ¿cómo podría proceder para apartarnos de ello? Mmm... Veamos cómo puede ser

Dios había dicho a Adán que tenía libertad para comer de todas las frutas de los árboles del jardín, excepto del "árbol del conocimiento del bien y del mal". Si llegara a hacerlo, moriría (Gn 2, 17). En el simbolismo del lenguaje bíblico, vemos aquí a Dios trazando una línea que la humanidad no tiene libertad para cruzar. Sólo Dios sabe lo que es mejor para nosotros. Como criaturas, debemos confiar en la providencia divina y no buscar decidir por nosotros mismos lo que es bueno y malo. Si lo hacemos, moriremos.

He aquí una analogía: Supongamos que has comprado un auto nuevo y has llegado a la estación de servicio para llenarlo de gasolina por primera vez. El letrero del estanque de gasolina dice "sólo gasolina sin plomo".

Ahora bien, la persona que diseñó el automóvil lo conoce al revés y al derecho. Sabe lo que es mejor. Sería estúpido decir: "No me importa un bledo lo que diga el fabricante. Le voy a poner petróleo diesel." Si haces eso, seguramente tendrás muchos problemas con el automóvil.

Tal como con el auto, la única manera que nuestras vidas "funcionen" de la manera que están llamadas a hacerlo es si vivimos de acuerdo al plan del que nos diseñó. El letrero en el auto no tiene como fin limitar nuestra libertad, sino facilitar nuestra libertad para elegir lo que es bueno. Es lo mismo con los mandamientos de Dios: están al servicio de nuestra libertad.

La verdadera libertad no es hacer lo que a uno le da la gana. La verdadera libertad es hacer lo que es bueno, lo que está de acuerdo con la verdad de nuestra humanidad. Como dijo Jesús, es la verdad la que nos hace libres (véase Jn 8, 32).

Pero cuán tentadora es la idea de decidir nosotros mismos cómo vamos a vivir. "No me importa lo que Dios diga. No me importa que haya establecido su Iglesia para enseñar la verdad. Yo voy a hacer lo que *yo* quiero." Si reconocemos esta tendencia en nosotros, entonces reconocemos que hemos heredado el pecado original.

¿Pero por qué podríamos dudar del amor de Dios y de lo que ha dispuesto para nosotros? ¿Por qué hemos tenido que comer del árbol del que Dios, en su amor por nosotros, nos dijo que no comiéramos? Recuerda: eso es tan estúpido como poner petróleo diesel en un motor para gasolina sin plomo.

¿Por qué lo haríamos? Porque como dice el *Catecismo de la Iglesia Católica*, "Tras la elección desobediente de nuestros primeros padres se halla una voz seductora, opuesta a Dios que, por envidia, los hace caer en la muerte."[12]

Esta voz seductora es el Padre de la Mentira, el que engaña, Satanás. Tiene envidia del hecho que la humanidad está creada a imagen y *semejanza* de Dios, y está llamada, como varón y mujer, a compartir la vida divina. De modo que Satanás se propone alejarnos de la vida divina convenciéndonos que Dios no nos ama.

Sembrando la duda en la mente de la mujer, la serpiente dice: "¿De modo que os ha mandado Dios que no comáis de ningún árbol del jardín?...No moriréis en modo alguno; es que Dios sabe que el día que comáis de él se os abrirán los ojos y seréis como Dios, conocedores del bien y del mal" (Gn 3, 1. 4-5). Esto implica que Dios no quiere que seas como él; Dios es el que se aparta de ti; Dios no es amor. Si quieres ser "como Dios", entonces tienes que hacer lo que sea necesario y decidir por ti mismo.

Ahora, detengámonos un momento. Dios ya los había creado a su imagen y *semejanza* (Gn 1, 26). Satanás está tratando de venderles algo que ya poseen.

Cuando la mujer vio que el fruto era "atractivo a la vista", tomó uno y lo comió. Y le dio a su marido, y él también comió. Entonces se abrieron sus ojos, y se dieron cuenta de que estaban desnudos, de modo que se cubrieron (ver Gn 3, 6-7).

¿Qué fue lo que pasó? Antes de comer el fruto, los dos estaban desnudos y no tenían vergüenza. Ahora ha cambiado su experiencia de la desnudez. ¿Por qué?

Dios, que es la Verdad, no puede mentir. Dijo que si comían del árbol morirían. Es cierto que no cayeron muertos de inmediato, pero en realidad murieron espiritualmente.

El Espíritu es lo que se les había dado como la vocación y el poder de amar. Cuando el Espíritu "murió" en nuestros primeros padres, lo mismo sucedió a su capacidad preparada para amar a imagen de Dios como hombre y mujer. Ausente el Espíritu, el deseo sexual se trastornó y se tornó egoísta.

Adán y Eva ya no veían claramente en el cuerpo del otro la revelación del plan de amor de Dios. Cada uno de ellos veía desde entonces más el cuerpo del otro como una cosa que se podía usar para satisfacer sus propios deseos egoístas. De este modo, la experiencia de estar desnudo en presencia del otro —y en presencia de Dios— se transforma en una experiencia de temor, de alienación, de vergüenza: "tuve miedo porque estaba desnudo; por eso me oculté" (Gn 3, 10).

Su vergüenza no estaba conectada tanto con su cuerpo mismo, sino con la lascivia que se había hecho presente en sus corazones. Porque todavía sabían que, habiendo sido creados por sí mismos como personas, no estaban nunca destinados a ser vistos como objetos para que otra persona los usara. Por eso cubrieron sus cuerpos para proteger su propia dignidad de la "mirada" lasciva del otro. Tal es, de hecho, la función positiva de la vergüenza, porque en realidad sirve para proteger el "significado nupcial del cuerpo".

La complementariedad sexual se transforma en discordia sexual

El cuerpo es la revelación de la persona, como lo expusiera Juan Pablo II.[13] Esto quiere decir que todas nuestras diferencias como hombres y mujeres (emocionales, mentales, espirituales, al igual que las físicas) fueron creadas por Dios para complementarse mutuamente, para unirnos en formas que proporcionen vida. Pero a causa del pecado experimentamos con frecuencia esas diferencias como causa de gran tensión, de conflicto y de división. Más todavía, la historia nos relata el verdadero caos que el pecado original ha introducido en la relación del hombre y la mujer.

Inicialmente Adán había recibido a Eva como la verdadera bendición y don de Dios que ella es. Pero después del pecado, le echó la culpa de todos sus problemas. Hasta le echó la culpa a Dios, diciendo: "La mujer que me diste por compañera me dio del árbol, y comí" (ver Gn 3, 12). *Ella* tiene toda la culpa. ¿Cuántas veces los hombres, aún hoy en día, le echan la culpa y reprochan a las mujeres a causa de sus propios problemas?

Aún más, a través de la historia las mujeres han sufrido mucho por el abuso de los hombres. "Hacia tu marido tu instinto te empujará y él te dominará" (Gn 3, 16). Ésta no fue la intención de Dios, sino que es la consecuencia del pecado. Pero algunos hombres, rehusando reconocer su responsabilidad, inclusive tratan de usar varios versículos de la Escritura para justificar su abuso hacia las mujeres (véase, por ejemplo, el capítulo 3 de este libro, pregunta 16).

Pero recordemos que ésta es una calle de doble tráfico. "El instinto hacia el marido" de la mujer caída también ha sido una fuente de angustia para la humanidad. Mientras que con frecuencia los hombres dominan y manipulan a las mujeres para su propia gratificación física, las mujeres usan con frecuencia sus "ardides femeninos" para manipular también a los hombres —tal vez más en busca de una gratificación emocional.[14] Como se dice comúnmente, los hombres usan el amor para conseguir sexo y las mujeres usan el sexo para conseguir amor.

Es importante darse cuenta que aunque podamos estar tentados de considerar las perversiones de los hombres como peores que las de las mujeres, cada una, a su manera, es una distorsión grave del amor sexual auténtico. Ambos tratan al otro no como una persona creada como un fin en sí misma, sino como una cosa para ser usada para obtener una gratificación egoísta. Tal gratificación a expensas de los otros —como el petróleo diesel en un motor de gasolina sin plomo— siempre causa graves "problemas en el automóvil".

La redención de nuestra sexualidad en Cristo

Si bien conservamos en el corazón un eco de la intención original de Dios, esta manera distorsionada de relacionarse se ha convertido en nuestra suerte. Trágicamente, para mucha gente, esto es lo único que saben. Simplemente lo aceptan como la norma. Después de todo, "los hombres van a ser hombres" y "las mujeres van a ser siempre las tentadoras," ¿correcto?

¡No es así! Cristo vino para restaurar la intención original de Dios con respecto al amor en el mundo. Ésta es la buena nueva del Evangelio. A través de una conversión continua del corazón, podemos experimentar la redención de nuestra sexualidad.

A esto era a lo que nos llamaba Cristo en el sermón de la montaña cuando decía: "todo el que mira a una mujer deseándola, ya ha cometido adulterio en su corazón" (Mt 5, 28). Por supuesto, sus palabras se aplican por igual a hombres y mujeres. Como para poner énfasis en la gravedad de este pecado, agregó inmediatamente, "Si tu ojo derecho te escandaliza (hace caer), arráncatelo ... Y si tu mano derecha te escandaliza, córtatela ... porque más te vale que se pierda uno de tus miembros que no todo el cuerpo sea arrojado al infierno" (Mt 5, 29-30).

El infierno es la ausencia del amor de Dios. Y lo mismo es la lujuria. Es por eso que es tan grave.

En consecuencia, ¿qué debemos hacer? Si miramos la experiencia humana habitual, pareciera que todos están condenados por las palabras de Cristo. Es cierto. Pero recordemos que Cristo no vino al mundo para condenarnos, sino que vino para salvarnos (véase Jn 3, 16-18).

Reflexionando sobre estas palabras de Cristo, Juan Pablo II preguntaba: "¿Hemos de temer la severidad de las palabras [de Cristo], o más bien tener confianza en su contenido salvífico, en su poder?"[15] Este poder se encuentra en el hecho que el hombre que las pronuncia es "el Cordero de Dios que quita el pecado del mundo" (Jn 1, 29).

¿Cómo lo hace? Al hacer en la cruz una donación total, fiel y fructífera de su cuerpo a su Esposa, la Iglesia. Y al volver a insuflar el Espíritu sobre la humanidad (ver Jn 20, 22).

Parafraseando a Juan Pablo II, el pecado y la muerte entraron a la historia humana, en cierta manera, a través del corazón mismo de la unión del primer Adán y la primera Eva.[16] En forma similar, la redención y la nueva vida entraron en la historia humana a través del corazón mismo de la unidad del nuevo Adán y de la nueva Eva, es decir, Cristo y su Iglesia. Inmediatamente después de la caída de Adán y Eva, encontramos la profecía de esta redención en un pasaje de la Escritura que se conoce como el *Protoevangelio* (el primer anuncio del evangelio). Hablando a la serpiente, Dios dice: "Pondré enemistad entre ti y la mujer, entre tu linaje y el suyo; él te herirá en la cabeza y tú le herirás en el talón" (Gn 3, 15).

Jesús es el Nuevo Adán, el linaje de "la mujer" que asestará el golpe fatal sobre la cabeza de la serpiente. Como modelo de la Iglesia-Esposa, María representa a la Nueva Eva.[17] El "matrimonio" redentor de Cristo con la Iglesia es pronosticado en las Bodas de Caná (véase Jn 2, 1-11), y consumado sobre la cruz en el Calvario.[18]

Cuando María fue hacia Jesús para decirle que en la fiesta de bodas se había acabado el vino, Jesús dijo: "Mujer, ¿qué nos va a ti y a mi? Todavía no ha llegado mi hora" (Jn 2, 4). Ya entonces Jesús se está refiriendo a la hora de su pasión.

El agua que se convirtió en vino en Caná prefigura la sangre y agua que fluyen del costado de Cristo en el Calvario (véase Jn 19, 34). Como figuras del bautismo y la Eucaristía, la sangre y el agua simbolizan la verdadera vida de Dios saliendo del costado del Nuevo Adán y dando vida a la Nueva Eva. Y como el primer Adán, el nuevo Adán la llama por su nombre —"mujer" (véase Gn 2, 23 y Jn 19, 26).

Como dicen los teólogos, la creación es recapitulada —es decir, repetida, reasumida— en la obra de Cristo. El hombre y la mujer han nacido de nuevo. Su amor perenne del uno por el otro ha sido recreado (véase la tabla que sigue).

Primeros Adán y Eva	Nuevos Adán y Eva
Adán profundamente dormido	Cristo profundamente "dormido" en la Cruz
Eva sale de su costado	La Iglesia se origina de su costado, en la sangre y el agua
Eva recibe el mensaje del ángel Lucifer para que niegue la vida de Dios	María recibe un mensaje por el ángel Gabriel para que reciba la vida de Dios
La vida de Dios muere dentro de ella (nosotros)	La vida de Dios es concebida en ella (nosotros)
Rechazaron el don del amor de Dios y no pudieron amar a los demás	Creyeron en el don del amor de Dios y son capaces de amar a los demás
Su unión transmitió el pecado original a toda la humanidad	Su unión trae la nueva vida de redención a toda la humanidad

"La mujer" al pie de la cruz nos representa a todos, hombres y mujeres. *Todos somos* llamados a ser la Esposa de Cristo.[19] Al ofrecernos su cuerpo, Cristo nos hace una "proposición matrimonial". Todo lo que tenemos que hacer es decir que sí, ofreciendo nuestros cuerpos —todo nuestro yo— de vuelta a él. Esto es lo que quiere decir la vida sacramental de la Iglesia.

De hecho, el *Catecismo* describe el bautismo como un "baño nupcial".[20] Aquí, al unirnos con el sacrificio de Cristo, nos vemos limpios de nuestros pecados al ser lavados por el agua en virtud de la palabra (véase Ef 5, 26). Más aún, al haber sido unidos (o casados) con él en el bautismo, cuando recibimos el cuerpo de Cristo en la Eucaristía, consumamos un matrimonio místico y, como dijéramos anteriormente, también concebimos nueva vida en nosotros —vida en el Espíritu Santo.

Cuanto más la lascivia ciega a hombres y mujeres con respecto a su verdad y distorsiona sus deseos sexuales, tanto más poder proporciona esta nueva vida en el Espíritu Santo a los hombres y mujeres para que se amen mutuamente, tal como estaban llamados al comienzo. Por medio de los sacramentos podemos conocer y experimentar el poder transformante del amor de Cristo.

Esta es una buena nueva. Es una gran noticia. Sí, hemos puesto el combustible equivocado en nuestros motores y sufrido las consecuencias con el mal funcionamiento. Pero Dios no dice, "Oye, idiota, te lo había dicho." ¡No! En su infinita misericordia nos ofrece gratuitamente una reparación completa del motor y toda la gasolina sin plomo que podamos necesitar. No nos deja revolcarnos en nuestro pecado, sino que nos ofrece la redención. Todo lo que tenemos que hacer, como una esposa, es recibir este gran regalo. Al hacerlo, gradualmente, de día en día, nos transforma.

Una cuestión de fe

Dado que fueron un hombre y una mujer los que en primer lugar dieron la espalda a Dios y distorsionaron la relación con él, restaurar la verdad y significado de la sexualidad humana requiere un radical *convertirse* a Dios. Satanás nos convenció al comienzo que Dios no nos ama, que se está negando darse a nosotros. Para eliminar toda duda, Dios se hizo uno de nosotros e hizo una donación para siempre de sí mismo en la cruz.

Cada uno de nosotros, entonces, necesita preguntarse: *¿Creo en el don de Dios? ¿Creo en su amor infinito por mí?*

Vivir la verdad de nuestra sexualidad es entonces realmente cuestión de fe. ¿Creemos en el Evangelio o no? Confesamos que Cristo vino a salvarnos del pecado y a reconciliarnos con el Padre. Sin embargo, esto puede ser un mero movimiento de la lengua, sin pensarlo.

Pregúntate: *¿Creo realmente que Cristo vino a salvarme del pecado? ¿Creo realmente que, con la ayuda de la gracia de Dios, es posible superar mis debilidades, egoísmos y concupiscencia, para amar a los otros como Cristo me ha amado? En otras palabras, ¿creo realmente que Cristo puede redimirme por entero —inclusive en mi sexualidad?*

Resistir la deformación pecadora del deseo sexual y vivir de acuerdo con la verdad es una lucha muy difícil, aun para alguien con una formación moral sólida. En cierto sentido, esta lucha nos trae al centro del combate espiritual (véase Ef 6, 12) que tenemos que librar como cristianos si vamos a resistir el mal —tanto en el mundo como en nosotros mismos— y amar a los otros como Cristo nos ha amado. Ganar esta batalla requiere fe en Cristo, dedicación, comprometerse, ser honestos con nosotros mismos y con los demás, y estar dispuestos a hacer sacrificios y a negarnos nuestros deseos egoístas. Pero el amor no teme esas cosas; el amor *es* esas cosas.

Sí, la enseñanza de la Iglesia sobre sexualidad es exigente. Es la exigencia del Evangelio mismo, el desafío de *creer* en Cristo y cargar nuestras cruces para seguirlo. Sí, somos débiles. No podemos esperar afrontar este desafío por nuestra cuenta.

¿Pero a quién se le hace este desafío? ¿A hombres y mujeres que siguen siendo esclavos de sus debilidades? ¡No! A hombres y mujeres que han sido liberados para amar mediante el poder de la cruz.[21] No privemos a la cruz de su poder, sino que creamos en la buena nueva. Creamos que en Cristo, el verdadero amor —ese amor que es el auténtico significado de nuestro ser y existir— es posible. Esto es lo que la Iglesia nunca cesa de proclamar a todo hombre y a toda mujer.

El plan original de Dios: La norma para el sexo y el matrimonio

Cuando se le preguntó sobre el divorcio, Cristo dirigió a sus discípulos al plan original de Dios. "Moisés os permitió repudiar a vuestras mujeres a causa de la dureza de vuestro corazón [es decir, el pecado] pero al principio [antes del pecado] no fue así" (Mt 19, 8). Como Cristo nos quita el pecado, es capaz de restaurar el plan original de amor de Dios como la norma para el matrimonio y para toda expresión sexual.

Esto quiere decir que el matrimonio sólo es matrimonio y que el sexo sólo es sexo en la medida que participan del amor de Dios que es libre, total, fiel y fructífero. Esta norma —el plan de amor original de Dios antes del pecado— es la base adecuada para responder a todas las preguntas y objeciones que la gente plantea hoy en día sobre la doctrina de la Iglesia respecto a la moral sexual y matrimonial.

2

¿Quién dice eso?

Autoridad Eclesiástica y otras cuestiones preliminares

Ningún hombre es tan libre como el que es capaz de renunciar a su propia voluntad y hacer la voluntad de Dios.

Autor desconocido

La gente odia que se les diga lo que tienen que hacer o no hacer, especialmente cuando se trata de sexo. Parte de esta actitud es testimonio de nuestra dignidad como seres humanos libres. Cuando nos vemos *forzados* a hacer algo, con frecuencia lo sentimos como una violación de nuestra dignidad.

Pero otro aspecto de esta actitud da testimonio de la realidad del pecado original. No queremos que nadie, ni siquiera Dios, nos diga que algo que queremos hacer está mal. Queremos determinar por nosotros mismos lo que está bien, y lo que está mal. Es el problema del orgullo.

El orgullo humano se rebela contra la autoridad. Y cuando la autoridad se abusa, debemos protestar. Pero cuando la autoridad se ejerce de acuerdo al propio designio de Dios, si queremos ser verdaderamente libres, entonces debemos obedecerla. Es la paradoja del Evangelio: al morir, vivimos (véase Jn 12, 24); al entregarnos, nos encontramos (véase Mt 16, 25); obedecer a la verdad nos hace libres (véase Jn 8, 32).

En el mejor de los casos, la obediencia no se basa en fuerza o en el temor sino en el amor al bien, la verdad y la belleza —amor a Dios. La libertad no es estar libres de presiones externas que me llaman a hacer el bien. La verdadera libertad consiste en liberarse de las presiones internas que me impiden elegir el bien. La persona verdaderamente libre no considera que los mandamientos de Dios sean una carga. La persona verdaderamente libre anhela hacer la voluntad de Dios.

¿Pero cómo podemos conocer la voluntad de Dios, especialmente en lo que concierne a nuestra sexualidad? Sencillamente no tendría sentido que Dios nos considerara responsables de su voluntad, si no tuviéramos una manera segura de conocer cuál es. En esto se basa la buena nueva de la doctrina de la Iglesia: Dios nos ha revelado su voluntad.

Con esto en la mente, consideremos algunas de las preguntas más frecuentes sobre la autoridad de la Iglesia para enseñar —preguntas que deben ser contestadas antes que podamos considerar lo que la Iglesia enseña específicamente con respecto a la sexualidad humana.

1. ¿Quién determina cuál es la enseñanza oficial de la Iglesia? ¿No somos todos "la Iglesia"?

La Iglesia está unida a Cristo como una esposa a su marido. Es Cristo el que determina lo que su Esposa enseña. Cristo dio autoridad a algunos miembros de la Iglesia para que fueran testigos fieles de todo lo que él ha mandado; éste es el papel del Magisterio de la Iglesia. Este oficio de enseñar oficialmente lo desempeña el Papa y los obispos en todo el mundo que están unidos al Papa. Cuando el Papa enseña sobre asuntos de fe y de moral, y cuando los obispos enseñan sobre fe y moral unidos al Papa, enseñan en nombre de Cristo y con su autoridad.

Sí, todos los católicos bautizados constituyen la Iglesia Católica. Somos todos "un cuerpo" en Cristo (véase 1 Cor 12, 12). Este cuerpo, sin embargo, tiene un orden sagrado, una *jerarquía* ("jerarquía" quiere decir literalmente "orden sagrado"). Como dijo San Pablo, el cuerpo de Cristo tiene distintos miembros que cumplen distintas funciones (véase 1 Cor 12). Todas estas diferentes funciones son vitales para el funcionamiento orgánico del cuerpo: "El ojo no puede decir a la mano 'no te necesito,' ni tampoco la cabeza a los pies, 'no os necesito'" (1 Cor 12, 21). Ni debiera el ojo querer ser mano, ni el pie querer ser cabeza.

Aquellos en la Iglesia que enseñan con la autoridad de Cristo no se arrogan esa tarea. Han sido ordenados por Dios para hacerlo. Ese es su papel dentro del cuerpo. El Magisterio, entonces, es un don extraordinario a la Iglesia y al mundo porque proporciona una manera segura de conocer las enseñanzas de Cristo.

2. ¿De dónde sacó la Iglesia esta idea de tener un Magisterio que enseñe en forma oficial?

Cristo fundó su Iglesia sobre San Pedro, el líder de los Apóstoles. Dio a Pedro "las llaves del reino de los cielos" y le dijo: "Todo lo que atares sobre la tierra, quedará atado en los Cielos, y todo lo que desatares sobre la tierra, quedara desatado en los Cielos" (véase Mt 16, 13-20, para el discurso completo).

En otras palabras, Cristo dio a San Pedro la autoridad de representarlo en la tierra, de enseñar en su nombre y con su autoridad. Esto no fue porque Pedro fuera un tipo impecable, sino porque Cristo iba a protegerlo a él y a los demás apóstoles enviándoles el Espíritu Santo para que los guiara a "toda la verdad" (véase Jn 16, 13).

Lo que Cristo prometió dos mil años atrás continúa hasta nuestros días. El Papa y los obispos se encuentran en línea de sucesión directa y rastreable, a partir de San Pedro y de los otros apóstoles —y es por eso que hablamos de la Iglesia que es una, santa, católica y *apostólica*. A ellos también se les ha prometido el don del Espíritu Santo para guiar a la Iglesia a toda la verdad. De modo que, como católicos, creemos que cuando enseñan cuestiones de fe y de moral, lo hacen con la autoridad del mismo Cristo.[1]

Guiada por el Papa, la Iglesia es "columna y fundamento de la verdad" (1 Tm 3, 15). Esto no se debe a algún mérito humano, sino a que la Iglesia permanece en la unión más íntima con su Esposo, Jesucristo. Jesús dijo a los apóstoles, "Quien a vosotros oye, a mí me oye; quien a vosotros desprecia, a mí me desprecia" (Lc 10, 16). Por esta razón el concilio Vaticano II puede enseñar que cuando recibimos las enseñanzas del Papa y de los obispos y vivimos de acuerdo a ellos, estamos recibiendo no "la mera palabra de hombres, sino la verdadera palabra de Dios" (véase 1 Tes 2, 13).[2]

3. ¿Está usted diciendo que la Iglesia realmente cree que habla en nombre de Dios, y conoce "la verdad"? ¡Eso es de una arrogancia extraordinaria!

Sí, la Iglesia cree realmente que habla en nombre de Dios y que Cristo le ha dado participación en su propia infalibilidad.[3] Es esa una afirmación extraordinariamente osada, que tenemos que considerar muy en serio. Podemos sacar sólo una conclusión: O bien la Iglesia es extraordinariamente arrogante, o a lo mejor está en lo correcto.

Al fin de cuentas, no hay término medio. Si la Iglesia está en lo cierto, entonces la veremos como una gran bendición de Dios, y querremos conformar nuestras vidas a lo que ella enseña. Aun cuando podamos no entender *la razón* de algunas enseñanzas, tendremos confianza en que lograremos entenderla a su debido tiempo. Por lo contrario, si la Iglesia es sumamente arrogante, entonces no debiéramos querer asociarnos con la palabra *Católico*.

Es ésta una realidad de peso. Nos confronta y obliga a elegir. Vivimos en una cultura que nos enseña a evitar tales decisiones concluyentes. Preferimos inventar escenarios de esto y lo otro más que encarar las opciones ineludibles que la realidad nos plantea.

En otras palabras, vivimos en una cultura que rechaza la verdad objetiva. "Eso puede ser cierto para ti, pero no para mí," dice la gente. O, "La opinión de cualquiera es tan válida como la de otro." Todos nos encontramos afectados por estas actitudes.

Pero Jesús enseñó algo muy distinto. Enseñó que él es la verdad (véase Jn 14, 6), y estableció una Iglesia que nos prometió enseñaría la verdad (véase Jn 16, 13). Él nos llama a aceptar eso. Tenemos libertad para no aceptarlo. Pero es una decisión tan trascendental, que no nos atrevemos a tomarla a la ligera.

Considerando el tema desde una perspectiva puramente práctica, sólo tiene sentido que Cristo estableciera una autoridad definitiva en la tierra, para hacer conocer su voluntad. De otro modo, la interpretación de las Escrituras y determinar la voluntad de Dios con respecto a asuntos de consecuencia eterna se transformaría en un juego de adivinanza. Una autoridad establecida por Dios en la tierra es esencial para mantener la unidad de fe.

Si Cristo dio realmente esta autoridad a la Iglesia Católica, no es arrogancia por parte de ella ejercerla. Si somos honestos, lo que es arrogante es pensar que nosotros sabemos mejor que la Iglesia lo que Dios quiere en asuntos de fe y de moral.

4. ¿Cómo puede la Iglesia pretender enseñar sin errores? La historia muestra que la Iglesia ha cometido una cantidad de errores y que ha hecho algunas cosas terribles. ¿Qué me dice de Galileo, de las Cruzadas y de la Inquisición?

En el primer Domingo de Cuaresma del año 2000, Juan Pablo II pidió públicamente la misericordia y el perdón divinos por los pecados pasados cometidos por miembros de la Iglesia. Como muestra este gesto claramente, la Iglesia no pretende que todos sus miembros y líderes a lo largo de la historia no hayan cometido nunca un error o dicho algo equivocado (como miembro de la Iglesia, ¿has hecho alguna vez algo erróneo o dicho algo equivocado? Eso descarta tu teoría...). El carisma que protege a la Iglesia del error se aplica a sus enseñanzas definitivas en materias de *fe y moral*.

Es cierto que miembros de la Iglesia, incluyendo algunos sacerdotes, obispos y Papas, no han vivido siempre de acuerdo a las enseñanzas de su propia fe. Han cometido errores. A veces, algunas cosas terribles han sido hechas en nombre de "la Iglesia".

Esto es un escándalo y puede debilitar la fe de la gente en la Iglesia. Sin embargo, el hecho de que la Iglesia haya sobrevivido a tanta corrupción y todavía esté firme después de dos mil años, también da testimonio de las palabras de Cristo cuando fundó su Iglesia sobre Pedro: "Las puertas del infierno no prevalecerán contra ella [la Iglesia]" (Mt 16, 18).

¿Por qué ha habido corrupción en la Iglesia? Primero que nada, porque la Iglesia está compuesta de personas tales como tú y yo. Como dice el dicho, la Iglesia no es un "hotel de santos", es un "hospital para pecadores". Sí, todos estamos llamados a ser santos, pero no alcanzamos la perfección en esta vida. Mientras tanto, como Cristo dijo, tanto el trigo como la cizaña van a crecer en la Iglesia, hasta la cosecha (véase Mt 13, 24-30).

Pero la buena nueva es ésta: aun cuando miembros individuales de la Iglesia pueden haber sido infieles, aun cuando en ciertos períodos de la historia las malezas parecieran haber sido más numerosas que el trigo, Cristo no ha abandonado nunca a su Esposa. Si bien miembros de la Iglesia han cometido errores, la Iglesia no ha errado nunca en esas enseñanzas de fe y de moral que ha declarado de manera definitiva, y nunca errará. Tal es la promesa del mismo Dios.

5. ¿No es verdad que la "infalibilidad" de la Iglesia se aplica solamente a raros pronunciamientos del Papa?

La Iglesia ejercita su carisma de infalibilidad (la incapacidad de errar) de dos maneras. La manera *extraordinaria* se ejercita cuando el Papa hace una declaración *ex cathedra* ("desde la silla" de San Pedro).[4] La manera *ordinaria* se ejerce cuando el Magisterio está de acuerdo que haya que aceptar en forma definitiva cuestiones de fe y de moral.[5]

Es un error común pensar que la infalibilidad se aplica solamente a las declaraciones *ex cathedra*, como si tales fueran las únicas doctrinas que los católicos "tienen" que creer. Eso querría decir que no tenemos que creer en la Trinidad o la Encarnación, o una multitud de otras verdades esenciales que no han sido nunca definidas *ex cathedra*. Como deja en claro el *Catecismo*, "La infalibilidad del Magisterio... se extiende a todos los elementos de doctrina, comprendida la moral, sin los cuales las verdades salvíficas de la fe no pueden ser salvaguardadas, expuestas u observadas."[6]

Y aun más, en aquellos casos en los que el Magisterio enseña sin ejercer el carisma de la infalibilidad, se nos pide que aceptemos esas enseñanzas "con espíritu de obediencia religiosa."[7]

6. La Iglesia debiera eliminar su estructura jerárquica y ser más democrática y abierta al diálogo.

En fechas recientes, el término "jerarquía" se ha transformado en una palabra sucia. Muchos parecen creer que en cierta manera es sinónimo con desigualdad. Pero como hicimos notar anteriormente, jerarquía significa simplemente *orden sagrado*.

Rechazar la jerarquía, entonces, no es rechazar las desigualdades. Rechazar la jerarquía es rechazar el orden querido por Dios para el universo. No es buena idea. Lo contrario de jerarquía no es igualdad, sino *anarquía* —ningún orden, el caos.[8]

Nuestro mundo se encuentra inundado de caos, y todo se debe al rechazo de la autoridad dada por Dios. En gran medida, lo que se ha rechazado es específicamente el plan de Dios para el sexo y el matrimonio. Es difícil encontrar un solo caso de un mal social, un elemento del caos de la sociedad, que no esté de alguna manera relacionado con el quiebre de la familia y el mal uso del sexo.

La Iglesia no es una democracia. La verdad sobre Cristo y lo que él enseña no puede ser determinado por votación popular. Si Dios revela algo como cierto, no está abierto a un "diálogo" sobre si es o no cierto.

Por otro lado, si por diálogo entendemos una conversación abierta sobre una doctrina determinada, con el fin de entender *por qué* la Iglesia enseña lo que enseña, eso es legítimo. Pero si por diálogo queremos decir que la Iglesia tiene que escuchar otras opiniones, con el fin de estar dispuesta a cambiar sus enseñanzas definitivas sobre fe y moral, eso no es legítimo. La Iglesia simplemente no puede cambiar lo que el Espíritu Santo ha revelado como cierto. No se trata de testarudez, sino de *imposibilidad*.

Por ejemplo, no tiene sentido dialogar sobre si 2+2= 4, o no. Podemos "dialogar" sobre *por qué* 2+2=4 con el fin de explicarlo a los que no lo entienden, pero no podemos esperar cambiar el hecho de que 2+2=4.

Dios no cambia para nosotros. Nosotros tenemos que cambiar para él. Nuestro orgullo se rebela. Pero hasta que no aceptemos esta realidad fundamental —que *no* somos Dios— entonces estaremos viviendo una ilusión.

7. Como católico, ¿no puedo discutir las enseñanzas de la Iglesia? A lo mejor la Iglesia está equivocada en algunas cosas. ¿Tengo que creer todo lo que enseña la Iglesia?

No hay nada malo cuando una persona que está desarrollando su fe, haga preguntas en una búsqueda honesta de la verdad. Así es como descubrimos lo que es la verdad. Nadie, entonces, debiera tener miedo de considerar cosas "a lo mejor". A lo mejor Dios no existe, pero a lo mejor sí. A lo mejor la Iglesia Católica está profundamente equivocada en lo que enseña, pero a lo mejor su doctrina viene de Dios mismo. Este tipo de preguntas *tienen* que ser consideradas.

Quienes tienen miedo de poner a prueba sus creencias en esta forma, se someten a una ideología que temen no se sostendrá en la realidad. Por otro lado, los que buscan la verdad no temen someter sus creencias a la realidad. Considerar esos "a lo mejor" es el único camino hacia la verdad. Es el único camino a la certeza y la libertad de la fe.

Pero la fe no es un don que se dé por entero en un momento. La Iglesia reconoce que "es necesario un camino pedagógico de crecimiento con el fin de que los fieles ... sean conducidos pacientemente más allá hasta llegar a un conocimiento más rico y a una integración más plena de este misterio en su vida."[9]

Más aún, si la Iglesia es lo que dice ser, entonces el don de la fe llevará en definitiva al que busca la verdad, a aceptar todo lo que ella enseña. Si al fin una persona todavía critica las enseñanzas de la Iglesia, entonces esa persona no cree realmente en la Iglesia Católica. En esa situación, parecería una hipocresía el permanecer católico.

"Pedid y se os dará; buscad y hallaréis; llamad y se os abrirá" (Mt 7, 7). Plantea todas las dudas que hayas tenido alguna vez sobre la Iglesia, considera todos los "a lo mejor" que se te ocurran, pero no quedes satisfecho hasta que encuentres las respuestas.[10]

La verdad no tiene miedo a tus preguntas. La cuestión es, ¿le tienes miedo a la verdad?

8. ¿No es la moral un tema de mi propia conciencia?

La Iglesia ha enseñado siempre que los católicos, como todo el resto de la gente, están obligados a seguir su propia conciencia —en los temas de moral sexual y en todos los demás. Pero hay una obligación más fundamental: la de *formar* la conciencia de acuerdo a la verdad. La conciencia no es libre para *inventar* el bien y el mal. La conciencia está llamada a descubrir la verdad de lo que es bueno y malo y a someter sus juicios a esa verdad, una vez que se ha encontrado.

Si bien todos tenemos la ley moral básica grabada en nuestros corazones por Dios, el pecado original tiende a nublar nuestro juicio. Algunas veces nuestros propios deseos equivocados pueden descarrilarnos completamente. Esa es la razón por la que una persona de conciencia ve la enseñanza moral de la Iglesia como un don enorme. Ella es una *norma segura* para formar la conciencia personal de acuerdo a la verdad.

Demasiado a menudo usamos la "conciencia" para dar una pátina de aceptación moral a lo que queremos hacer, sin analizar nuestra conducta en base a estándares objetivos. Piensa lo siguiente: si la conciencia personal es la que determina en forma autónoma sobre el bien y el mal, la moral se transforma en lo que *a mí me da la gana*. ¿Quiénes somos *nosotros* para decirle a un violador o a un asesino múltiple que lo que está haciendo es malo, si *su* conciencia le dice que está bien? Tiene que haber estándares objetivos que todos tenemos que seguir. Esos estándares objetivos nos han sido dados por Dios y se revelan a través de las enseñanzas de su Iglesia.

Sin embargo, ¿cuál es nuestra respuesta frecuente cuando no nos gusta lo que enseña la Iglesia? Nos escondemos detrás de nuestra "conciencia" y nos imaginamos que Dios acepta lo que *nosotros* queremos. Pero ese es un dios que es distinto de Dios, es un ídolo.

Nunca encontraremos verdadera paz y felicidad hasta que abracemos la voluntad de Dios en nuestras vidas. Eso es lo que es en el fondo la conversión del corazón —y *todos* la necesitamos.

9. La Iglesia debiera dejarse de juzgar a la gente y de imponerles sus doctrinas a todo el mundo. Todos debiéramos ser libres para hacer nuestras propias elecciones.

Todos *somos* libres de decidir por nuestra cuenta. La Iglesia nunca *impone* su doctrina. Pero la Iglesia *propone* valerosamente y sin temor sus enseñanzas al mundo, como la verdad de lo que quiere decir amar. Somos libres de aceptar o rechazar las proposiciones de la Iglesia. No se puede obligar a nadie a amar.

Si bien es cierto que sólo Dios puede juzgar el corazón humano, podemos y tenemos que hacer juicios morales sobre ciertas *conductas*. La Iglesia traicionaría a Dios y a la humanidad si no defendiera la voluntad de Dios como el estándar objetivo para todo el mundo. Pero condenar la *conducta* de una persona no es condenar a la *persona,* sino un llamado a esa persona a abrazar la verdad del amor.

El amor no es arbitrario. El amor no es cualquier cosa que hace "sentirse bien" a una persona. El amor quiere decir seguir a Cristo y obedecer sus mandamientos (véase Jn 15, 10). Eso es exactamente lo que enseña la Iglesia. Y es una alegría vivir así, no una carga.

10. ¿Por qué hay una opinión tan generalizada de que la Iglesia es negativa con respecto al sexo?

Aun los católicos más leales deben admitir que esta opinión tan generalizada —aunque sea incorrecta— no es solamente una imaginación. Demasiadas mentes jóvenes e impresionables se han formado (o de-formado) por el tono mojigato y crítico de sacerdotes y monjas bien intencionados (le pedimos a Dios), pero equivocados y a veces confusos en materias de la sexualidad humana. ¿De dónde viene esta nube de "negatividad sexual" que parece tan estrechamente asociada, en la mente de la gente, con la Iglesia Católica?

Sin la menor duda tiene mucho que ver con una interpretación errada de la doctrina de la Iglesia. Pero no le hacemos un flaco favor a la Iglesia al admitir que tiene también mucho que ver con la manera crítica de considerar al sexo en las obras de varios autores cristianos en la historia.

Una persona objetiva admitirá que hay una profunda ambivalencia sobre el cuerpo y sus funciones, especialmente las funciones sexuales y genitales, pero que no se limita sólo al cristianismo, sino que es un fenómeno humano universal.[11] De esta manera, los autores cristianos, como tantos otros, no han estado exentos de menospreciar plenamente la bondad y la belleza del sexo. Todavía es importante que no confundamos, dentro del contexto de esta admisión, entre las ideas *de* la Iglesia y las ideas de algunas personas *en* la Iglesia.

Frente a numerosos ataques, la enseñanza oficial de la Iglesia ha defendido siempre la bondad inherente del cuerpo y de la sexualidad. La Iglesia ha considerado todos los sistemas ideológicos opuestos a ella como verdaderas herejías. Desgraciadamente, hasta el siglo XX, los pronunciamientos oficiales sobre el tema han tendido a ser relativamente breves y de tono jurídico. Como tales, no han dejado una huella profunda en la "conciencia histórica" de nuestra cultura, tal como escritos más extensos de autores católicos que estuvieron profundamente influenciados por corrientes de pensamiento ajenas al ideario de la Iglesia. De modo que, a pesar de significativos desarrollos en la enseñanza del Magisterio sobre sexo y matrimonio, en el curso del último siglo, el prejuicio que la Iglesia está "contra el sexo" todavía permanece.

En relación a la enseñanza misma de la Iglesia, parece que un error de interpretación de la estimación acordada a la vocación al celibato, y también un error de interpretación del código moral estricto de la Iglesia, han contribuido a esta actitud tan difundida. Tradicionalmente, se consideraba que los que seguían las palabras de Cristo y elegían permanecer célibes "por el Reino de los Cielos" (Mt 19, 12) habían elegido el camino más santo o el "más elevado". Si bien hay una manera adecuada de entender esto (como lo consideraremos en el capítulo 9), a menudo ha sido mal interpretado, al entender que aquellos que se casan y tienen relaciones sexuales son de alguna manera menos santos o inclusive "profanos [no-santos]".

El sentimiento sigue el siguiente desarrollo: si la virginidad es tan buena, el sexo tiene que ser malo. Si evitar el sexo nos hace puros y santos, el tener relaciones tiene que hacernos impuros y profanos.

Sin embargo, nada puede estar más lejos del pensamiento de la Iglesia al promover la vocación al celibato. La Iglesia tiene una opinión muy elevada de esta vocación precisamente porque tiene una opinión tan elevada de lo que se sacrifica para Dios —la expresión sexual y genital. Si el sexo fuera sucio y profano, ofrecerlo como un don a Dios sería un sacrilegio. Pero dado que el sexo es uno de los tesoros más preciosos que Dios ha dado a la humanidad, devolverlo a Dios como un don es una de las más genuinas expresiones de gracias (*eucharistia*) por tan gran don. La otra manera es recibirlo de manos de Dios y vivirlo como la expresión de la alianza matrimonial.

La interpretación errada del código moral estricto de la Iglesia es similar. El sentimiento sigue el paso siguiente: si la Iglesia dice que no puedes hacer esto y no puede hacer eso otro —todo lo que pareciera que la gente *quiere* hacer— entonces la Iglesia *debe* pensar que el sexo es malo, aun cuando concede a regañadientes una excepción para "hacerlo" con el fin de procrear. Esta última creencia (que la Iglesia enseña que sólo se puede tener relaciones si uno quiere un hijo) es una falacia que consideraremos en mayor detalle en los capítulos cinco y seis.

Por el momento, debemos dejar en claro que el simple hecho de decir "trátese con cuidado" —o "trátese con *extremo* cuidado"— no es de ningún modo sinónimo de "esto es malo." De hecho, ¿cuáles son las cosas en la vida que tratamos con más cuidado? Aquellas que tienen más valor en sí mismas. Dado que el sexo es tan valioso, porque es tan precioso a los ojos de Cristo y su Iglesia, es que tenemos que tratarlo con extremo cuidado.

Cuando nos aventuramos en el campo del sexo, nos encontramos en tierra santa. Sólo los que están adecuadamente dispuestos pueden tratar este misterio.

Hay un paralelo aquí con otro misterio sagrado de la Iglesia: la Eucaristía. La Iglesia tiene reglas muy "estrictas" sobre quién puede y quién no puede recibir la Eucaristía, cómo se debe recibir, y con qué disposiciones espirituales. Sería absurdo concluir que la Iglesia, por consiguiente, "se opone a la Eucaristía." No es menos absurdo concluir que la Iglesia se opone al sexo, por sus estrictas enseñanzas morales sobre él.[12]

Desde un punto de vista histórico, Dios tiende a proporcionar a la Iglesia lo que ella necesita y cuando lo necesita. No fue hasta el siglo veinte, con su amplio rechazo de las costumbres morales de larga vigencia, que la Iglesia "necesitó" profundizar su comprensión del amor conyugal, del sexo y el matrimonio, con mayor detalle que sus breves pronunciamientos anteriores. Por consiguiente, como hemos notado anteriormente, más de los dos tercios de lo que la Iglesia Católica ha dicho oficialmente sobre sexo y matrimonio ha venido del Papa Juan Pablo II.

Hay que reconocer que la Iglesia tiende a moverse lentamente. Pero una vez que la profunda reconsideración de este Papa sobre la doctrina de la Iglesia se haya asimilado bien en la conciencia de la Iglesia, es seguro que va a eliminar de una vez y para siempre la noción que la Iglesia se opone al sexo.

11. La Iglesia debiera limitarse a la religión, y no a meter su nariz en mi dormitorio.

Cuando la Iglesia habla de sexo, "se está limitando a la religión." ¡El sexo es un acontecimiento religioso! De acuerdo a Juan Pablo II, cuando hablamos del "gran signo" del sacramento del matrimonio estamos hablando de toda la obra de la creación y la redención.[13]

El sexo nos arroja de cabeza en el misterio del cristianismo. No se puede evitar: "¿No sabéis que vuestros cuerpos son miembros de Cristo?" (1 Cor 6, 15).

Al llegar a ser "una sola carne", los esposos se establecen, con sus familias, como la *iglesia doméstica*, una Iglesia en miniatura. De ese modo, la Iglesia no se está metiendo como intrusa en el dormitorio. Los esposos cristianos llevan a la Iglesia con ellos a su dormitorio.

El sexo es sagrado. Es santo —más que lo que nuestras pasiones pecaminosas a veces quisieran. Si pensamos que el sexo puede ser de algún modo "mejor" con Dios fuera de la foto, ¡estamos totalmente equivocados!

El goce del sexo —en toda su grandeza orgásmica— está destinado a ser el goce de amar como Dios ama. El goce del sexo —en toda su grandeza orgásmica— está destinado a ser de alguna manera un gozo anticipado de las alegrías en el cielo: la consumación eterna del matrimonio entre Cristo y la Iglesia. Cristo nos entrega su plan para el sexo a través de la Iglesia, no para "matar el gozo", sino para "brindar alegría".

"Si guardáis mis mandamientos," dijo "permaneceréis en mi amor... Os he dicho esto para que mi gozo esté en vosotros y vuestro gozo sea completo" (Jn 15, 10-11). De modo que si quieres el sexo más extraordinario y más lleno de gozo, abre las puertas ampliamente a Cristo —incluyendo (especialmente) la puerta del dormitorio.

12. Encuentro muy irónico que viejos célibes traten de dictar la moral sexual a los demás ¿Qué saben de sexo?

Primero que nada, como dejamos en claro más arriba, el Papa y los obispos no le dictan nada a nadie. Simplemente son testigos de lo que Dios ha revelado con la autoridad que Cristo les ha dado. Siempre somos libres de aceptarlo o rechazarlo.

Segundo, el mensaje que comunican sobre moral sexual no es de ellos, es de Dios. Dios creó el sexo. Sabe por qué lo hizo, para qué lo hizo, cómo puede brindarnos gran gozo cuando lo respetamos, y cómo puede traernos grandes penas cuando abusamos de él. En la sabiduría de Dios (que es tan a menudo tan distinta de la nuestra) ha confiado su plan sobre el sexo a estos "viejos solterones". Para repetir nuestro ejemplo anterior, rehusar oírlos es tan estúpido como poner petróleo diesel en el auto, cuando el fabricante ha dicho "gasolina sin plomo".

Tercero, cualquiera que no cree que hombres célibes puedan saber algo sobre sexualidad no ha leído nunca nada de lo que el Papa Juan Pablo II ha escrito sobre eso. Mi esposa no va a quejarse de que diga que he aprendido más de este "viejo solterón" sobre la naturaleza, belleza y significado del sexo que de ninguna otra persona en la tierra. Las suyas son las ideas de un hombre que ha explorado lo más profundo de su propia alma masculina para encontrar el sentido de su sexualidad —y lo que ha descubierto allí fue la chispa de lo divino. Mi propia experiencia en la vida —primero como un adolescente y adulto joven no muy casto, y ahora en mi matrimonio— sólo confirma lo que él dice.

El celibato proporciona una perspectiva que se necesita con desesperación. Mucha gente ha llegado a estar tan intoxicada por la indulgencia sexual que no pueden ver lo importante, al estar tan obsesionado por los detalles. Hay que conceder que para algunos, evitar la sexualidad genital por toda una vida puede llevarlos a rechazar su sexualidad (no algo que sea muy sano, sin duda —ni es la expresión de una vocación auténtica al celibato; véase capítulo 9). Para otros, elegir el celibato de por vida los lleva a comprender mejor en su propia alma cuál es el significado del sexo.

El Papa Juan Pablo II fue un hombre que claramente eligió lo segundo. Su sacrificio del sexo genital es nuestra ganancia —*si* tenemos el coraje de escucharlo.

13. ¿Por qué está la Iglesia tan obsesionada con el sexo?

Preguntas como esta generalmente se refieren al profundo interés de la Iglesia de defender la moral sexual. Es claro que la Iglesia siente una necesidad urgente de mantener la verdad sobre el sexo. ¿Por qué? Por todas las razones que ya hemos consignado sobre lo importante que es el sexo en realidad.

La sexualidad no es solamente algo biológico, sino que se refiere a la "naturaleza más fundamental de la persona humana."[14] En tanto que nuestra comprensión de la sexualidad está distorsionada, también lo es nuestra comprensión de *nosotros mismos*. Piensa cuán entrelazado está el sexo con el misterio de la vida. Sin sexo, no habría vida.

La verdad más profunda sobre la sexualidad revela en realidad la verdad más profunda sobre la vida. Esta verdad más profunda es que hemos sido llamados por el don de la gracia de Dios a participar en la vida de Dios, amando como él ama —y esta vocación está impresa en nuestros mismos cuerpos como varón y mujer; está impresa en nuestra propia sexualidad. Parafraseando a Juan Pablo II: volver a descubrir el significado nupcial del cuerpo siempre significa volver a descubrir el significado de toda nuestra existencia, el significado de la vida.[15] Es por *eso* que es un tema tan urgente.

El deseo sexual se asocia a los deseos y apremios más profundos del corazón humano. Dependiendo de cómo sean dirigidos, estos apremios y deseos tienen poder para algo muy bueno o muy malo. En resumen, como creado por Dios, el impulso sexual se nos dio como un "instinto de amor" que lleva a la vida. Pero cuando se lo separa de la fuente de vida y amor (Dios) tiende a transformarse en un "instinto de lujuria" que lleva a la muerte.

Las actitudes y conductas sexuales, entonces, tienen el poder de orientar no sólo a los individuos sino a naciones enteras y a sociedades hacia el respeto por la vida —o hacia el total desprecio por ella. Podemos estar seguros que cuando la lujuria se entremezcla en la fábrica de la sociedad, esa sociedad no puede ser otra cosa que una "cultura de muerte".

¿Suena a exageración? Nuestra nación sola mata *diariamente* cuatro mil niños antes de nacer, para satisfacer su lujuria. Y eso es sólo el comienzo.

La sexualidad desordenada es la "Caja de Pandora" que desencadena una cantidad de males sociales: desde la pobreza de las familias "sin padres" y la proliferación terrible de la enfermedades de transmisión sexual (algunas fatales, como el SIDA), hasta los recién nacidos encontrados en la basura y al aumento de violencia entre adolescentes —a todos ellos se puede seguir la pista en el quiebre de las costumbres morales sexuales que mantienen intacta a la familia como la célula fundamental de la sociedad. Tal como van las actitudes y conducta sexuales, así van los matrimonios. Y tal como va el matrimonio, así van las familias. Y tal como van las familias, así va la sociedad. Parafraseando a Juan Pablo II una vez más: la vida humana, su dignidad y su equilibrio, depende en todo momento de la historia y en cada lugar del globo del orden apropiado del amor entre los sexos.[16]

Nunca construiremos una civilización de amor y una cultura de vida a menos que primero vivamos de acuerdo a la verdad de nuestra sexualidad. Si la Iglesia está "obsesionada" con el sexo, es porque está "obsesionada" con el sostenimiento de la dignidad y del equilibrio de la vida humana y del plan de Dios para la humanidad que nuestra sexualidad está destinada a revelar.

3

¿A qué te estás comprometiendo al decir "Sí prometo"?

Lo esencial del matrimonio en la Iglesia

Hay personas que tratan de ridiculizar, o aun de negar, la idea de un lazo fiel que dure toda la vida. Estas personas —puedes estar seguro— no saben lo que es el amor.

Papa Juan Pablo II[1]

Nunca olvidaré la imagen de mi novia desfilando por el pasillo. Estaba radiante, brillando de belleza femenina. Mientras la esperaba en el altar, para recibirla, nuestros ojos se encontraron y se llenaron de lágrimas. Éste era el momento. En la presencia de Dios, el sacerdote de la parroquia y nuestras familias y amigos cercanos, estábamos dándonos toda nuestra vida, incondicionalmente, el uno al otro

Durante nuestro compromiso, aunque a algunos pueda parecer extraño, de lo que más conversábamos era de la visión de la Iglesia con respecto al matrimonio. Sabíamos lo que la Iglesia nos proponía como la naturaleza y significado de este sacramento, y lo queríamos de todo corazón.

Actualmente, en mi trabajo de preparación de las parejas comprometidas al matrimonio, me encuentro con un número tan reducido de los que realmente entienden lo que significa decir, "Sí acepto." El matrimonio no es lo que dos personas quieren que sea. Para que una relación sea verdaderamente matrimonial, debe estar de acuerdo al plan de Dios para el matrimonio, como *él* lo creó.

Las preguntas y objeciones de este capítulo cubren "lo básico" del matrimonio en la Iglesia, incluyendo temas como el divorcio y las anulaciones, y algunos pasajes discutidos de la Escritura. Como es mucha la confusión y resistencia a la doctrina de la Iglesia sobre la sexualidad, producto de un malentendido del significado del matrimonio, este capítulo va a proporcionar el contexto necesario para el análisis de la moral sexual en los capítulos siguientes.

1. ¿Qué es exactamente el matrimonio a los ojos de la Iglesia Católica?

Empezaremos con una definición básica, parafraseando la enseñanza del Concilio Vaticano II y el Derecho Canónico, y después explicaremos cada uno de sus puntos.

El matrimonio es la comunión íntima, exclusiva e indisoluble de amor y vida contraída por un hombre y una mujer siguiendo el plan del Creador para propósitos de su propio bien y la procreación y educación de los hijos; esta alianza entre personas bautizadas ha sido elevada por el Señor Jesucristo a la dignidad de un sacramento.[2]

Comunión íntima de amor y vida. El matrimonio es la amistad humana más recóndita e íntima. Implica compartir toda la vida de la persona, con su esposo o su esposa. El matrimonio exige entregarse mutuamente en forma tan completa e íntima que los dos esposos llegan a ser "uno", y sin embargo no pierden su condición única de personas.

Exclusiva. Como donación mutua entre dos personas, el uno al otro, esta unión íntima excluye la unión con ninguna otra persona. Exige completa fidelidad de los esposos. Esta exclusividad es esencial también por el bien de los hijos de la pareja.

Indisoluble. Marido y mujer no están unidos por emociones pasajeras o solamente por una inclinación erótica, las que, si son egoístas, desaparecen rápidamente.[3] Están unidos por Dios con un lazo de amor que no puede ser roto, a través del acto firme e irrevocable de su propio consentimiento. Para el bautizado, este lazo queda sellado por el Espíritu Santo y, una vez consumado, se hace completamente indisoluble.[4] Por consiguiente, la Iglesia no sólo enseña que el divorcio es un *mal*, sino también que el divorcio —en el sentido de poner fin a un matrimonio válido— es *imposible*, independientemente del estado civil del matrimonio.

Contraído por un hombre y una mujer. La complementariedad de los sexos es esencial al matrimonio. Hay tanta confusión actualmente sobre la naturaleza del matrimonio que algunos quisieran extender un "derecho legal" a casarse a dos personas del mismo sexo. Pero la naturaleza propia del matrimonio hace esa proposición imposible (véase capítulo 8).

Siguiendo el plan del Creador. Dios es el Autor del matrimonio. Inscribió la vocación al matrimonio en nuestro propio ser, al crearnos como varón y mujer. El matrimonio se gobierna por sus leyes, transmitidas fielmente por su Esposa, la Iglesia. Para que el matrimonio sea lo que está destinado a ser, debe respetar estas leyes. Por consiguiente, los seres humanos no tienen libertad para cambiar el significado y propósito del matrimonio.

Para propósitos de su propio bien. "No es bueno que el hombre esté solo" (Gn 2, 18). Por consiguiente, es para su propio bien, para su beneficio, su enriquecimiento, y en definitiva para su salvación, que un hombre y una mujer unen sus vidas en la alianza matrimonial. El matrimonio es la más básica (pero no la única) expresión de la vocación al amar que todos los hombres y mujeres tienen como personas hechas a imagen de Dios.

Y la procreación y educación de los hijos. Los padres del Vaticano II declararon: "Por su índole natural, la institución del matrimonio y el amor conyugal están ordenados por sí mismos a la procreación y a la educación de la prole, con las que se ciñen como con su corona propia."[5] Los niños no se agregan al matrimonio y al amor conyugal, sino que brotan de la verdadera entraña de la donación mutua de los esposos, como su fruto y culminación. La exclusión intencional de los hijos, entonces, contradice la verdadera naturaleza y propósito del matrimonio.

Alianza. El matrimonio es no sólo un contrato entre un hombre y una mujer, sino una alianza sagrada. Dios creó el matrimonio para ser imagen y participación de su propia alianza con su pueblo. Por ello la alianza matrimonial llama a los esposos a participar en el amor de Dios, que es *libre, total, fiel y fructífero.* Contra algunas tendencias ideológicas, el énfasis reciente de la Iglesia sobre el matrimonio como alianza no excluye la idea de que el matrimonio es también un contrato. Es cierto que una alianza va mucho más allá de los derechos y responsabilidades garantizados por algunos contratos, y proporciona un marco más firme y sagrado para el matrimonio, pero el Derecho Canónico todavía usa a propósito ambos términos para describir el matrimonio.[6]

La dignidad de un sacramento. En virtud de su bautismo, el matrimonio de los esposos cristianos es un signo eficaz de la unión de Cristo y la Iglesia, y como tal, es un medio de gracia (véase la próxima pregunta para una discusión más completa). El matrimonio de dos personas no bautizadas, o de una persona bautizada con una no bautizada, es considerado por la Iglesia como un matrimonio "bueno y natural".

2. ¿Qué hace que el matrimonio sea un sacramento?

La respuesta más simple es el bautismo. Como dijera Juan Pablo II, "En efecto, mediante el bautismo, el hombre y la mujer son insertados definitivamente ... en la Alianza esponsal de Cristo con la Iglesia. Y debido a esta inserción indestructible, la comunidad íntima de vida y de amor conyugal [el matrimonio] ... es elevada y asumida en la caridad esponsal de Cristo, sostenida y enriquecida por su fuerza redentora."[7]

Sin embargo, de los siete sacramentos (bautismo, confirmación, Eucaristía, reconciliación, unción de los enfermos, orden sacerdotal y matrimonio), el matrimonio es el que menos parece a primera vista un sacramento. El matrimonio no es únicamente de cristianos, después de todo, es común a todas las culturas y todas las religiones. De modo que, ¿qué es lo que hace que una realidad tan "mundana" como el matrimonio sea un sacramento? Para dar una respuesta más completa a esta pregunta, antes tenemos que comprender qué son los sacramentos.

Si tuvieron clase de religión en la niñez, pueden recordar haber aprendido que un sacramento es "un signo sensible instituido por Cristo para dar la gracia."[8] Para la mayoría de la gente, esta definición de manual no es capaz de reflejar cuán maravillosos y profundos son los sacramentos en la realidad. Por medio de esos "signos sensibles instituidos por Cristo" realmente nos encontramos con el *eterno* Dios en un mundo *temporal* y nos transformamos en partícipes de su vida divina.

Un abismo infinito separa al Creador de la criatura. La maravilla de los sacramentos es que establecen un puente sobre esta brecha infinita. Los sacramentos son el lugar donde el cielo y la tierra "se besan", donde Dios y la humanidad se hacen una sola cosa *en la carne*.

Dios es invisible; los sacramentos nos permiten verlo bajo un velo de cosas visibles. Dios es intangible; los sacramentos nos permiten tocarlo. Dios es incomunicable; los sacramentos son nuestra comunión con él.

Esta comunión de Dios y la humanidad es una realidad viva en la persona de Jesucristo. Así, la vida sacramental de la Iglesia fluye directamente del dinamismo de la Encarnación, del misterio del Verbo hecho carne, de Dios hecho Hombre. En Cristo, Dios se ha unido para siempre con nuestra carne, y ha impregnado el mundo material con su poder salvador. Verdaderamente, como declarara Tertuliano, un escritor cristiano de los primeros siglos, "La carne se ha transformado en el gozne de la salvación."[9]

En contraste con la verdadera espiritualidad sacramental, hay una noción muy difundida y muy errónea de una espiritualidad que tiende a devaluar el cuerpo, visto con sospecha, o a veces llegando a tratarlo con desprecio. Lejos de devaluar el cuerpo, el catolicismo es una religión profundamente *sensual*. Es decir, es en y a través *del cuerpo* (sensiblemente) que encontramos lo divino.

Dios no se comunica con nosotros a través de alguna especie de osmosis espiritual. Por el contrario, nos encuentra donde estamos como criaturas terrestres, de carne y hueso. Éste es el gran don de los sacramentos.

Realmente nos hacemos partícipes de la vida divina a través del baño *del cuerpo* con agua (bautismo); a través del ungimiento *del cuerpo* con aceite y de la imposición de *manos* (confirmación, orden sacerdotal, unción de los enfermos); a través de la confesión con nuestros *labios* y de recibir las palabras *pronunciadas* de la absolución (reconciliación); a través de *comer* y de *beber* el *Cuerpo* y la *Sangre* de Cristo (Eucaristía); y también, a través de la unión de por vida de un hombre y una mujer en "una *carne*" (matrimonio).

El mismo abrazo matrimonial está destinado a ser un encuentro con Cristo y una participación en la vida divina. Por las relaciones sexuales, los esposos *hacen efectivo* su sacramento. Es el lugar donde las palabras de los votos matrimoniales se hacen carne y, como tales, junto con toda la vida matrimonial, las relaciones sexuales se transforman en el signo visible del sacramento del matrimonio. Como dijera el Papa Juan Pablo II: "El sacramento, como signo visible, se constituye con el hombre, en cuanto "cuerpo", mediante su "visible" masculinidad y feminidad. En efecto, el cuerpo, y sólo él, es capaz de hacer visible lo que es invisible: lo espiritual y lo divino. Ha sido creado para transferir a la realidad visible del mundo el misterio escondido desde la eternidad en Dios, y ser así su signo."[10]

Hablemos más claro, por favor. El Papa nos está diciendo que Dios creó nuestros cuerpos como hombre y mujer para ser un signo en el mundo que revela su propio misterio eterno, y esto sucede más específicamente cuando un marido y su mujer unen sus cuerpos en "una carne".[11] ¿Cuál es este misterio oculto en Dios desde toda la eternidad? En una palabra (como si fuera posible encerrar a Dios en una palabra), es la vida de la Trinidad divina y su extraordinario plan para nosotros de compartir esa vida a través de Cristo como miembros de su Iglesia. *Esto* es lo que el matrimonio simboliza y revela.

Los sacramentos son signos *eficaces,* lo que quiere decir que realmente comunican lo que simbolizan. De modo que el amor de marido y mujer no es un mero símbolo del amor de Cristo y su Iglesia. Para el bautizado, es una *verdadera* participación en él. Es este un "misterio profundo", como dice San Pablo (o como en algunas traducciones lo ponen, es este un "gran sacramento" —véase Ef 5, 32).

Como todos los sacramentos están destinados a atraernos profundamente en el matrimonio de Cristo y la Iglesia, Juan Pablo II describió el matrimonio como el "prototipo", en cierto sentido, de todos los sacramentos.[12] Como dice el *Catecismo*, "Toda la vida cristiana está marcada por el amor esponsal de Cristo y de la Iglesia. Ya el bautismo ... es un misterio nupcial. Es, por así decirlo, como el baño de bodas que precede al banquete de bodas, la Eucaristía."[13]

Dado que la unión de los esposos proporciona una ventana para comprender toda la vida cristiana, Juan Pablo II dijo que el matrimonio, en tanto que es un signo de la unión de Cristo y su Iglesia, proporciona "el fundamento de todo el orden sacramental". *Esto* es lo que hace del matrimonio un sacramento. Es la revelación original del eterno misterio de Dios en el mundo creado.

3. La doctrina de la Iglesia contra el divorcio deja a algunas mujeres en relaciones abusivas, sin salida.

En el caso de una relación abusiva, la Iglesia reconoce de inmediato la necesidad de que se separen los esposos y aun, si fuera necesario, que obtengan un divorcio civil. Pero tal decreto no puede *terminar* un matrimonio válido. Sólo la muerte termina un matrimonio.

4. Si la Iglesia cree que el matrimonio es "hasta que la muerte los separe", ¿por qué hay tantas nulidades?

Hoy en día hay una gran confusión sobre las nulidades. Una nulidad (llamada propiamente "declaración de nulidad") no es una "versión católica del divorcio". Un divorcio declara que uno estuvo casado pero ya no lo está. Una declaración de nulidad es una declaración oficial de la Iglesia de que *en primer lugar nunca existió un matrimonio válido.*

La Iglesia es consistente con sus propias enseñanzas sobre la permanencia del matrimonio y al conceder una declaración de nulidad. Los matrimonios válidos, sacramentales y consumados no pueden ser disueltos bajo ninguna circunstancia. Pero si resulta que, a pesar de las apariencias, una pareja nunca estuvo casada válidamente, entonces la relación no tiene poder de unión.

¿Por qué hay tantas declaraciones de nulidad emitidas en estos tiempos? No estaría más allá de la posibilidad de que a veces se abuse del sistema. Por otra parte, el número de nulidades concedido puede reflejar acertadamente el número de parejas que no acceden válidamente al matrimonio. Primero que nada, los tribunales en Estados Unidos informan que entre un cuarto y un tercio de todas las nulidades concedidas se deben a "defecto de forma". Esto quiere decir que un gran número de católicos bautizados se están casando *fuera de la Iglesia Católica.* Si hacen esto sin una dispensa, su matrimonio es nulo desde el comienzo (véase la próxima pregunta).

Más aún, personas nacidas en la segunda mitad del siglo veinte han crecido en una cultura que no sólo ha perdido el apoyo social del matrimonio, sino que también, en forma elocuente, incesante y convincente promueve valores que son *antitéticos* al matrimonio. Los efectos de esta cultura sobre la capacidad de la gente para contraer un matrimonio válido no debieran ser subestimados.

5. ¿Qué hace válido un matrimonio?

El matrimonio se produce por el consentimiento legítimo expresado (votos) del novio y de la novia debidamente calificados. Entre otras cosas, esto quiere decir que la novia y el novio son los ministros del sacramento del matrimonio. Aunque la gente por lo general dice el Padre fulano nos casó, eso no es correcto. El Padre fulano no ha casado a nadie —es célibe. El sacerdote (o diácono) sólo sirve como testigo oficial de la Iglesia.[14]

Este es un punto importante. El matrimonio no es algo que simplemente "sucede" a la pareja en virtud de ponerse un traje blanco y un traje de etiqueta, y seguir el rito de la ceremonia de boda. El matrimonio "sucede" solamente si la novia y el novio se lo administran el uno al otro.

Si no lo hacen, entonces no están casados, aunque hayan hecho toda la ceremonia. Por supuesto, si una pareja católica ha celebrado una ceremonia matrimonial de acuerdo a lo que enseña la Iglesia, siempre tenemos que suponer que se han administrado mutuamente el sacramento. La Iglesia siempre asume que el matrimonio es válido, a menos que se pruebe lo contrario.

Pero volvamos a la cuestión: ¿Qué hace que un matrimonio sea válido? Dar una respuesta bien completa es materia para un libro, y varios se han escrito.[15] Aquí sólo es posible proporcionar una visión general.

En orden para que el matrimonio de católicos sea establecido válidamente, los esposos tienen que: (1) no tener ningún impedimento para el matrimonio; (2) seguir la forma propia del sacramento; (3) tener la capacidad adecuada para intercambiar consentimiento, y hacerlo libre e incondicionalmente; y (4) consentir a lo que la Iglesia reconoce como matrimonio, es decir: *fidelidad, indisolubilidad y disposición para tener hijos.* Miremos a cada uno de estos puntos individualmente.

Los esposos no deben tener ningún impedimento para el matrimonio. Impedimentos son prohibiciones al matrimonio, debido a la ley divina o la ley natural, y a la ley de la Iglesia. Hay doce:[16]

- *Edad.* Un hombre de menos de 16, y una mujer de menos de 14 años, no puede casarse válidamente. (Hay que reconocer que estamos considerando la Iglesia Universal. Si bien casarse a esa edad no sería recomendable en la mayoría de los países desarrollados, en algunas culturas es corriente.)
- *Impotencia.* Incapacidad definitiva y permanente para tener relaciones.
- *Unión previa.* Preexistencia de matrimonio válido con alguna otra persona.
- *Disparidad de culto.* Cuando un católico bautizado se quiere casar con una persona no bautizada (aunque una dispensa de este impedimento puede ser concedida en ciertos casos).
- *Órdenes sagradas.* Personas ligadas por órdenes sagradas —es decir, diáconos,[17] sacerdotes y obispos— no pueden casarse.
- *Voto perpetuo de castidad.* Votos públicos de celibato celebrados en un Instituto religioso (es decir, un instituto de hermanos o hermanas religiosas).
- *Abducción.* Cuando una persona ha sido raptada con el propósito de casarse con ella.
- *Crimen.* Cuando un esposo previo ha sido asesinado, en orden a "liberar" a alguien para poder casarse.
- *Consanguinidad.* Parentesco de sangre incluyendo a cualquiera más cercano que primos segundos.
- *Afinidad.* Relaciones entre parientes legales en línea directa. Por ejemplo, un padrastro no puede casarse con su hijastra, pero un hombre puede casarse con la hermana de su esposa muerta).

• *Impropiedad pública*. Cuando una persona soltera cohabita con alguien y quiera casarse con un pariente directo de la persona con la que cohabita. (Por ejemplo, una mujer que vive con un hombre, no podría casarse con su padre o con su hijo.)

• *Adopción*. Relaciones familiares establecidas por adopción en los grados mencionados anteriormente.

Los esposos tienen que seguir la forma propia del sacramento.[18] Esto requiere la presencia de un testigo oficial (normalmente un sacerdote o un diácono) que recibe el consentimiento en nombre de la Iglesia y dos testigos diferentes (normalmente el "padrino" y la "madrina" —"best man" y "maid/matron of honor" en el rito americano), que también tienen que estar presentes para el intercambio de votos. De modo que católicos bautizados que se casen fuera de la Iglesia (por ejemplo, en una ceremonia civil o en otra denominación) lo hacen inválidamente. Si un católico desea casarse con un no católico y tiene una razón suficiente para que la ceremonia tenga lugar en un ambiente no católico, se puede obtener una dispensa respecto a la forma.

Los esposos tienen que tener la capacidad para intercambiar consentimiento y hacerlo libre e incondicionalmente.[19] Una persona tiene que ser psicológicamente capaz para entender lo que implica el compromiso matrimonial y tiene que ser capaz de comprometerse. De modo que anormalidades graves de carácter psicológico pueden invalidar el consentimiento de una persona. Más aún, si el consentimiento se da bajo temor o presión, no es válido. De modo que no hay tal cosa como un "matrimonio celebrado a punta de pistola". Ni pueden las parejas poner ninguna condición a su consentimiento —es decir, no pueden estar pensando: "Permaneceré casado solamente si..." El consentimiento debe asumir que "pase lo que pase, estamos casados para siempre."

Los esposos tienen que consentir a lo que la Iglesia espera del matrimonio, es decir, fidelidad, indisolubilidad y disposición para tener hijos. Es esencial que el novio y la novia den su consentimiento a estos tres votos. Estas promesas son tan parte de lo que es el matrimonio, que si la novia o el novio rehúsan consentir a alguna de ellas, no están realmente casados.

6. ¿Qué quiere decir negarse a consentir alguna de estas promesas?

Rehusar el consentimiento implica un acto concreto de la voluntad que es contrario a cualquiera de estas promesas. Quiere decir que en el momento del consentimiento, cuando la persona dijo "sí quiero", su voluntad dijo "no quiero". Esto tiene que distinguirse de temores, cuestiones o dudas menores. Éstos son suficientemente normales y no anulan necesariamente la sinceridad del consentimiento de la persona. Una mirada más detallada a cada una de estas promesas nos ayudará a entender lo que las parejas tienen que consentir.

Fidelidad. Por su propia naturaleza, el matrimonio exige fidelidad del corazón, de la mente y de conducta al único esposo o esposa. Si una novia y un novio no se comprometen a vivir esa fidelidad, no están consintiendo al matrimonio. No existe tal cosa como un "matrimonio abierto", por ejemplo. El término mismo es contradictorio. Es importante dejar en claro, sin embargo, que fallar en el futuro en esta área no invalida por sí mismo un matrimonio, siempre que ambos esposos estén sinceramente comprometidos a ser fieles en el momento de consentir.

Indisolubilidad. El matrimonio establece un lazo entre los esposos que no se puede romper y que dura toda la vida. Si esto no es lo que el novio y la novia intentan establecer, entonces no intentan instituir un matrimonio. El matrimonio es todo o nada. Esto quiere decir que no hay tal cosa como el "matrimonio a prueba", en el que un hombre y una mujer "quieren probar si funciona." Tal como el "matrimonio abierto", el término mismo es contradictorio. Una vez que un matrimonio válido ha sido consumado, el lazo que Dios ha establecido entre los esposos sólo puede romperse por la muerte.

Disposición para tener hijos. Los hijos fluyen directamente de la naturaleza misma del amor matrimonial, de tal modo que si una pareja no tiene ninguna intención de tener hijos, y los excluye *positivamente* de sus relaciones, entonces su relación no es un matrimonio. El "matrimonio voluntariamente sin hijos", que se está tornando cada vez más popular, es también una contradicción.

7. ¿Y qué si una pareja cree que no serían buenos padres? ¿Dice usted que la Iglesia no los va a dejar casarse?

No es que la Iglesia no "los deje" casarse. Es que esa pareja realmente no *quiere* casarse. Ellos quieren tener una relación sexual que excluye intencionalmente los hijos, y se supone que lo hacen al esterilizar voluntariamente sus relaciones sexuales. Sea lo que sea esta relación, eso *no es* un matrimonio.

El matrimonio, como parte de su definición, es una relación sexual en la que los esposos están abiertos a la posibilidad que Dios los pueda bendecir con hijos. Los esposos se comprometen a no esterilizar nunca *intencionalmente* sus relaciones sexuales. Si una pareja rehúsa comprometerse a nunca tener relaciones anticonceptivos (es decir, una relación que está abierta a la procreación), entonces en realidad no quieren comprometerse al matrimonio. Así es como se debe entender la intención contra el bien de los hijos.

Si entendemos verdaderamente *lo que es* el compromiso matrimonial, entonces las personas que no piensan que serían buenos padres, tienen que admitir también que no serán buenos esposos. El amor sacrificado que es necesario para ser una buena madre o un buen padre es el mismo tipo de amor necesario para ser un buen marido o esposa. Esto es algo que puede resultar difícil de entender a personas que se han criado en un país desarrollado. La "mentalidad anticonceptiva" generalizada ha generado entre los miembros de nuestra cultura la ilusión que los hijos son superfluos, opcionales, "agregados" a una relación sexualmente activa. Pero tal mentalidad es totalmente incompatible con la visión de la fe católica.

8. ¿Y qué si la pareja no puede tener hijos?

El matrimonio conserva su intrínseca bondad aun cuando no haya hijos, en tanto que no sean claramente evitados. De modo que la infertilidad no deseada *no es* un impedimento al matrimonio.

Esta condición se confunde frecuentemente con el impedimento de impotencia. La impotencia no es un impedimento al matrimonio porque la pareja no pueda tener hijos. Es un impedimento porque no pueden tener relaciones. Que un hijo *venga* o *no venga* de las relaciones depende de Dios. Si *él* decide no traer hijos al mundo de esa unión de los esposos, su matrimonio no es menos válido por eso.

9. No puedo creer que la Iglesia sea tan insensible como para negar el sacramento del matrimonio a gente impotente. El sexo no lo es todo en el matrimonio.

De todos los impedimentos al matrimonio, éste es el que parece dar más problemas a la gente. De modo que vale la pena tomar algo de tiempo para explicarlo.

No, el sexo no es todo en el matrimonio. Pero es tan esencial a lo que es el matrimonio que si no hubiera ninguna posibilidad de relaciones sexuales, no hay posibilidad de que tenga lugar el matrimonio. Para ponerlo en claro, tiene que ser una impotencia *definitiva* y *perpetua*. Esto, tenemos que reconocerlo, es extremadamente poco frecuente.

Es importante no dejar que nuestras emociones nublen un raciocinio sensato. Por ejemplo, cuando la gente se entera de este impedimento, a menudo piensan en el sufrimiento de veteranos de guerra heridos, que no pueden funcionar sexualmente. En realidad, esta es una situación triste que sí merece nuestra simpatía.

Pero no cambia la verdad objetiva sobre el tema. La simpatía por los ciegos, por ejemplo, no debe autorizar al estado a darles permiso para manejar automóviles. Es muy triste, pero los ciegos *no pueden* hacer lo que se requiere para conducir. En forma parecida, gente definitivamente impotente no puede hacer lo que el matrimonio requiere. El mismo Jesús confirmó esto cuando habló de la incapacidad de los "eunucos" (gente incapaz de tener relaciones) para casarse (ver Mt 19, 12).

Este impedimento no es irracional, sino que es muy lógico. Piénselo. ¿Qué es lo que se comprometen a compartir mutuamente un hombre y una mujer, que hace que su relación sea matrimonial o que sea, digamos, una relación amistosa muy hermosa? ¿Qué es lo que marido y mujer comparten, el uno con el otro, que es tan único e intrínseco a *su* relación, que sería una violación del verdadero significado del matrimonio el compartirlo con alguna otra persona?

¿Qué es exactamente lo que hace al matrimonio una "unión íntima, exclusiva, indisoluble de la vida de un hombre y una mujer, para su propio bien y la procreación y educación de los hijos"? Las relaciones sexuales. Las relaciones sexuales son el elemento que define el amor conyugal. Esto no quiere decir que el matrimonio pueda reducirse a una *mera* relación sexual (tal como conducir un automóvil no puede reducirse a un *mero* ver). Pero si uno elimina esa posibilidad, entonces no hay matrimonio.

Tenemos que reconocer la influencia de la cultura que hoy prevalece en la dificultad que la gente tiene con respecto a este impedimento. La revolución sexual privó al sexo de sus límites psicológicos y sociales. De modo que para la mente moderna típica, el sexo ya no expresa el compromiso matrimonial, sino que sencillamente expresa una especie de vago deseo de placer y de intimidad, o peor, un simple deseo de auto gratificación.

Las suposiciones aquí están equivocadas: sin duda, los casados tienen relaciones, pero también las tienen muchas otras personas, y no hay nada malo en eso, ¿no es verdad? De modo que si una pareja no pudiera tener relaciones por alguna razón, ¿qué tendría eso que ver con su deseo de casarse? Para una mente moderna, nada. Pero desde la perspectiva del significado verdadero del sexo, tendría una influencia directa, tanto que el matrimonio resultaría *imposible*.

Aquí hay una analogía algo tonta que puede aclarar las cosas. Uno no puede reducir las galletas con pedacitos de chocolate a los pedacitos de chocolate, pero sin esos pedacitos, uno no puede tener esa clase de galletas. Los pedacitos de chocolate son los que definen a ese tipo de galletas. Hay otra clase de galletas, pero si no tienen pedacitos de chocolate, no pueden ser llamadas honestamente "galletas con pedacitos de chocolate".

Similarmente, sin la *posibilidad* de relaciones sexuales, uno no puede honestamente llamar "matrimonio" al amor que un hombre y una mujer comparten. No quiere decir que no sean capaces de amarse. Sólo quiere decir que son incapaces de esa clase única de amor que llamamos amor *conyugal*.

Hay muchas clases de amor, tal como hay muchas clases de galletas. Dos personas pueden tener muchas ganas de hacer galletas con pedazos de chocolate, pero si por una desgracia no tienen posibilidad de obtener chocolate en pedacitos, la simple realidad es que no van a poder hacer esa clase de galletas. Tendrán que hacer galletas de otra clase.

Aplicando esta analogía algo banal: si por una tragedia una pareja es definitiva y perpetuamente incapaz de expresar el elemento que define el matrimonio, entonces la realidad es que su amor (si bien puede ser muy hermoso, duradero e íntimo) no puede ser el amor único y específico que constituye un matrimonio. Ningún sentimiento o simpatía en situaciones individuales —tan comprensibles como son esos sentimientos— puede cambiar esta realidad.

10. El matrimonio es tanto una unión espiritual como física. ¿Entonces qué importa que no haya relaciones sexuales?

Esto es cierto, pero las dos realidades (física y espiritual) no pueden separarse. Hacerlo es caer realmente en la antigua herejía que en la Iglesia se conoce como *dualismo*. Ese dualismo produce un divorcio en la naturaleza humana entre lo físico y lo espiritual. Pero los seres humanos son una combinación indivisible de carne y espíritu, alma y cuerpo. No somos personas "en" un cuerpo del que se puede prescindir. Somos *personas de carne y hueso*. Esto significa que nuestra realidad espiritual como seres humanos se expresa a través de nuestros cuerpos como varón y mujer.

Los principios, el físico y el espiritual, en nosotros están tan unidos que sólo la muerte puede separarlos. Y aun después de la muerte, el alma se encuentra en un estado antinatural, hasta que se reúne con el cuerpo en la resurrección, en la segunda venida de Cristo. Sólo entonces las almas en el cielo van a ser, nuevamente, *plenamente humanas* como personas de carne y hueso (tal como Cristo y su Bendita Madre son ahora en el cielo alma y cuerpo).

A causa de esta profunda unidad ente lo físico y lo espiritual en la persona humana, es incorrecto, hablando con precisión, hacer una distinción estricta entre el amor "físico" y el "espiritual" entre los seres humanos. Lo que hacemos con nuestro cuerpo lo hacemos con nuestra alma, y lo que hacemos con nuestra alma sólo podemos hacerlo a través de nuestra existencia como personas de carne y hueso. El amor humano se manifiesta a través del cuerpo humano.

Las emociones mismas (no que podamos reducir el amor a una mera emoción) se comunican a través del cuerpo. No podemos ni siquiera rezar sin el cuerpo. Como dijo el Papa Juan Pablo II, cualquier intento de romper la unidad de la persona como cuerpo y alma "ataca la creación misma de Dios en el nivel de las más profundas interacciones de naturaleza y persona."[20]

Esta profunda unidad espiritual y física en la humanidad es el verdadero principio de la vida sacramental de la Iglesia —incluyendo el sacramento del matrimonio. Porque aun Dios, que es Espíritu puro, para demostrar su amor a los seres humanos, tomó un cuerpo: "Y el Verbo se hizo carne" (Jn 1, 14). *Todos* los sacramentos son realidades *corpóreas, físicas*.

Es en y por medio del cuerpo que marido y mujer expresan el amor que es único al sacramento del matrimonio. Su unión en "una sola carne" (o al menos tal posibilidad) no es menos necesaria al sacramento del matrimonio que el pan y el vino lo son a la Eucaristía o lo es el agua al bautismo. Es en y a través de estas realidades físicas que se comunican las realidades espirituales propias de cada uno de estos sacramentos. Sin la realidad física del sacramento, sencillamente no hay sacramento.

11. Mis padres estuvieron casados por más de veinticinco años, y tuvieron cinco hijos, pero aun ellos obtuvieron una nulidad por parte de la Iglesia. ¿Cómo puede la Iglesia decidir de repente que después de tantos años, el matrimonio de mis padres no existió nunca? ¿Me hace eso un "hijo natural, ilegítimo"?

Primero, aclaremos algo acerca de la "legitimidad". Éste es un término usado en varios sistemas legales a lo ancho del mundo para asegurar la paternidad del niño (por lo general es muy obvio cuál sea la madre). Desde el punto de vista de la fe, sin embargo, Dios es el Padre de todos. De modo que sin que importen las circunstancias de la concepción, realmente no hay tal cosa como un "niño ilegítimo" a los ojos de Dios.

Una nulidad, entonces, *no* hace ilegítimos a los hijos de esa relación ilegítima. Es éste un error de interpretación común que necesita ser aclarado sin la menor duda. Más aún, una declaración de nulidad de la Iglesia no afecta el reconocimiento legal por el estado de la paternidad de los niños. Aun desde un punto de vista legal, los niños permanecen "legítimos".

Una declaración de nulidad no elimina, y no puede hacerlo, la relación de sus padres. Obviamente estuvieron juntos por muchos años. Tuvieron temporadas buenas y malas. Concibieron y criaron hijos. Nada de esto se "elimina". Es ciertamente difícil de aceptar el hecho de que en el día del matrimonio, algo impidió a sus padres acceder válidamente al matrimonio. Pero nuevamente es importante no dejar que los sentimientos nublen un sensato razonamiento.

Un razonamiento sensato reconoce que el matrimonio no es algo que "sucede" sin más a una pareja al seguir los ritos de una boda. Algunas cosas —muchas cosas— pueden impedir a las parejas acceder a un matrimonio válido. Si bien la mayoría de los matrimonios no válidos se reconocen como tales en los primeros años de la relación, no es imposible para una pareja vivir juntos durante muchos años y criar una familia, y sólo más tarde descubrir, siguiendo una investigación seria por un tribunal, que no accedieron válidamente al matrimonio.

Los hijos de matrimonios que han sido declarados nulos por la Iglesia no debieran desesperarse nunca. Es en la verdadera naturaleza de Dios el sacar bien de todas las situaciones. De hecho, tales niños pueden ser el mayor bien que Dios saca de matrimonios que más tarde puedan ser declarados no válidos.

12. Mi hermana (católica) quiere casarse con un protestante que es divorciado, pero su párroco dijo que tendría que aplicar para una declaración de nulidad, y que si no puede obtenerla, no pueden casarse. ¿Por qué fuerza la Iglesia hasta a los protestantes a pasar por el proceso de anulación?

Dado que sólo los católicos tienen que observar la forma matrimonial católica, la Iglesia reconoce los matrimonios de todos los no católicos y asume que las uniones son válidas, a menos que se pruebe lo contrario. Inclusive la Iglesia reconoce el matrimonio de dos protestantes bautizados como sacramento, aunque ellos mismos no crean que el matrimonio sea un sacramento y aunque su matrimonio pueda haber tenido lugar delante de un juez de paz (oficial civil). Por eso su hermana no puede casarse con un hombre que ya está legalmente casado con otra persona.

De acuerdo con las palabras del mismo Cristo, eso sería cometer adulterio (véase Lc 16, 18). El divorcio civil nunca cambia la situación matrimonial real a los ojos de la Iglesia, sean o no sean católicos.

Si quieren seguir adelante, a pesar de todo, él tiene libertad para buscar una declaración de nulidad para determinar si su primer matrimonio fue válido (casi 20 por ciento de los casos de nulidad se refieren a no católicos). Si se determina que no fue válido, entonces su hermana está libre para casarse con él.

Pero hay que tener presente que la nulidad no es nunca algo seguro. Tiene que probarse con certeza moral que en el día del matrimonio algún defecto impedía a la pareja acceder válidamente a un matrimonio. No estaría bien para su hermana el considerar un matrimonio, por lo menos hasta que se haya concedido la nulidad.

13. ¿Por qué la Iglesia no se pone al día, y admite que algunos matrimonios sencillamente no funcionan?

Es obvio para todo el mundo, incluyendo a la Iglesia, que algunos matrimonios "no funcionan". Como se mencionó anteriormente, en circunstancias graves la Iglesia recomienda inclusive la separación física de las personas. Pero esto es muy distinto de aceptar el divorcio.

Es difícil sobreestimar la importancia que la Iglesia concede a defender la permanencia del matrimonio. La historia nos cuenta de naciones enteras que se separaron de la Iglesia Católica por disputas sobre este punto.

¿Por qué es la Iglesia tan obstinada? Porque el matrimonio es donde "se besan" el amor humano y el amor divino. Reducir de alguna manera la permanencia del amor matrimonial es disminuir la permanencia del amor de Dios. Como sacramento, el matrimonio es una verdadera participación en el amor de Cristo por su Esposa, la Iglesia.

Si entendemos esto bien, admitir el divorcio es decir al mismo tiempo que Cristo ha abandonado a la Iglesia. *¡Imposible!* Cristo nunca, ni remotamente, abandonará a su Esposa. De esto se trata.

Pero la gente dice: nosotros no somos Dios. ¿Cómo podemos amar como Cristo ama?

No podemos hacerlo por nuestros propios medios. Pero "para Dios, sin embargo, todo es posible" (Mt 19, 26). No es coincidencia que estas palabras de Cristo, en el *Evangelio de Mateo*, aparezcan poco después de la enseñanza de Cristo sobre la permanencia del matrimonio (véase Mt 19, 1-11). Cuando los discípulos de Cristo aprendieron lo que les exigía la permanencia del matrimonio, pensaron que sería mejor no casarse (véase Mt 19, 10). Jesús respondió: "No todos son capaces de entender esta doctrina, sino aquellos a quienes se les ha concedido" (Mt 19, 11).

¿A quién se ha dado esta enseñanza sobre la permanencia del matrimonio? ¿A los hombres y mujeres que permanecen esclavizados por sus debilidades? ¡No! ¡A hombres y mujeres a los que se les ha dado el poder de amar como Cristo ama, por medio del Espíritu Santo!

Ésta es la buena nueva del Evangelio. El amor de Cristo ha sido derramado en nuestros corazones por medio del Espíritu Santo (véase Rm 5, 5). Esto quiere decir que maridos y mujeres *pueden* amarse unos a otros como Cristo ama.

Lo que está en juego en la permanencia del matrimonio es realmente una cuestión de fe. ¿Creemos en la buena nueva del Evangelio, o no? ¿Creemos que sea posible amar el uno al otro como Cristo ama, o no?

Admitir la posibilidad del divorcio es decir que Cristo no puede salvarnos de nuestros pecados. ¡Ay de la Iglesia si llega a decir alguna vez algo así! La permanencia del matrimonio es una realidad objetiva de la que la Iglesia tiene que dar testimonio, si va a decir la verdad.

14. ¿No dijo el mismo Jesús que el divorcio era aceptable en caso de adulterio?

Esto se llama comúnmente la "cláusula excepcional". Aparece en Mt 5, 32 y 19, 9, donde Jesús prohíbe el divorcio excepto en caso de *porneia*. Esta palabra griega se traduce a veces como "falta de castidad", "impureza", "conducta obscena" o —menos correctamente— "adulterio". Muchos expertos en las Sagradas Escrituras creen que la cláusula de excepción se refiere a matrimonios que no eran tales porque estaban dentro de los grados prohibidos de parentesco (véase Lev 18, 6-16). Por eso se esperaba que cristianos que se encontraban en una relación incestuosa como esa se "divorciaran".

La cláusula de excepción no aparece en los pasajes paralelos de Lc 16, 18 o Mc 10, 11-12. También en 1 Cor 7, 10-11 expresa la prohibición contra el divorcio como un mandamiento incondicional del Señor a sus seguidores. Ésta es la manera como la Iglesia, como la autoridad que Cristo instituyó para hablar sobre esos temas, siempre lo ha entendido.

Simplemente no tendría sentido que Cristo enseñara que la gente podía divorciarse si uno o el otro cometiera adulterio. Todo lo que sería necesario, entonces, si quisiera divorciarse, sería ir y "engañar" al cónyuge. La interpretación más común de *porneia* parece mucho más probable.

15. Mi hermano es un buen católico que quiere a su nueva esposa y ama a Dios. Pero porque no le concedieron una nulidad de su primer matrimonio, no puede recibir la Comunión. Se siente despreciado y dejado de lado por la Iglesia. ¿Por qué es la Iglesia Católica tan dura e insensible en estos temas? Otras iglesias reciben bien a la gente en todos los casos.

El amor de Cristo acepta a todo el mundo. Si la Iglesia no demuestra a sus miembros el amor de Cristo, es una grave falla. Pero también debemos reconocer que si la Iglesia fracasara en exigir que sus miembros vivan el amor de Cristo, también fallaría en forma grave.

Hay aquí una cierta tensión. El amor de Cristo acepta incondicionalmente a los pecadores, pero su amor por nosotros no transa con nuestros pecados. Como a la mujer sorprendida en adulterio, él no nos condena. Pero nos llama a no pecar más (véase Jn 8, 10-11).

Aceptar a una persona no puede nunca significar aceptar decisiones objetivamente erradas de esa persona. Cristo dijo: "Cualquiera que repudie a su mujer y se una con otra, comete adulterio contra aquella" (Mc 10, 11). Por consiguiente, si el ("primer") matrimonio de su hermano fue válido, al vivir en una unión sexualmente activa con otra persona, está en realidad cometiendo adulterio contra su ("primera") esposa.

Cristo, nuestro Novio celestial, nos muestra lo que significa la unión sexual al hacer una donación permanente de su cuerpo a nosotros (su Esposa) en la cruz, al que recibimos sacramentalmente en la Eucaristía. La unión sexual de marido y mujer participa en la donación eucarística de Cristo. Sin embargo, la unión sexual de dos personas que no están casadas es una contradicción directa respecto al amor eucarístico de Cristo. Esto es especialmente grave cuando uno o ambos están casados con otra persona.

Por esta razón, un católico que persista en tener relaciones con alguien, cuando en realidad él o ella está casado con otro, no puede recibir la Comunión. Hablando en forma objetiva, tal persona está viviendo en contradicción directa a lo que significa la Eucaristía. En la Eucaristía, consumamos un matrimonio místico con Cristo. En él, Cristo se da a nosotros por completo, y nosotros nos damos a él por completo, comprometiéndonos a serle totalmente fieles. Si no pensamos ser fieles a la enseñanza de Cristo, entonces sería una hipocresía recibir la Eucaristía.

Es muy importante distinguir aquí entre persistir voluntariamente en un "estado objetivo de pecado" y luchar por resistir el pecado. Ser fiel a Cristo es difícil. Para todo ser humano es una lucha difícil.

De ningún modo la Eucaristía es sólo para los "perfectos". Si tal fuera el caso, nadie podría recibir la Comunión. Pero por lo menos, al recibir la Eucaristía le estamos diciendo a Cristo que estamos dispuestos a luchar para vivir de acuerdo a su voluntad, resistiendo todo lo que sea contrario a ella.

¿Fallaremos a veces? Ciertamente. Tal es la naturaleza de la humanidad caída.

Y por eso es que Cristo nos proporciona graciosamente con el sacramento de reconciliación.

16. Cada vez que escucho el versículo de la Escritura que dice, "las mujeres sométanse a sus maridos," se me paran los pelos de la nuca. ¿Por qué tengo que escuchar lo que dice la Biblia sobre el matrimonio, cuando es tan despectiva de las mujeres?

El versículo al que usted se refiere es Ef 5, 22. Si hace que se le paren los pelos de la nuca, yo quiero confirmarla en su reacción. ¿Por qué? Porque usted probablemente piensa que el pasaje quiere decir algo como: "Las esposas son esteras que tienen que someterse al dominio de sus maridos." Si eso es lo que usted piensa que quiere decir, entonces me preocuparía si no se le erizaran los pelos de la nuca.

Sin embargo, eso *no es* lo que el versículo significa. Cuando miramos a ese versículo en el contexto de todo el pasaje (Ef 5, 21-33), el contexto pone esa interpretación patas para arriba. Desgraciadamente, apenas la gente escucha ese pasaje, deja de prestar atención al resto de lo que dice San Pablo.

Si bien tenemos que reconocer que algunos hombres en el curso de la historia han usado este pasaje de la Escritura para justificar sus deseos (derivados del pecado) de dominar a las mujeres, San Pablo no justifica esa actitud de ninguna manera. Sabe que es consecuencia del pecado (véase Gn 3, 16), razón por la cual el pasaje está restaurando, en realidad, el plan original de Dios antes del pecado. Lo hace indicando de qué se trata el matrimonio en primer lugar. Estaba destinado a mostrar por anticipado el matrimonio de Cristo y su Iglesia. San Pablo simplemente extrae las consecuencias de esa analogía.

Empieza por llamar a ambos, maridos y mujeres, a estar *"sumisos unos a otros en el temor de Cristo"* (v. 21) —por reverencia al "gran misterio" de que los esposos son imagen de la unión de Cristo y su Iglesia. En la analogía, el marido representa a Cristo y la mujer representa a la Iglesia. De modo que dice que tal como la Iglesia está sujeta a Cristo, también las esposas deben estar sujetas a sus maridos (véase v. 24).

Otra traducción usa la palabra "sumisión". Me gusta explicar esta palabra como sigue: "sub" quiere decir "bajo", y "misión" quiere decir "ser enviado con autoridad para ofrecer un servicio específico." Las esposas, entonces, están llamadas a ponerse "bajo" la "misión" de sus maridos.

¿Cuál es la misión del marido? "Varones, amad a vuestras mujeres como Cristo amó a la Iglesia y se entregó a sí mismo por ella" (v. 25). ¿Cómo amó Cristo a su Iglesia? Murió por ella. Cristo dijo que había venido "no a ser servido sino a servir" y dar su vida por su Esposa (Mt 20, 28).

¿Qué quiere decir, entonces, que la esposa se "someta" a su marido? Quiere decir deja que tu marido te sirva. Ponte a las órdenes de su misión de ser amada como Cristo amó a la Iglesia. Como dijera Juan Pablo II: "La 'sumisión' de la mujer al marido, entendida en el contexto de todo el pasaje (5, 22-23) de la *Carta a los Efesios*, significaba, sobre todo, 'experimentar el amor'. Tanto más cuanto que esta 'sumisión' se refiere a la imagen de la sumisión de la Iglesia a Cristo, que consiste ciertamente en experimentar su amor."[21]

¿Qué mujer no quisiera recibir esta clase de amor de su marido? ¿Qué mujer no quisiera estar sujeta a su marido si él tomara su misión seriamente, de amarla como Cristo amó a la Iglesia? Muy a menudo los maridos quieren que las mujeres tomen el pasaje al pie de la letra. Creo que somos nosotros los hombres quienes debemos tomarlo al pie de la letra.

17. ¿No dijo Jesús que después de la resurrección no habrá matrimonio? ¿Por qué no? ¿Quiere decir esto que mi esposa y yo no vamos a estar juntos en el cielo?

En el capítulo 22 del Evangelio de Mateo (véase también Mc 12 y Lc 20), los saduceos, un grupo de judíos que no creían en la resurrección de los muertos, fueron a ver a Jesús con un escenario que ellos creían lo iba a forzar a negar también la resurrección.

Murió un hombre que estaba casado. Uno de sus hermanos se casó con su viuda, para dar descendencia al hermano muerto, pero él también murió. Esto sucedió varias veces, hasta que siete hermanos habían estado casados sucesivamente con la misma mujer. Los saduceos entonces preguntaron a Cristo de quién iba a ser esposa en la resurrección.

Cristo respondió: "Estáis en el error por no entender las Escrituras ni el poder de Dios: pues en la resurrección ni los hombres tomarán mujer, ni las mujeres marido" (vv.29-30).

Para muchos estas palabras de Jesús tienen una nota ácida. ¿Por qué? Porque no entendemos las Escrituras ni el poder de Dios. Si lo hiciéramos, nos alegraríamos al oír estas palabras. Lo que Cristo ha dicho no devalúa el matrimonio, más bien apunta al propósito y significado último de este maravilloso sacramento.

El matrimonio en esta vida está destinado a señalarnos el cielo, donde celebraremos eternamente la "boda del Cordero" (Ap 19, 7), el matrimonio de Cristo y la Iglesia. Este es el deseo más profundo del corazón humano: vivir en la eterna dicha de la intimidad "conyugal" con Dios mismo. Tan maravilloso como puede ser el matrimonio en esta vida, es solamente un signo, un anticipo, un *sacramento* de ese goce por venir. El matrimonio terrenal es simplemente preparación para el matrimonio celestial.

Es lo mismo con todos los sacramentos: nos preparan para el cielo. No hay sacramentos en el cielo, porque todos van a haber dado su fruto. Los seres humanos no van a necesitar ya más signos que le indiquen *hacia* el cielo, porque ya van a estar *en* el cielo.

Piensa esto en términos de signos en el camino. Si uno va a Denver, Colorado, cuando uno ya ha llegado no necesita más signos que le indiquen hacia donde ir.

¿Va uno a estar con su esposa en el cielo? Por supuesto, si ambos aceptan la proposición matrimonial de Cristo y viven fieles a él en esta vida. De hecho, todos los miembros de la raza humana que aceptan la invitación a la fiesta de la boda celestial van a estar en la comunión más íntima posible con todos los demás.

Esto es lo que llamamos la "comunión de los santos". En el cielo, todo lo que nos separa y divide en la tierra va a desaparecer. Todos viviremos en una *comunión celestial de personas* como la única Esposa de Cristo. Y como la única Esposa de Cristo, todos viviremos en el éxtasis de la unión consumada con nuestro Marido, el Señor Jesucristo. Vamos a *conocer* a Dios y verlo como es, cara a cara (véase 1 Cor 13, 12). Como dice el *Catecismo*, "la Iglesia espera estar en la gloria del Cielo unida a Cristo, su esposo" donde ella "se gozará con su Amado con gozo y deleite que no puede tener fin."[22]

4

¿Qué hay que hacer antes de casarse?

Castidad fuera del matrimonio

La persona que no decide amar para siempre, va a encontrar muy difícil amar realmente, aunque sea por un día.

Papa Juan Pablo II[1]

Ahora es el momento de "ir al grano" en algunos de los aspectos de la moral sexual. Si bien este capítulo va a enfocarse en las preguntas y objeciones de gente soltera, consideraremos también varios temas que son igualmente pertinentes para los casados. De modo que si ya están casados, no vayan a saltarse este capítulo —hay algo interesante para ustedes también.

Hablar de lo que "hay que hacer" y lo que "no se puede hacer" es inevitable en cualquier consideración sobre moralidad. Pero es importante no equivocar tal análisis como una consideración *minimalista* para seguir a Cristo. No debiéramos estar buscando "hasta dónde podemos llegar" antes de ser culpables de haber hecho algo malo.

Si ésta es nuestra perspectiva, no seremos capaces de ver la doctrina de la Iglesia como la buena nueva que es. Por el contrario, sospecharemos de ella. La veremos como un código moral arbitrario que prohíbe las cosas que *realmente* queremos hacer. Veremos la enseñanza de la Iglesia como una carga impuesta desde afuera que es difícil, si no imposible, de sobrellevar. Este sentimiento es virtualmente inevitable a menos que encontremos la persona de Cristo en una forma que transforma la vida.

La persona cuyo corazón ha sido cambiado por Cristo no está buscando "llegar" a ninguna parte. Por el contrario, tal persona está siempre tratando de descubrir qué quiere decir seguir a Cristo como el modelo de amor y de donación de sí mismo. No ve la doctrina de la Iglesia como una imposición, sino que la reconoce por lo que es: la verdad sobre el amor que Dios ha grabado en nuestro mismo ser.

Cuando deseamos a Cristo por quien es, la doctrina de su Iglesia no se ve con sospecha o como algo que hay que *sobrellevar*. Más bien, se confía en ella como el estándar que *nunca podemos ignorar* si uno busca el verdadero amor, el verdadero goce, la verdadera satisfacción. Bajo esa luz, debemos abordar estos temas tan importantes con una oración:

Señor Jesús, ayúdame a ver que la doctrina moral de tu Iglesia no consiste en estándares impuestos e impersonales de un código moral arbitrario, sino que son tu propia voluntad grabada en mi corazón como hombre (mujer), a través de la cual descubro el significado de la vida y del amor. Haz que tenga un corazón sensible para recibir y vivir la verdad que me hace libre. Amén.

1. ¿Qué quiere decir castidad?

Hay que reconocer que la palabra "castidad" tiende a tener una connotación negativa y necesita ser rehabilitada. Para muchos, es sinónimo de un represivo "no hagas eso" con respecto al sexo. Pero la castidad es en realidad una virtud positiva, porque pone orden en nuestros deseos, pensamientos y conducta sexuales, en busca de la verdad de un amor auténtico.

La castidad no es primariamente un no al sexo ilícito. Antes que nada, la castidad es un gran *sí* al verdadero significado del sexo, a lo bueno que es haber sido creados varón y mujer a imagen de Dios. La castidad no es represiva, es totalmente liberadora. Nos libra de la tendencia de usar a los otros para obtener una gratificación egoísta y nos hace capaces de amar a otros como Cristo nos ama. Por lo tanto, la virtud de la castidad es esencial si vamos a descubrir y satisfacer el verdadero significado de nuestro ser y de nuestra existencia.

2. ¿Por qué no pueden tener relaciones dos adultos que se quieren y que están de acuerdo? ¿Qué diferencia hace el certificado de matrimonio?

Dos adultos solteros que estén de acuerdo son *capaces* de tener relaciones sexuales. La cuestión es: ¿Es *bueno* para ellos el poder hacerlo? ¿Qué es lo que gente soltera está diciendo a los demás al tener relaciones sexuales? ¿Está en concordancia con el verdadero significado del sexo? ¿Eso es amarse?

El amor no es arbitrario. El amor no es lo que me da la gana. El amor no es sencillamente sentimientos cálidos y empalagosos por otra persona. El amor no puede ser equiparado simplemente a la atracción sexual ni al deseo sexual por otra persona. El amor no es algo que "sucede" a la gente. El amor es una decisión.

No digo esto para reducir el papel de emociones y de las atracciones. Como dijera Juan Pablo II, tal es la "primera materia" del amor. Pero es un error considerar la primera materia como "su forma perfecta".[2] Una persona tiene que permitir que la gracia forme y modele la materia prima haciéndola una elección libre por el bien de la persona amada. Por supuesto, este concepto es extraño a nuestra cultura popular. Una escena de la película de Robert Redford *The Horse Whisperer* [El hombre que habla con los caballos] ilustra lo que quiero decir.

Cuando una mujer de la ciudad, agotada e infeliz en su matrimonio, se da cuenta que "se ha enamorado" de un cowboy divorciado y tranquilo, dice "no quería que pasara esto." Clara prueba que lo que sentía por el cowboy no eran sentimientos de amor.

Por definición, el amor siempre *elige libremente* sacrificarse por el bien del amado. El amor sexual decide libremente hacer una donación total, fiel y fructífera de sí mismo al ser amado. La relación sexual habla este idioma: el idioma del amor de Dios. Éste es el lenguaje del enlace matrimonial, el idioma de los votos matrimoniales. Cualquier cosa menos que ésta es una falsificación barata de lo que nuestros corazones desean realmente.

El lenguaje está destinado a trasmitir la verdad. Es un abuso del lenguaje decir mentiras, y hacerlo nunca puede ser un acto de amor. El "lenguaje" del cuerpo también está destinado a trasmitir la verdad. Juan Pablo II habla actualmente de la "profecía del cuerpo". El cuerpo es un "profeta" porque habla el lenguaje de Dios, que es amor.

Pero tenemos que distinguir cuidadosamente entre verdaderos y falsos profetas.[3] "Dos adultos que están de acuerdo" en tener relaciones sexuales pero no se han comprometido en matrimonio, son "falsos profetas". Están diciendo algo con sus cuerpos: "Soy tuyo libremente, totalmente, fielmente y en forma fructífera, para siempre." Pero de hecho, lo que dicen no es cierto. Se están mintiendo el uno al otro.

Dos adultos que consienten y *verdaderamente* se aman y quieren expresar ese amor mediante relaciones sexuales son dos adultos que están de acuerdo en casarse. Del amor de cada uno por el otro, y su deseo de nunca engañarse mutuamente, no hablarán el "lenguaje" de sus cuerpos mediante las relaciones sexuales, hasta que ese lenguaje sea expresión del compromiso que *ya han hecho* en sus votos matrimoniales.

Por eso, ¿qué diferencia hace un certificado de matrimonio? En sí mismo, no mucho. Es solamente un pedazo de papel. Pero tal pedazo de papel indica que Dios ha establecido la unión matrimonial entre los esposos. Y ese lazo hace que todo sea muy diferente.

Cuando la novia y el novio van al altar y declaran su consentimiento delante de la Iglesia, no es simplemente un reconocimiento formal de algo que ya existe entre ellos. En el momento que dan su consentimiento, la novia y el novio cambian fundamentalmente: en ese momento y ahí (y solamente ahí y en ese momento) *llegan a ser marido y mujer*. Lo que no existía cinco minutos antes existe ahora, un vínculo conyugal sellado por el Espíritu Santo que, una vez consumado, no puede ser disuelto por nada, sino por la muerte.

Las relaciones sexuales son la expresión de *este* vínculo. Es el signo visible de esta realidad invisible. Si no existe este vínculo entre el hombre y la mujer, las relaciones sexuales entre ellos carecen totalmente de *raison d'être* [razón de ser].

Sea la que sea la pasión y los sentimientos implicados, tales actos sexuales nunca pueden ser actos de amor verdadero. Si la pareja entiende lo que significan el sexo y el matrimonio, y responden a ese significado, entonces la idea de tener relaciones antes de que Dios establezca la unión entre ellos (a través de su consentimiento) es *impensable*.[4]

Una pareja que tiene regularmente relaciones sexuales antes de casarse, y no ve nada malo en ello, demuestra que no entienden el significado del sexo y del matrimonio. Tal pareja es muy probable que no vaya a comprender el significado del enlace matrimonial. Van a tender a reducir los cambios en su relación a un pedazo de papel —un "certificado de matrimonio"— y van a continuar teniendo relaciones sexuales como siempre.

El hecho que una pareja está ahora casada no hace automáticamente su unión sexual lo que se supone que es. El sexo es solamente lo que se supone que es cuando expresa el compromiso de darse libre, total, fiel y fructíferamente. Hay muchas parejas casadas que tienen muchas relaciones sexuales, pero que en realidad violan sus propios votos matrimoniales. El hecho que acontezca después que se ha celebrado el matrimonio no lo hace correcto.

En lugar de encuadrar la discusión en términos de relaciones *premaritales* contra relaciones *postmaritales*,* es mucho más preciso hablar de relaciones *no-maritales* contra relaciones *maritales*. Es imposible para las personas solteras tener relaciones maritales, ya que no tienen una unión matrimonial que expresar ni votos matrimoniales que renovar. Por otra parte, mientras la existencia de una unión matrimonial no *garantiza* que las relaciones sean siempre maritales, es un pre-requisito absoluto para esa posibilidad.

3. Me eduqué en escuelas católicas por doce años y nunca oí algo así. ¿Por qué?

Ésta es una pregunta típica en conferencias que doy en todo el país. La respuesta es compleja, pero una versión simple es que la mayoría de los educadores de la Iglesia, a su vez, han sido más o menos engañados por la manera de pensar corriente. Es muy común que profesores que disienten abiertamente de la doctrina de la Iglesia ocupen puestos importantes en seminarios, colegios y universidades

---

* (N. del T. Se podría hacer un juego de palabras en español, entre relaciones con-yugales y sin-yugales.)

católicos. El mismo problema existe en muchas escuelas secundarias, primarias, y programas educacionales de las parroquias.

No es alarmista decir que hay una crisis dentro de la educación católica. En respuesta a esta crisis, Dios bendijo su Iglesia con un Papa que hizo más por defender y explicar la doctrina de la Iglesia con respecto al sexo que ningún otro Papa en la historia. Juan Pablo II trajo a la Iglesia una visión que no había sido articulada con anterioridad sobre la dignidad y significado del cuerpo humano y de la unión sexual. Aunque pueda parecer que son pocos los que están escuchando, estoy convencido que estamos al borde de una nueva revolución sexual, y que es sólo cuestión de tiempo hasta que sus razonamientos revolucionarios lleguen a ser parte de la fábrica de la comunidad católica, y aún más, de la sociedad entera.

George Weigel confirma esta perspectiva en su biografía sobre Juan Pablo II. Describe la *Teología del cuerpo* del Papa como una *"bomba de tiempo teológica* lista para explotar con consecuencias dramáticas, en algún momento en el tercer milenio de la Iglesia. Cuando suceda," continúa, "quizás en el siglo XXI, es posible que la teología del cuerpo pueda ser vista como un momento crítico no solamente en la teología católica, sino en la historia del pensamiento moderno."[5]

Yo mismo me encuentro frustrado por el hecho que no aprendí, cuando iba creciendo, sobre la riqueza y sensatez de la doctrina de la Iglesia, a pesar de tener doce años de educación católica. Durante la mayor parte del tiempo, el mensaje era: "No lo hagas." De modo que, ¿qué hice? Exactamente lo contrario, por supuesto.

Si me hubieran enseñado lo hermosa y maravillosa que es realmente la visión católica del sexo y el matrimonio, a lo mejor hubiera pensado que era algo que merecía esperar. A lo mejor me hubiera visto libre del dolor que me causé y que le causé a otros. Pero cuando hablo de la misericordia de Dios que puede perdonar, sanar y restaurarnos, no es teoría. Lo he vivido, y continúo, por la gracia de Dios, creciendo cada día más y más cerca de la luz.

4. ¿Cómo puedo recuperar esta idea sobre el sexo, si ya he hecho algo muy serio?

A la luz de la redención que Cristo ha ganado para nosotros, nada está perdido definitivamente. Nada que hayamos hecho nunca puede ser más poderoso que la cruz de Cristo. Cuando Cristo murió, tomó consigo toda nuestra humanidad caída, y se levantó de entre los muertos para que nosotros también pudiéramos tener una nueva vida (véase Rm 6, 4).

Jesús se hizo pecado para que pudiéramos llegar a ser la justicia de Dios (véase 2 Cor 5, 21). Esto quiere decir que siempre existe la posibilidad de la "renovación de la mente" (Rm12, 2). Siempre existe la posibilidad de conversión. Siempre existe la posibilidad, no importa cuán profundo sea el foso en el que podamos estar, de convertirnos, caminar hacia la luz y experimentar una nueva vida.

Si puedo parafrasear las palabras de San Pablo a los romanos: Apelo a ti, en virtud de la misericordia divina, a que ofrezcas tu sexualidad como un sacrificio vivo, entero para Dios. No necesitas acomodarte más a los modos del mundo, pero puedes transformarte por la renovación de tu mente. Entonces vas a entender y desear la voluntad de Dios para tu sexualidad —su voluntad buena, agradable y perfecta (ver Rm12, 1-2). Y vivir de acuerdo al plan de Dios te brindará el gozo y la felicidad que has estado buscando toda tu vida.

Todo lo demás es un engaño. Sí, las enseñanzas de Cristo son difíciles. No podemos subestimar nunca la dificultad. ¿Cuántos de entre nosotros, por nuestras solas fuerzas, somos capaces de amar a nuestros enemigos? Yo he tenido mucha dificultad tratando de amar a mis amigos. ¿Cuántos de entre nosotros, por nuestra sola fuerza, somos capaces de no tener nunca *lascivia* en nuestros corazones?

Parece que hay un dilema fundamental aquí. Cristo nos muestra su voluntad solamente para que nos demos cuenta de que no podemos alcanzar a vivirla. ¿Y cómo responde Cristo? "Para el hombre esto es imposible; para Dios, sin embargo, todo es posible" (Mt 19, 26). Pidamos:

> *Señor, por favor ayúdame. Dame la gracia de confiarte todo mi ser —todo lo que soy, cuerpo y alma. Te doy mis esperanzas y temores, mis logros y mis fallas, mis fortalezas y mis debilidades, mis pecados, mis ansias, mis deseos —especialmente, ahora mismo, mis pecados, ansias y deseos sexuales. Los pongo todos a tus pies. Ayúdame a ser el hombre (mujer) que tú me has creado para ser. Renueva mi mente para que pueda ver el gran don del sexo y el matrimonio como tú los creaste para que sean. Sé que no soy capaz de unir mi voluntad a la tuya, pero confío que tú me vas a dar todo lo que me falta. Amén*

5. Estamos comprometidos. Sabemos en nuestros corazones que ya estamos comprometidos el uno al otro de por vida. ¿Por qué no podemos expresar ese compromiso mediante relaciones sexuales?

Volvamos a considerar lo que las relaciones sexuales expresan. Es la expresión visible (física) del vínculo matrimonial invisible (espiritual). Es en ellas donde se encarnan las palabras de los votos matrimoniales. Son una parte integral del signo del sacramento del matrimonio que, para los católicos, sólo se realiza cuando la novia y el novio han intercambiado un consentimiento válido en presencia de un sacerdote o diácono y de dos testigos. No es simplemente una expresión de algún sentimiento en los corazones de que uno "ya está comprometido".

Ese sentimiento es comprensible. Yo recuerdo cuán comprometido me sentía con Wendy cuando estábamos de novios. Es cierto que se puede decir que hasta cierto punto las parejas de novios ya están "comprometidos".

¿Comprometidos a qué? A casarse. De otro modo, no estarían planeando la ceremonia. Pero las parejas de novios tienen que reconocer *que no están casados todavía*. De otro modo, no estarían planeando la ceremonia.

A pesar de lo comprometido que me sentía con Wendy cuando estábamos de novios, ella no era mi esposa hasta que el Espíritu Santo estableció el vínculo matrimonial entre nosotros. Eso no ocurrió cuando le propuse matrimonio y ella aceptó. No sucedió cuando nos juntamos con el sacerdote para planear la fecha y los detalles de preparación al matrimonio. No sucedió cuando contratamos la sala de la recepción y mandamos las invitaciones. No sucedió en la ceremonia de preparación (rehearsal), en la Iglesia, la noche antes.

Todas éstas eran indicaciones claras de que estábamos comprometidos a casarnos. Pero no era un compromiso absoluto e irrevocable. Éramos todavía libres para cambiar de parecer en cualquier momento hasta el momento en que intercambiamos el consentimiento frente al altar. En ese momento, el Espíritu Santo estableció el vínculo matrimonial entre nosotros. Cuando consumamos nuestro matrimonio, sabíamos que estábamos sellando y completando el lazo espiritual establecido entre nosotros más temprano ese mismo día.

Tal es el goce del sexo sacramental. Espera hasta que sea cierto. Si ya has tenido relaciones, no hay razón para que no puedas parar: ve a confesarte (si eres católico), y espera hasta que tu unión física sea una expresión honesta del vínculo espiritual del matrimonio. Ésta es una de las *mejores* cosas que uno puede hacer para prepararse para este maravilloso sacramento.

6. Mi futuro novio y yo tenemos padres divorciados, de modo que hemos decidido vivir juntos para ver si somos compatibles, antes de tomar un compromiso serio. En nuestra situación nos pareció que eso era lo más sensato. ¿Por qué dice la Iglesia que estamos "viviendo en pecado"?

A primera vista, pareciera haber una cierta lógica en la idea de "hacer un ensayo" antes de comprometerse para siempre en un matrimonio serio. Sin embargo, como un número creciente de investigaciones sociológicas han demostrado claramente que "vivir juntos", en vez de ser una preparación para el matrimonio, es más a menudo una preparación para el divorcio. Los estudios indican que los que viven juntos antes del matrimonio tienen un 50 por ciento de mayor probabilidad de divorciarse, comparado con los que no lo hacen.[6]

Este fenómeno sólo puede ser comprendido enteramente en el contexto más amplio del abandono en gran escala de la doctrina cristiana sobre el significado del sexo. Una pareja que cohabita está "viviendo en pecado" no tanto porque viven bajo el mismo techo, sino que porque en la mayoría de los casos han hecho un compromiso público de tener relaciones sexuales fuera del matrimonio. Si bien

compartir una vida en común en la misma casa antes de casarse plantea problemas adicionales, el problema fundamental es un malentendido y un mal uso del
sexo. De modo que los que están teniendo relaciones antes de casarse sin cohabitar
también están expuestos a un mayor riesgo de divorcio. Un estudio, por ejemplo,
concluye que los matrimonios que empezaron con sexo prematrimonial tienen tres
veces más probabilidad de terminar en divorcio que aquéllos en los que se abstu-
vieron de las relaciones sexuales hasta después del matrimonio.[7]

Para la mayoría de nosotros, la sociedad nos ha robado las herramientas para
entender y abrazar el verdadero significado del sexo. Hemos crecido en un mundo
que ha segregado casi por completo la conexión intrínseca, dada por Dios, entre
la unión sexual y el matrimonio. Para muchos, la idea de que una pareja podría
casarse virgen parece arcaica. De hecho, no es raro que tanto el marido como la
mujer hayan tenido ya múltiples parejas sexuales antes de conocerse.

Nada de esto está fuera del alcance del amor redentor y sanador de Cristo. Sin
embargo, si este tema se ignora, una pareja que accede al matrimonio habiendo
tenido relaciones entre ellos o con otros, va a encontrar dificultades *inevitables,*
tal vez completamente ignorantes que el dolor que experimentan deriva de las
heridas del sexo ilícito. No es coincidencia que el incremento dramático de las
tasas de divorcio ha coincidido con el incremento dramático de la actividad
sexual extramatrimonial. Yo ofrezco las siguientes como posibles explicaciones
de la conexión:

- Mantener una relación sexual que es fácil de disolver, sin un compromiso de
  fidelidad de por vida y opuesta a la vida no puede preparar a la pareja a aceptar una relación sexual (matrimonio) que exige indisolubilidad, fidelidad de por
  vida y estar abierto a la vida.[8] Al elegir consistentemente tal conducta, la pareja
  demuestra que están de hecho *mal preparados* para el compromiso matrimonial,
  porque han sido "entrenados" psicológicamente para lo contrario.
- El amor auténtico está dispuesto a sacrificar todo por el bien del amado. Más
  que nada, nunca tienta al otro a hacer algo malo. Participar en conductas profundamente desordenadas y estimular al amado a hacerlo también, manifiesta una
  actitud diametralmente opuesta al verdadero amor. Por lo menos, manifiesta
  una clara ignorancia del significado y las demandas de ese amor, que debe ser el
  fundamento del sacramento del matrimonio.
- Estar dispuesto a envolverse en sexo prematrimonial demuestra una aceptación implícita del sexo fuera de los límites del matrimonio. Por eso no puede
  sorprender que hay estudios que indican una tasa mucho más alta de adulterio
  entre parejas que se embarcaron en sexo prematrimonial, comparada con las
  que no lo hicieron.[9] El adulterio es, por supuesto, una de las principales causas

de divorcio.

- La actividad sexual prematrimonial establece un modelo de auto indulgencia que facilita los auténticos vicios (lujuria, orgullo, egoísmo, deshonestidad, desconfianza, pereza, y más) que sirven para minar —y si no se los trata, destruir— la relación sana de marido y mujer.

- El amor requerido para el sacramento del matrimonio exige una pureza profunda, humildad, abnegación, honestidad, confianza y disponibilidad para el sacrificio, lo cual puede establecerse *sólo* abrazando la virtud de la castidad —es decir, vivir respetando la verdad y el significado de la sexualidad fuera *y dentro* del matrimonio.

- La intimidad sexual nubla el juicio de la pareja sobre sus relaciones, impidiéndoles obtener el juicio objetivo esencial para poder discernir una vocación matrimonial auténtica.

- Por sus decisiones, las parejas que cohabitan y las que están de otro modo sexualmente activas, se privan de la plenitud de la gracia de Dios en sus vidas. Sin esta gracia es imposible para un hombre y una mujer amarse como están llamados a hacerlo —en imitación de Cristo.

Todos estos factores contribuyen a la desintegración de hombres y mujeres como individuos, y de cualquier relación que comparten. Si se los deja sin resolver, intentar establecer un matrimonio sobre tal manera de relacionarse es equivalente a edificar una casa en la arena (véase Mt 7, 26). Pero esto no debe ser razón para desesperarse.

No importa cuán larga sea la línea de nuestros pecados en nuestra vida. Cristo vino no para condenarnos, sino para salvarnos. Cristo puede perdonarnos. Cristo puede restaurarnos. Cristo puede sanar nuestras heridas. Cristo puede enseñarnos a amar. Pero sólo si lo dejamos.

De modo que si estás realmente decidido a evitar las cortes de divorcio, vuélvete a Cristo y busca la gracia que él te da libremente para vivir de acuerdo a la verdad del sexo y el matrimonio *ahora*. No hay mejor garantía de un matrimonio de éxito que entrenarse en las virtudes que son necesarias para llegar a tener un matrimonio de éxito. Nunca es demasiado tarde para empezar. ¡Hazlo!

7. Mi novio y yo estamos muy enamorados y nos gustamos mucho. No hemos llegado a tener relaciones, pero encontramos muy difícil saber dónde está el límite, si es que hay un límite.

A lo mejor te acuerdas del cura de tu parroquia, tu profesor de religión o tu mamá trazando un límite en la escala de posibles conductas, y diciendo, "Si pasaste de aquí, pecaste." No estoy tratando de discutir la necesidad de tales "límites", pero por lo general no le hacen justicia a la complejidad del corazón humano.

Aquí es donde experimentamos la batalla entre el amor y la lujuria. Es aquí donde decidimos qué fuerza en nuestro interior va a dominar nuestras acciones. De modo que antes de trazar la línea en la escala de conductas, ella tiene que ser trazada en el corazón humano. Esta línea se aplica a todos en *toda* situación y en *toda* relación romántica —casado, de novio o cortejando.

En su libro *Amor y responsabilidad*, Juan Pablo II habló del principio moral que debe ser guía de toda conducta humana. La llama la *norma personalística*. Puesta en forma negativa, dice que las personas tienen una dignidad tan grande que nunca, bajo ninguna circunstancia, es aceptable *usar* una persona como un medio para un fin. Puesta en forma positiva, la *norma personalística* dice que la única respuesta apropiada hacia otra persona es el *amor*.

En la mente de Juan Pablo II, entonces, lo opuesto al amor no es el odio, sino *utilizar al otro como una cosa*. Aquí está la lucha por la pureza en las manifestaciones físicas de cariño. Tenemos que resistir todo impulso que nos lleve a tratar a los demás como medio para nuestra gratificación egoísta, de modo que podemos aprender a amar a otros por sí mismos.[10]

De nuevo, esto apunta a la necesidad de una profunda conversión del corazón. Sin la perspectiva del plan de Dios al comienzo y de nuestra redención en Cristo, casi todo lo que sabemos son las distorsiones que el pecado ha causado en nosotros. Consideramos completamente "normal" usar a otros para nuestro propio placer, físico o emocional, tanto que lo llamamos "amor". Nuestra sociedad estimula esta actitud, aprobándola sin avergonzarse en todas las ocasiones.

Tal es la verdadera esencia de las distorsiones que ocurren en la relación entre un hombre y una mujer.[11] Si alguna vez vamos a descubrir y experimentar el verdadero amor, debemos ganar la batalla en nuestros corazones sobre la lascivia, sobre cualquier deseo de usar a la gente para nuestra propia gratificación. Y esta victoria, por supuesto, puede lograrse solamente con la ayuda de la gracia de Dios.

Las manifestaciones físicas de afecto, cualesquiera que sean en la escala —desde tomarse de la mano y besarse hasta las relaciones sexuales— están destinadas a ser signos externos que expresan genuinas realidades íntimas. Cuando los signos externos expresan genuinas realidades íntimas, hay una correspondiente satisfacción física y emocional, desde la tierna caricia de tomarse de la mano hasta la explosiva intensidad del orgasmo en las relaciones sexuales.

Estos goces son dados por Dios. Son algunos de los gozos prometidos por Cristo cuando nos llama a amar como él ama, de modo que su gozo pueda estar en nosotros y nuestro gozo pueda ser completo (véase Jn 15, 11). De ese modo, todos los que aman como Cristo ama y expresan ese amor con una manifestación de afecto apropiada al estado de su relación, debieran recibir el gozo que fluye de tal expresión como un don de Dios.

Pero cruzamos la línea en el corazón cuando buscamos esa satisfacción física y emocional como un fin en sí mismo —cuando tratamos a otra persona no como persona creada por sí misma, sino como un medio para nuestros fines egoístas. Esto puede suceder muy fácilmente, aun cuando no crucemos la línea en la escala de las conductas físicas.

Por ejemplo, una pareja casada no "cruza la línea" cuando tienen relaciones sexuales, pues son apropiadas a su relación. Pero si una pareja casada tiene relaciones *solamente* "porque hace sentir bien" y no porque cada uno quiere decir lo que significa la relación ("soy tuyo libre, total y fielmente, y sí, estoy abierto a tener hijos"), han cruzado la línea en el corazón. Igualmente, una pareja que se corteja no cruza la línea de conductas físicas al tomarse de la mano o inclusive al besarse. Pero si una pareja se toma de la mano o se besan *solamente* porque "hace sentir bien", y no porque quieren decir lo que esa expresión significa, entonces han cruzado la línea en su corazón.

Hay que admitir que el significado de tomarse de la mano o besarse no es tan universal o un don dado por Dios como las relaciones sexuales. Pero lo mínimo que estas conductas significan (o debieran significar) es, "Te respeto profundamente como persona y tengo sentimientos de tierno afecto por ti, y quiero hablarte de lo bueno/a que eres." Nunca debiera ser expresión del deseo de "obtener algo" del otro para nuestros propios fines. Deben ser, en cambio, expresiones de un deseo desinteresado de afirmar a la otra persona por su propio fin.

Discernir los movimientos internos de nuestro corazón puede ser confuso y difícil. A causa de nuestra propia pecaminosidad, inevitablemente reconoceremos elementos egoístas mezclados con otros genuinos deseos de amar. Darse cuenta de esto no suprime las manifestaciones de afecto. Por el contrario, lleva a una realización cada vez más pura de ello.

Tales expresiones genuinas de afecto —desde tomarse las manos a las relaciones sexuales en el matrimonio— sólo es posible si nos sometemos por completo, como seres sexuales, como hombres o mujeres, al amor transformador de Cristo. Sin tal sometimiento, inevitablemente nos vamos a encontrar amarrados en un grado mayor o menor a la costumbre de usar a los demás, y por falta de conocimiento de algo distinto, cometemos el trágico error de llamarlo "amor".

8. Creo que entiendo, ¿pero no hay aun límites en lo físico, que no debieran cruzarse?

Sí. Pero cualquier intento de establecerlos no debiera ser una excusa para evitar el conflicto en nuestro corazón. Evitar aquello es sumamente fácil si nos fijamos solamente en los límites externos. Si luchamos la batalla interior en forma honesta y valiente, nuestros corazones *sabrán* la línea que no hay que cruzar y no querrán cruzarla, por nuestro propio bien y el bien del amado. Habiendo dicho eso, ofrezco los siguientes "límites" en una escala física, sólo como una manera de ayudarte a examinar tu propio corazón.

Un ejemplo obvio de límite que no hay que cruzar para una pareja no casada, son las relaciones sexuales. Si una pareja pretendiera que han hecho un examen honesto y valiente de sus corazones, y han llegado a la conclusión que podrían tener relaciones sexuales como una expresión genuina de su relación, se estarían engañando. Es cierto que podrían experimentar ciertos elementos de amor en las relaciones sexuales. Siempre queda un eco de verdad, aun en nuestras expresiones deformadas de amor. Pero no es cierto que el acto mismo sea un acto de amor. De hecho, no podría evitar ser una forma de usar.

En forma similar, los comportamientos físicos destinados a excitar el cuerpo, en preparación para las relaciones (acariciar los genitales o los pechos, y aun ciertas formas de besos prolongados y abrazos) no son expresiones apropiadas de afecto para los no casados. Cuando simplemente no hay posibilidad moral de consumar el amor, es de hecho contra el amor excitar a alguien hasta el punto de desear físicamente la relación sexual. Si tenemos que conversar sobre límites de lo físico para mantener un corazón honesto, podemos decir lo siguiente: si tanto el hombre como la mujer llegan a estar al borde del orgasmo, o han llegado a él, o está tan excitados que sienten la tentación de masturbarse, tal pareja "cruzó la línea" *mucho tiempo antes* y tiene necesidad seria de examinar sus corazones y sus motivos.

Como dice la expresión, es una tontería (léase: malo, contrario al amor, completamente inadecuado) hacer andar el motor si no se puede manejar el auto. Una persona que ha llegado al orgasmo o está tentado de masturbarse no sólo ha hecho andar el motor, sino que ha pasado un largo rato acelerándolo también.

Estamos hablando aquí no sólo de la necesidad de modificar nuestra conducta para cumplir con un código moral arbitrario. Estamos hablando de la necesidad de transformar profundamente nuestros corazones: de "amar" como "ama" el mundo a amar como ama Cristo. Por debajo de todas nuestras distorsionadas expresiones sexuales, hay algo genuino que tanto hombres como mujeres buscan. Buscan amor, proximidad física, intimidad, gozo y placer: en una palabra, buscan felicidad.

¿Pero cuántos (yo mismo incluido) podemos ser testigos del vacío, sentimiento de culpa, soledad y desesperación que sigue a una experiencia sexual ilícita? ¿Cuántos no logran encontrar lo que están buscando en realidad? Buscaremos en vano la felicidad hasta que nos demos cuenta que lo que estamos buscando puede encontrarse solamente en el Uno que nos creó.

Dios nos dio la pasión y el deseo sexual —increíble pero cierto— para orientarnos hacia él. La lujuria y su satisfacción son una pálida falsificación de la verdadera pasión de amor y de paz que inunda el alma cuando la descubre. Si a través de una conversión progresiva del corazón sometemos nuestra lujuria a Cristo y le permitimos que nos transforme, entonces experimentaremos gradualmente el deseo sexual como el deseo de amar como él ama. A medida que nuestras expresiones de amor se hacen más y más parecidas a Cristo, descubrimos realmente lo que no habíamos encontrado anteriormente.

Entonces, la manifestación más sencilla de afecto —ya sea una mirada, un tocarse, un suave beso— es más agradable y satisfactorio que el más intenso "encuentro" sexual ilícito. ¿Por qué? Porque es genuino. Es real. Es honesto. Es acorde a lo que es apropiado en cualquier etapa de la relación.

No es buscar para *obtener* algo. Es buscar para dar y *afirmar*. No está interesado en su propia satisfacción. Está interesado solamente en amar a la persona por sí misma, y recibir en retribución el mismo amor.

Tal libertad y autenticidad tiene un precio muy alto: el precio de la cruz de Cristo. La lascivia, el orgullo, el egoísmo, todas estas cosas deben morir en nosotros si vamos a llegar a amar: verdadero amor, amor puro, el amor que buscamos en forma incesante. La alternativa a tomar nuestra cruz y seguir a Cristo (ver Mt 10, 38) es el intento desesperado de disfrazar el vacío y el desencanto de nuestras almas con el placer efímero de la mutua explotación del orgasmo. Sólo los corazones más endurecidos pueden continuar fingiendo agrado en el "resultado" de tal experiencia

9. ¿No hay una cierta diferencia entre el cortejo y las parejas comprometidas, con respecto a la castidad?

Como dice el *Catecismo*: "Los *novios* están llamados a vivir la castidad en la continencia ... Reservarán para el tiempo del matrimonio las manifestaciones específicas del amor conyugal."[12] Sin embargo, está bien reconocer un grado de intimidad apropiado a parejas comprometidas que no sería apropiado para aquellos que están simplemente "cortejando, saliendo".

Hay que recordar que las manifestaciones físicas de afecto están destinadas a ser signos externos que reflejan realidades internas. Hay una realidad interna presente en los corazones de los comprometidos que no está presente en los corazones de los que están saliendo. Como sugiere el Padre Paul Quay en su profundo libro, *The Christian Meaning of Human Sexuality* [El significado cristiano de la sexualidad humana]: "Aquellos que están de novios, puesto que están comprometidos el uno al otro, aunque no completamente todavía, tienen razones suficientes para expresar su amor aun por besos prolongados y abrazos ... dependiendo, por supuesto de que esto no los lleve a pecar [usando al otro para gratificación personal, por ejemplo], dependiendo de que no se encuentren tan excitados [hasta el punto de orgasmo o a la tentación de masturbarse, por ejemplo], y dependiendo de que el noviazgo no se prolongue para siempre."[13]

Claramente, su consejo no es un permiso para "abrir el sobre". Supone un compromiso cristiano maduro y una experiencia de la libertad a la que nos llama Jesucristo. (véase Gal 5, 1). Ésta es la libertad de amar, de ver lo que es bueno, verdadero y hermoso, y desearlo con todo el corazón.

Tal libertad *siempre* escoge el bien de los otros, rechazando por completo toda tentación de violar ese bien. Una pareja de novios que conoce este nivel maduro de libertad es capaz de expresar su afecto del uno por el otro sin el menor temor de que uno de ellos vaya a *usar* al otro para su propia gratificación, sin el menor temor de que uno vaya a exagerar las cosas para ver cuánto más puede "obtener".

A todo el que dude, permítame decirle que tal tipo de libertad es realmente posible. Hablo por experiencia. Exige, por supuesto, una comunicación abierta y honesta. Demanda el cuidado, como San Pablo aconsejó, de no usar nunca nuestra libertad para satisfacer los deseos de nuestra naturaleza caída (véase Gal 5, 13). Y si bien es realmente cierto que nunca debemos subestimar nuestras debilidades (la conversión es un proceso continuo), nunca debemos subestimar el poder de la cruz para liberarnos.

Desgraciadamente nos han enseñado a considerarnos como animales descontrolados. De modo que con miras a mantenernos castos, algunas parejas piensan que es necesario no estar nunca solos por un tiempo prolongado antes de casarse. El temor es que si *estuvieran* solos no serían capaces de decir no al sexo. Esto no es libertad. No volvamos a tomar sobre nosotros el yugo de la esclavitud (véase Gal 5, 1).

Es cierto que si una pareja sabe que harían algo malo si estuvieran solos, entonces no debieran estar solos. (En el lenguaje católico tradicional esto se llama "evitar la ocasión próxima de pecado".) Los que hacen los sacrificios necesarios para evitar las tentaciones tienen que ser alabados. Pero si lo único que le permitiera a una pareja no tener relaciones antes del matrimonio fuera el hecho de que no tengan la oportunidad, ¿qué dice eso de los deseos de su corazón? ¿Desean *realmente* el bien? ¿Son verdaderamente *libres*?

La libertad es esencial al amor conyugal auténtico. Si una pareja comprometida no es capaz de expresar su afecto de modo genuino, verdadero y *libre* (en una palabra, casto), las cosas no van a cambiar automáticamente cuando se casen. Sin esta libertad —que sólo se puede alcanzar al experimentar la redención cada vez más profunda de nuestra sexualidad en Cristo— la actividad sexual permanecerá, en cierto nivel, explosiva, aun cuando la pareja se haya casado. Recemos:

> *Señor Jesús, ven al fondo de mi ser. Transforma mis deseos sexuales en deseos de amor. Hazme casto. Concédeme una experiencia viva de la libertad por la que moriste para que yo fuera libre. Amén.*

10. ¿Es cierto que la Iglesia enseña que la masturbación es mala? ¿Qué decirles a los adolescentes que están sencillamente experimentándolo?

Sí. La masturbación es siempre un desorden objetivo (véase la próxima pregunta sobre el *por qué* es algo malo). Sin embargo, la responsabilidad subjetiva de la masturbación puede ser atenuada por la inmadurez, la fuerza de la costumbre, las condiciones de ansiedad u otros factores psicológicos.[14]

Es perfectamente natural para los adolescentes el tener curiosidad sobre sus cuerpos que están madurando. Y la novedad de las descargas hormonales puede ser una tentación poderosa para experimentar con la masturbación. Esto es comprensible. Pero no cambia el hecho objetivo de que la masturbación es un desorden. No guarda relación con la gran dignidad de hombres y mujeres que son llamados a amar como Dios ama.

Si bien se debe mostrar compasión por los que son esclavos de la costumbre de masturbarse, no les hace ningún servicio el diluir la verdad. Al hacerlo, lo único que hacemos es mantener a la gente en sus cadenas. Cristo nos ha redimido. Esto quiere decir que es verdaderamente posible vivir de acuerdo a la verdad plena de nuestra sexualidad.

11. La mayoría de los psicólogos hablan de la masturbación como algo normal y saludable. Llegan a decir que es insalubre *no* masturbarse. ¿Por qué la Iglesia no acepta esto de una vez por todas?

Tenemos que darnos cuenta de que sin la perspectiva del plan de Dios al principio, y sin entender que Cristo vino al mundo para restaurar ese plan, inevitablemente vamos a mirar nuestra experiencia del deseo sexual a través del lente de la humanidad caída. Desde *esta* perspectiva, la masturbación parece como algo "normal" y aun "saludable".

Es "normal" estar excitado sexualmente, ¿no es verdad? Es "normal" querer "satisfacer" esa tensión sexual, ¿no es verdad? Si uno tiene una comezón, uno no deja que lo vuelva loco —uno se rasca, ¿no es verdad? De hecho, sólo un chiflado preferiría que le picara sin rascarse, ¿no es verdad? De modo que podría ser "enfermizo" dejar que aumente la tensión sexual sin "satisfacerla", ¿no es verdad?

Hay una cierta lógica aquí. De hecho, es casi imposible entender por qué es mala la masturbación en ese esquema mental. Lo que se necesita —no sólo para entender el problema de la masturbación sino para entender la verdad sobre la sexualidad, y a su vez, el verdadero significado del amor y la vida— es un cambio completo del esquema mental.

Hemos heredado una visión de mundo (el racionalismo moderno) que está cerrado en sí mismo. Todos somos un conjunto de *omphalo-escépticos* (palabra preciosista, para decir "contemplativos del ombligo"). No podemos ver más allá de lo físico y lo visible, para ver lo espiritual y lo invisible. No podemos ver más allá de lo temporal e inmediato, a lo eterno y trascendente.

Miramos a las estrellas, y en lugar de considerar la grandeza enorme del Creador, reducimos el universo a ecuaciones matemáticas. Encontramos otro cuerpo, y en lugar de ver que revela a una persona creada a imagen y semejanza de Dios, vemos una *cosa* para usar y consumir para nuestra propia gratificación. Encontramos las aguas profundas del deseo sexual, y en vez de reconocer nuestra llamada a participar en el misterio divino nadando en las aguas puras del amor que da vida con "otro", nos tiramos de cabeza en nuestro pantano superficial y nos encontramos presos en el cieno de una soledad indulgente.

Como hemos visto, el sexo es simbólico. Está destinado a ser un signo eficaz del amor de Dios que es libre, total, fiel y fructífero. Está destinado a ser una participación humana en la comunión divina de Personas. Sí, el sexo está destinado a orientarnos más allá de las estrellas, a la Realidad Última: Dios.

Al ser un hábito muy fácil de adquirir, la masturbación sólo nos arroja de vuelta sobre nosotros mismos. Es un ejemplo de una visión de mundo desprovista de la trascendente condición de Dios como *el Otro*. Simboliza la auto-compasión, el temor de entregarnos a otro y la completa esterilidad del aislamiento.

Es la antítesis de nuestra vocación a ser imagen de Dios en una comunión de personas que dan vida. La masturbación es el compendio de la inversión del deseo sexual causado por el pecado original. ¿Qué otra cosa es sino el buscarse a sí mismo, la indulgente auto-gratificación sexual?

Tal conducta habla muy precisamente sobre el concepto de una persona sobre su sexualidad, y a su vez, de su persona completa. Habla de una ansiedad hacia uno mismo y los demás, una frustración interior con la verdad del propio ser, y un rechazo o incapacidad de hacer una sincera donación de uno mismo a otro. La vida de fantasía que acompaña con frecuencia a la masturbación habla de una insatisfacción con la realidad y de un retirarse de ella.

Si alguien que lucha con la masturbación llegara a casarse, en un matrimonio de amor y fructífero, es absolutamente esencial que él o ella supere este hábito a través de la perseverancia, la oración, los sacramentos, la gracia de Dios, y quizás la guía de un director espiritual prudente. ¿Por qué? Si el impulso sexual está condicionado por la indulgencia de uno mismo en vez de la donación de uno mismo, y si el placer del orgasmo se divorcia en la mente del riesgo de amar al "otro" y la responsabilidad de la fertilidad, entonces ir al altar y pronunciar los votos va a servir de poco o nada para evitar esa condición.

Un hombre que se ha acostumbrado a masturbarse, por ejemplo, va a transferir simplemente este impulso de auto-indulgencia a su esposa. Va a tener relaciones con una fantasía en vez de con la mujer real que se casó. ¿Es eso amor? ¿Puede ser alguna vez expresión de la unión matrimonial y una renovación de los votos matrimoniales?

Los psicólogos que promueven la masturbación, y los que aceptan su consejo, han sido engañados. Pidámosle a Dios la gracia de pasar por nuestros temores, nuestras ansiedades, nuestras frustraciones interiores. Aceptemos el dolor de permitir a Dios que corrija nuestros trastornos.

Sólo entonces vamos a conocer el verdadero gozo y satisfacción que estamos buscando. No es auto-satisfacción. Es la satisfacción de sacrificarlo todo al riesgo del amor. Es la satisfacción de esperar hasta alcanzar lo verdadero, es decir, el encuentro con un "otro" que está hecho para prepararnos para el encuentro con el Supremo Otro: que es Dios.

12. ¿Qué es lo que tengo que hacer con todos mis sentimientos y deseos sexuales si no puedo tener relaciones y se supone que no me debo masturbar? A veces siento como que fuera a explotar.

Éste es un buen lugar para considerar la diferencia entre la represión del deseo sexual y su redención. La mayoría de la gente que están tratando de vivir una vida casta cae en el error de "dominar" sus deseos sexuales o tratar de ignorarlos escondiéndolos debajo de la alfombra. El problema es que vuelven y vuelven, y con frecuencia, más fuertes de lo que eran al empezar.

Los deseos y sentimientos sexuales son extraordinariamente poderosos. Reprimirlos *no* es la respuesta apropiada. Para conocer la verdadera libertad y poner nuestra sexualidad al servicio del amor auténtico, tenemos que experimentar la redención de nuestra sexualidad. Nuestros deseos sexuales tienen que ser transformados en Cristo, de modo que podamos experimentarlos como Dios lo consideraba al comienzo (véase capítulo 1).

A causa de la ruptura entre cuerpo y alma causada por el pecado original, todos hemos heredado deseos sexuales desordenados.[15] Pueden ser muy difíciles, y a veces imposibles de controlar. De modo que necesitamos preguntarnos: ¿Estoy en control de mis deseos sexuales, o ellos me controlan a mí? Si ellos nos controlan, entonces no somos libres.

Tenemos también que preguntarnos: ¿Cuál es el sentimiento o el carácter de estos deseos? ¿Están al servicio de un amor auténtico, o son simplemente deseos de gratificación egoísta?

Cuando los deseos, sentimientos y tentaciones sexuales se presentan, como es inevitable, en vez de tratar de ignorarlos o de "encerrarlos" empujándolos para abajo, tenemos que traerlos para arriba y exponerlos abiertamente. No arriba en el sentido de satisfacerlos, sino arriba, en las manos de Cristo Redentor. Uno puede simplemente decir una oración como ésta:

Señor Jesús, te doy mis deseos sexuales. Por favor, deshace lo que el pecado ha hecho en mí, de modo que pueda conocer la libertad en esta área y experimentar los deseos sexuales como tú lo has querido. Amén.

Mientras más invitamos a Cristo en nuestras pasiones y deseos, y dejamos que los purifique, tanto más podremos ejercer un control adecuado sobre ellos. Y así empezamos a experimentar más y más nuestra sexualidad, no como un deseo de gratificación egoísta sino como un deseo de darnos, a imitación de Cristo. La redención consiste en esto.

Pero no es fácil. Con seguridad, puede ser una batalla espiritual intensa (véase Ef 6, 12). Permitir a Cristo que nos purifique implica una verdadera muerte de nuestras pasiones. Implica ser crucificado con Cristo, de modo que podamos ser alzados con él a nueva vida (véase Rm 6) —una nueva vida en la que nos encontramos cada vez más capaces de amar como él ama, que es lo que implica nuestra sexualidad.

De hecho, tan poderosamente como el deseo sexual después de la caída nos lleva a la gratificación egoísta a expensas de los demás, tanto más poderosamente Dios quiere que el impulso sexual redimido nos guíe hacia la libertad de amar a otros como Cristo nos ama. El deseo sexual está destinado a guiarnos al cumplimiento del Evangelio. Por eso es que el Papa Juan Pablo II describe el impulso sexual como "una orientación de las tendencias humanas, natural y congénita, según la cual el hombre va desarrollándose y se perfecciona interiormente."[16]

El verdadero amor y la verdadera libertad son posibles. Pero no llegamos a ellos de la noche a la mañana. El camino puede ser largo y difícil. Sin embargo, parafraseando a Juan Pablo II, Cristo nos llama a aprender con perseverancia y consistencia el verdadero significado del sexo. Nos llama a entender los movimientos íntimos de nuestro corazón de modo que podamos distinguir entre lo que, por una parte, constituye la atracción sexual como Dios la dispuso y lo que, de otro modo, puede sólo ser un signo de lujuria.

Y aunque estos distintos movimientos del corazón pueden, dentro de ciertos límites, confundirse uno con el otro, Cristo nos llama a discernir la diferencia. De nuevo, esto es difícil, pero como Juan Pablo II agrega: "Esta tarea *se puede* realizar y es verdaderamente digna del hombre."[17]

¿Entonces qué hay que hacer con todos los deseos y sentimientos sexuales?

Dáselos a Cristo y permítele obrar este milagro de redención en ti. La única cosa que va a explotar es tu concepto del sexo. El plan de Dios es más admirable que lo que podemos imaginar nosotros, pobres pecadores.

Otra cosa importante que tenemos que recordar es que esta redención no es sólo para aquellos que no tienen un "escape legítimo" para sus deseos sexuales. Es para todos, incluyendo a los casados. De ninguna manera el matrimonio legitima que los esposos se "usen" el uno al otro para "aliviar" sus deseos sexuales desordenados. Ellos también tienen que experimentar la redención de su sexualidad, si su "hacer el amor" va a ser en verdad eso —hacer *amor* y no hacer *lujuria*.

Aquí hay algunas oraciones adicionales que puedes encontrar útiles a medida que buscas crecer diariamente en la verdadera libertad de la redención de tu sexualidad.

Una oración para la pureza del corazón

Señor, tú me has creado a tu imagen y semejanza como hombre (mujer). Ayúdame a aceptar y recibir mi sexualidad como un don tuyo. Tú has inscrito en mi mismo ser, en mi sexualidad, el llamado a amar como tú amas, en un sincero darse, y tú has hecho que la unión de hombre y mujer en "una carne" en el matrimonio, sea en el mundo un signo de tu propia vida y amor. Concédeme la gracia de resistir siempre las muchas mentiras que continuamente asaltan la verdad y el significado de este gran don de la sexualidad. Concédeme pureza del corazón de modo que pueda ver la imagen de tu gloria en la belleza de los demás, y que algún día pueda verte cara a cara. Amén

Una oración para un momento de tentación impura

Esta es una mujer (hombre) creada(o) a imagen y semejanza de Dios, que nunca debe ser vista(o) como objeto de mi gratificación. Señor Jesús, concédeme la gracia de ver la imagen de tu gloria en la belleza de esta mujer (hombre) y ordena mis deseos sexuales hacia el verdadero amor. Renuncio a cualquier tendencia dentro de mí de usar a otros para mi propio placer y uno mis sufrimientos a los tuyos en la cruz. Amén

13. ¿Debiera sentirme culpable si tengo una polución nocturna [emisión de semen durante el sueño]?

No, porque no hay implicado en ello un problema moral. Eyacular involuntariamente durante el sueño es de una naturaleza completamente distinta que estimularse intencionalmente hasta alcanzar el orgasmo

14. ¿Por qué se considera tan importante la pornografía?

La pornografía es atractiva. Esa realidad no debe negarse ni descartarse. En vez de ello, tenemos que preguntar por qué. ¿Por qué es tan malditamente atractiva? ¿Cómo puede ser que puede penetrar y adquirir tal poder sobre nuestras almas que pareciera que nos absorbe con una fuerza irresistible?

Por supuesto, hablo desde el punto de vista de un hombre. La pornografía visual es especialmente una cosa de los hombres. Se aprovecha de la manera como se conectan los hombres, mucho más que como lo hacen las mujeres. Esa es la razón por la que la revista *Playgirl* la compran muchos más hombres atraídos por su mismo sexo que mujeres. La mayoría de las mujeres no se excitan mirando a fotografías de hombres desnudos.[18]

¿Qué es lo que importa tanto de la pornografía? De nuevo, si nos encontramos prisioneros de nuestra perspectiva caída y de nuestros deseos caídos —nada. Es completamente "normal". Es "natural". Pero si reconocemos aun al eco más débil en nuestros corazones del plan original de Dios para la sexualidad, vemos que la pornografía es prueba de lo bajo que hemos caído.

Si alguna vez descubrimos el verdadero amor, el verdadero gozo y la verdadera felicidad, tenemos que redescubrir "el significado nupcial del cuerpo" y vivir de acuerdo a él (véase capítulo 1). Tenemos que morir a nuestras lascivias y experimentar la redención de nuestros cuerpos, de nuestra sexualidad en Cristo. Tal es el único camino a una verdadera satisfacción humana.

Experimentar tal redención no es un punto menor del mensaje evangélico, no es un mero apéndice del mensaje evangélico. La redención del cuerpo *es* el mensaje evangélico. Como dice Juan Pablo II, redescubrir el significado nupcial del cuerpo siempre quiere decir redescubrir el significado de toda la existencia, el significado de la vida.[19] "Tal es, de hecho, la perspectiva de todo el Evangelio, de toda la doctrina, en efecto, de toda la misión de Cristo."[20]

¿Por qué es tan importante la pornografía? Nos roba el verdadero significado de la vida. Es un mensaje anti-evangélico, porque justamente busca fomentar esas distorsiones de nuestros deseos sexuales *contra* las que debemos luchar, para descubrir el amor verdadero.

¿Por qué es tan importante la pornografía? Si la lujuria es un incendio que tenemos que permitir que Cristo apague, la pornografía es el soplo sobre las llamas. Ninguna racionalización, ninguna excusa de que es "normal" o que "los hombres serán siempre hombres," puede cambiar lo que la pornografía es y lo que hace a la forma como los hombres ven a las mujeres (y lo que las mujeres piensan de ellas mismas).[21] Si los hombres han de ser hombres, tienen que aprender a amar a las mujeres. Tienen que aprender cómo verlas, no como *cosas* para su gratificación sexual, sino como *personas* hechas a imagen de Dios.

¿Por qué es tan importante la pornografía? Lo único que hace es estimular en un hombre su inclinación pecaminosa de tratar a las mujeres como cosas para su propia gratificación sexual. Un hombre que acostumbra a mirar pornografía, en tanto que permanezca en sus garras, no será capaz de amar a una mujer en forma adecuada.

En tanto que permanece en sus garras, no puede esperar tener una relación sana y pura con una mujer. No puede esperar acceder al matrimonio con honestidad, en forma fructífera y fiel. Los hombres que usan pornografía se han esterilizado a sí mismos.

Esto no es porque el cuerpo desnudo sea malo. Ni tampoco que sea malo el deseo de mirar imágenes del cuerpo desnudo. Lo que está mal es la lujuria en el corazón humano y el deseo de estimular esa lujuria. Lo que está mal es retratar el cuerpo desnudo de manera que incite nuestra lujuria intencionalmente y reduzca a un ser humano a ser el objeto que satisface esa lujuria.

Como antídoto a esta lujuria, podemos considerar las figuras desnudas que Miguel Ángel pintó en la Capilla Sixtina. De hecho, como parte de la restauración de la Capilla Sixtina, el Papa Juan Pablo II pidió que se eliminaran varios taparrabos que clérigos con un exceso de pudor habían hecho pintar sobre esas figuras. ¿Por qué? Juan Pablo creía que un artista que entiende el significado nupcial del cuerpo, puede pintar el cuerpo desnudo de manera que nos ayude a ver la auténtica belleza de nuestro ser creado como varón y mujer en la imagen de Dios.

Tal apreciación de nuestra dignidad, si bien es claramente la intención de Miguel Ángel, es también claramente *no* la intención de Hugh Hefner y Larry Flint. De modo que desde la perspectiva de Juan Pablo, el problema con la pornografía no es que revele demasiado de una persona, sino que revela demasiado poco.

Hay un deseo profundo e insaciable en el alma humana de saber y entender el significado de lo masculino y lo femenino. Es trágico que muy poca gente crezca con maneras apropiadas y castas de expresar y satisfacer esta necesidad que nos da Dios. Desprovisto de la verdad, es muy fácil sucumbir a las mentiras, buscar satisfacer necesidades y curiosidades legítimas a través de caminos terriblemente distorsionados.

Esto es lo que hace a la pornografía tan endemoniadamente atractiva. Ésta es la razón por la que hay más tiendas de pornografía grosera en los Estados Unidos que restaurantes de McDonald. Ésta es la razón por qué la mayor parte del tráfico del Internet es pornográfico. Ésta es la razón porque la pornografía es una industria de miles de miles de millones de dólares al año, en Estados Unidos solamente.

El antídoto contra la pornografía es llenar con la verdad esa profunda necesidad interior de revelar el significado de la sexualidad. Cuando vemos la verdad de la sexualidad, el profundo misterio del plan de Dios revelado por medio de nuestros cuerpos, descubrimos lo que hemos estado buscando toda la vida. Hasta el punto que la verdad del sexo llena nuestra mente y nuestro corazón, las mentiras ya no atraen porque las vemos como las falsificaciones vacías que son.

¡Alabado sea Dios! La verdadera belleza de hombres y mujeres reales es mucho más satisfactoria y gloriosa que las imágenes de la pornografía alteradas por la computadora. Necesitamos pedirle a Dios que nos dé ojos para verlo. Tenemos que rogar por la virtud de la pureza, que Juan Pablo II describe como la gloria de Dios revelada a través del cuerpo.[22] "Bienaventurados los limpios de corazón, porque ellos verán a Dios" —en el cuerpo (véase Mt 5, 8).

Si uno está prisionero de la costumbre de recurrir a la pornografía, si uno ha sido expuesto a la pornografía en cualquier momento de la vida y está buscando deshacer sus efectos, si usted es la esposa, novia o futura esposa de un hombre que recurre a la pornografía, no desespere. Vaya por ayuda.[23] Encontrará que es posible tener esperanza y que puede curarse.

5

¿Y después de casados?

Castidad dentro del matrimonio

Toda la vida del matrimonio es entrega, pero esto se hace singularmente evidente cuando los esposos, ofreciéndose recíprocamente en el amor, realizan aquel encuentro que hace de los dos "una sola carne".

Papa Juan Pablo II[1]

Si estás casado —o vas a casarte luego, o quisieras casarte alguna vez— necesitas responder a las siguientes preguntas:

- ¿Piensas ser fiel a tus votos matrimoniales?

- No importa cuán difícil sea permanecer fiel, *¿todavía* piensas permanecer fiel a tus votos matrimoniales?

- No importa cuánto sea lo que tienes que hacer para modificar tu manera de pensar y actuar para permanecer fiel, *¿todavía* piensas mantenerte fiel a tus votos matrimoniales?

- No importa cuánto sacrificio sea necesario, no importa cuánto necesites pedir la gracia de Dios para mantenerte fiel, *¿todavía* piensas permanecer fiel a tus votos matrimoniales?

Confío que has contestado que *sí* a todas estas preguntas. No preguntan nada más que aquello a lo que ya te has comprometido, o piensas comprometerte algún día, ante el altar: vivir tus votos honesta y verdaderamente, tanto en las épocas buenas como en las malas, cuando sea fácil y cuando sea difícil, cueste lo que cueste, hasta la muerte. Dos preguntas más:

- ¿Cuán saludable crees que sería un matrimonio en el que los esposos fueran infieles a sus votos matrimoniales en forma regular, y por consiguiente demostraran continuamente que no los toman en serio?

• Por el contrario, ¿cuán saludable crees que sería un matrimonio en el que los esposos renovaran regularmente sus votos, el uno al otro, y cada vez que lo hicieran, fortalecieran su compromiso con ellos?

Uno de los principales puntos de este libro hasta aquí ha sido demostrar que el sexo es solamente sexo en tanto y en cuanto participa en el "Sí acepto" de los votos matrimoniales (puedes querer revisar el capítulo 3, para considerar aquello a lo que estás diciendo "Sí quiero"). Algo menos que eso es una falsificación barata del amor que ansiamos y merecemos como hombres y mujeres creados a imagen y semejanza de Dios. Este capítulo está dedicado a explicar lo que significa la fidelidad a los votos matrimoniales, hablando en forma práctica, en la relación sexual de los esposos. Los dos capítulos siguientes continúan la discusión.

No cabe duda que ser fiel a las exigencias del amor es un desafío serio. Pero quisiera decirte: *deja que te desafíe*. Ten el coraje moral de ser fiel a las exigencias del amor, cueste lo que cueste, sea la que sea la dificultad, sea lo que sea el sacrificio. Ten el valor de mantenerte firme en el *Sí* con el que, me imagino, respondiste a las preguntas anteriores. Y ten el valor de ser consistente, te lleve a donde te lleve la consistencia.

Examínalo bien, por completo. No te hagas al lado. No te corras. No busques excusas. No trates de racionalizar. Déjate sentir la agonía de aceptar las demandas del amor. Al pasar por esta agonía, vas a llegar a descubrir la tranquilidad de la libertad que Cristo nos ha dado (véase Gal 5, 1).

1. ¿Por qué es que parejas casadas necesitan la virtud de la castidad cuando ya se terminó la espera?

Es una noción común, pero errada, que la Iglesia llama a la gente a ser casta *hasta que* se casan. Pero si entendemos realmente lo que es la virtud de la castidad, vamos a reconocer que tal afirmación implica que los casados no tienen necesidad de amarse. La castidad no es lo mismo que la abstinencia. Como hemos hecho notar anteriormente, la castidad es la virtud que libera todos nuestros pensamientos, deseos y conducta sexual del egoísmo, y los ordena hacia la verdad del amor auténtico. De modo que si los esposos se aman realmente, la virtud de la castidad no es una opción, es un requisito absoluto.

Todos estamos llamados a ser castos, porque todos estamos llamados a amar. El modo cómo se expresa la castidad, por supuesto, depende del estado de la persona en la vida. Para los no casados, *sí quiere decir* abstinencia de sexo, porque eso es lo que el amor auténtico demanda de los solteros.

Para una persona casada, sin embargo, significa que toda expresión sexual tiene que ser una expresión honesta del compromiso matrimonial. Cualquier tipo de conducta que pudiera contradecir lo libre, total, fiel y potencialmente fructífero de la donación de sí mismo a que se comprometen los esposos en el altar, sería una afrenta al verdadero significado del sexo. En otras palabras, sería una violación de la castidad.

2. He estado casado por dieciséis años y nunca pensé en la castidad *en* el matrimonio, ni del sexo como renovación de los votos matrimoniales. ¿Qué significa, en la práctica, la castidad dentro del matrimonio?

Sin importar qué edad tengas, o cuánto tiempo hayas estado casado, no es nunca demasiado tarde para aumentar el conocimiento y nuestro vivir el verdadero significado del sexo. Tenemos un Dios paciente y misericordioso que quiere atraernos cada vez más a una relación nupcial con él. Para las parejas casadas, crecer en la verdadera naturaleza sacramental de su relación sexual es una de las principales maneras de allegarse a Dios, y también entre ambos.

El esfuerzo de hacer del sexo una verdadera unión de personas, un verdadero sacramento del amor de Dios (en lugar de un mero medio de auto gratificación), presenta lo que Juan Pablo II llamó "el problema interno de todo matrimonio".[2] Es muy parecido al sacramento del amor que encontramos en la Eucaristía. Este acto, también, de acuerdo a la analogía, es la consumación del matrimonio, de nuestro matrimonio con Cristo. Si recibimos el Cuerpo de Cristo dignamente, se convierte en la verdadera fuente (en unión con el bautismo) de la vida divina, de la santidad y de la alegría en nuestras vidas. Si no recibimos el Cuerpo de Cristo dignamente, comemos y bebemos nuestra propia condenación porque nos estamos burlando de lo que es la Eucaristía (véase 1 Cor 11, 27-29). Seguimos el ritual pero no *queremos decir* lo que decimos.

En forma similar, si marido y mujer reciben cada uno el cuerpo del otro dignamente, en su relación sexual, su unión sexual se transforma en la verdadera fuente de vida, santidad y goce en su matrimonio. Pero si los esposos están simplemente haciendo lo que se espera, un ritual, y no *piensan* lo que están diciendo —o peor, si están de algún modo tratando de *cancelar* lo que significa su acto— entonces la unión sexual se transforma en fuente de una intranquilidad fundamental en su matrimonio, que, con el tiempo va a erosionar sutil o no tan sutilmente su matrimonio desde adentro. Nuevamente, no es coincidencia que el dramático aumento de los divorcios en nuestro país haya coincidido con un abandono en masa de la ética sexual cristiana. De modo que resulta difícil sobreestimar la importancia que tiene la virtud de la castidad para el matrimonio.

¿Cómo se vive, en práctica? Para responder a esta pregunta, necesitamos mirar a cada uno de los elementos del compromiso matrimonial. Un matrimonio válido tiene que ser (1) libre, (2) total, (3) fiel, y (4) abierto a los hijos. Tales son los compromisos que los esposos deben renovar cada vez que tienen relaciones sexuales. Miremos a cada uno de ellos.

Libre. Si de alguna manera un marido o una mujer manipula o ejerce coerción al esposo para tener relaciones sexuales, eso sería una violación de la libertad de su unión. Un ejemplo claro sería una "violación de la esposa". Sin embargo, no estamos hablando solamente de una situación extrema como esa. La verdadera libertad del amor también se viola cuando los esposos usan el sexo como herramienta en sus relaciones para alcanzar algún otro fin.

Es posible que el sexo se emplee para obtener poder o control en la relación. Es posible que sea ofrecido como "premio" por alguna otra cosa, o que se evite como "castigo". Ninguna de estas conductas dicen, "Quiero darme a ti libremente para afirmar tu bondad y nuestro compromiso matrimonial."

La libertad también se viola, o uno podría decir que no existe, cuando se tienen relaciones sexuales simplemente como respuesta a una "necesidad compulsiva" de gratificación. La libertad quiere decir que hay una elección que se nos presenta, a la que uno puede decir sí o no. Si uno no puede decir que no, el sí no tiene sentido. Estamos llamados a adquirir progresivo control sobre nosotros mismos, para que nuestras pasiones no nos controlen, sino que nosotros las controlemos a ellas.

Total. La culminación del acto sexual grita fuerte y claro: "Tómame. Soy tuyo entero. No me guardo nada." Ese momento de éxtasis refleja el sometimiento incondicional de nuestras personas y la recepción incondicional del otro. Hasta el punto que, a sabiendas e intencionalmente, si en el acto sexual nos reservamos cualquier parte de nosotros con respecto a nuestro esposo, no podemos hablar de un darse *total*.

Quizás uno de los esposos está emocionalmente distante o frío hacia el otro. Quizás ambos esposos están rehusando deliberadamente ser trasparentes y vulnerables con respecto al otro. Quizás no se están dando el uno al otro en el momento culminante. Tal es el caso cuando uno o el otro cónyuge busca intencionalmente su orgasmo, aparte del acto de relación sexual normal.

Las acciones por las que los esposos se preparan a tener relaciones genitales (caricias preparatorias) —siempre que se hagan con amor, y no por lujuria— son buenas y honorables. Pero estimular los genitales del otro hasta el punto de orgasmo, fuera del acto de relación normal, no es nada más que masturbación mutua, pues no hay donación de sí, ni tiene lugar la comunión matrimonial, ni tampoco están esos actos abiertos a la concepción.

Es necesario aclarar un punto. Dado que el orgasmo del hombre es el que está inherentemente ligado con la probabilidad de nueva vida, el marido no debe nunca eyacular *intencionalmente* fuera de la vagina de su esposa (la eyaculación involuntaria no implica responsabilidad moral alguna). Pero dado que el orgasmo de la mujer no está ligado necesariamente a la posibilidad de concebir, en la medida en que tenga lugar en el contexto general de un acto de coito, no necesita, en un sentido absoluto, acontecer durante la penetración misma.

Idealmente, el orgasmo de la mujer debiera ocurrir simultáneamente con el del marido. De hecho, Juan Pablo II en sus reflexiones sobre el matrimonio, antes de llegar a ser Papa, exhortó a los maridos a aprender a controlar su propio orgasmo, para llegar a él junto con sus esposas. Decía que obrar así por motivos altruistas era una virtud del marido al servicio de la armonía matrimonial.[3] Habiendo dicho esto, si la mujer, a pesar de sus esfuerzos sinceros, no pudo alcanzar el orgasmo durante la penetración, es muy posible que lo más amable sea para el marido que la estimule hasta alcanzar el clímax (siempre que ella quiera). En este caso, tal estimulación no es inherentemente masturbatoria puesto que se hace en el contexto de un coito completo.

Fiel. Los esposos tienen que ser fieles el uno al otro, no sólo en sus actos, sino también en sus pensamientos. Por ejemplo, fantasear sobre otra mujer al tener relaciones con la esposa sería una violación categórica de la fidelidad. Precisamente en el momento en que los esposos debieran estar expresándose mutuamente su fidelidad absoluta, estarían en realidad cometiendo "adulterio en su corazón" (véase Mt 5, 28) con otra persona.

Ésta es una de las razones por las que el uso de pornografía es tan devastador para el matrimonio. No hace otra cosa que alimentar y estimular este tipo de infidelidad.

Abierto a los hijos. En la encíclica *Humanae vitae*, de 1968, el Papa Pablo VI reafirmó la doctrina constante de la Iglesia Católica, que "cada acto matrimonial tiene que permanecer abierto a la transmisión de vida." Quizá una mejor manera de entender esta declaración es que los esposos no deben nunca hacer *por su propia voluntad* algo que pueda cerrar su relación sexual a la transmisión de la vida.

Sí, esto quiere decir que usar cualquier método anticonceptivo es una violación directa de sus votos matrimoniales. Posiblemente sea ésta la más objetada y mal entendida enseñanza de la Iglesia Católica. Por esa razón, el capítulo sexto completo se dedicará a aclararlo.

3. ¿Está diciendo usted que la única oportunidad para tener relaciones con su esposa es cuando uno quiere tener un hijo?

No. Lo que estoy diciendo es que el único momento para tener relaciones con la esposa es cuando uno quiere renovar su compromiso matrimonial. Es un mito que la Iglesia enseñe que el sexo es *sólo* para tener hijos, o que la única razón aceptable para tener relaciones sexuales es cuando uno quiere tener un hijo.

Algunas autoridades de la Iglesia (como San Agustín) dieron equivocadamente esa impresión.

Más aún, la fórmula muy antigua de que la procreación es el "fin primario" de la unión sexual ha sido malinterpretada, al entender que la procreación es el *único fin* o el *único fin bueno* de la unión sexual. Pero ésta no ha sido nunca la enseñanza oficial de la Iglesia. De hecho, Juan Pablo II dijo que si la *única* razón para tener relaciones con la esposa fuera para concebir un hijo, entonces se corre el riesgo de usar a la esposa como medio para un fin, en vez de amar a la esposa como persona.[4]

Recuerdo muy claramente que el sacerdote me preguntó a mí y a mi novia en el altar si recibiríamos con amor a los niños que Dios quisiera darnos, a lo que cada uno de nosotros respondió: "Sí, los recibiré." De modo que la fidelidad a nuestros votos exige que nunca *impidamos intencionalmente* la posibilidad de embarazo cuando elegimos expresar nuestros votos mediante las relaciones sexuales. En otras palabras, si bien no es necesario (y de hecho puede ser contrario al amor) resolver que "vamos a tener relaciones para tener un niño," para ser fieles a nuestros votos matrimoniales debemos decir: "Al tener relaciones, sabemos que podríamos tener un niño, y estamos dispuestos a recibir a ese niño con amor, por parte de Dios." Como concluyera Juan Pablo II, "Este estado de conciencia basta para estar de acuerdo con el verdadero amor."[5] (El capítulo sexto presentará una discusión detallada sobre este tema.)

4. Alguien me dijo que la Iglesia enseña que el sexo oral está mal, aun para parejas casadas. ¿Es cierto eso?

Pareciera que hay muchas conciencias intranquilas por ahí, buscando consejo sensato sobre este tema. Hasta sospecho que muchos lectores, lo primero que hicieron cuando obtuvieron este libro, fue a buscar esta pregunta (si usted es uno de ellos, esté seguro de leer el resto del libro para entender mejor el contexto de la respuesta).

En este sentido, ¿qué es lo que enseña la Iglesia? No se va a encontrar un pronunciamiento oficial del Magisterio tratando directamente esta cuestión. Pero los principios que ya hemos diseñado en este libro permiten sacar conclusiones sensatas.

No hay nada en la visión de la Iglesia del cuerpo y del amor sexual que marque a los genitales como si fueran objetivamente "no besables", como parte de las caricias previas de marido y mujer antes de tener relaciones. Pero el término "sexo oral" se refiere más a menudo a actos en los que se busca y obtiene el orgasmo *fuera* del coito. En verdad, muchas parejas consideran tal conducta una *alternativa* deseable a las relaciones sexuales normales. Y sí, eso está mal, aun para parejas casadas, aunque la aclaración que hicimos más arriba sobre el orgasmo de la mujer puede aplicarse también aquí: orgasmo mutuo (o al menos orgasmo durante la penetración) sigue siendo el ideal que hay que intentar, pero no es necesariamente malo si la esposa lo obtuviera como resultado de estimulación oral, siempre que sea en el contexto de un coito completo.

La cópula oral (es decir, hasta eyacular) es simplemente *no marital*. No realiza una *comunión de personas* entre los esposos, es la consumación de nada, ya que implica separar el placer del orgasmo de la responsabilidad de la fertilidad. Estimula la tendencia del marido a hacer de su esposa un objeto. Por estas razones, la cópula oral no puede y no simboliza una participación en un amor de Dios libre, total, fiel y fructífero. No puede y no simboliza el vínculo conyugal ni renueva los votos de la pareja.

Más aún, si bien no hay nada *en sí* malo en el contacto de la boca con los genitales durante las caricias preparatorias al coito, tales expresiones requieren el mayor grado de pureza y reverencia para nunca degradar la bondad de la intimidad matrimonial. Esta clase de pureza *es posible*, pero es también muy fácil (especialmente para los hombres, diría) cruzar la línea entre el amor y la lujuria, entre afirmar la bondad del cuerpo de ambos (y recibir tal afirmación) y meramente buscar la gratificación de bajos deseos a costa del otro. Como dice el proverbio, "De lo sublime a lo ridículo no hay más que un pasito." Los esposos tienen que estar siempre atentos al hecho de cuán fácilmente pueden dar ese pasito, si es que lo tratan de evitar.[6]

No debe dejar de mencionarse que el cónyuge que se siente molesto con tal conducta no debiera ser obligado nunca a hacerlo (de nuevo, por cualquier razón, es por lo general el marido el que presiona a la esposa). La presión que se hace a un cónyuge para hacer cosas con las que él o ella se sienta incómodo —aun cuando no sean objetivamente malas— indica falta de respeto para ese cónyuge. Es una indicación clara de que ya mucho antes se ha cruzado la línea entre el amor genuino y el egoísmo.

5. ¿Y qué del sexo anal?

Una vez más, nunca un marido debería eyacular voluntariamente en ninguna otra parte que no sea en la vagina de su esposa. ¿Qué hemos de decir, entonces, de la penetración anal como forma de preparación para el coito normal?

Alguien podría concluir basado en una aplicación legalística del principio que "en tanto que lleve al coito" todo está bien en la preparación. Pero los esposos que se aman auténticamente no están buscando llegar al límite antes de "quebrar las reglas". Están tratando de simbolizar y renovar sus promesas matrimoniales tan sinceramente como es posible.

Para aquellos que intentarían justificar la penetración anal como forma de juego preparatorio al coito, hay algunas importantes consideraciones que no pueden ignorarse. Para empezar, el recto está lleno de bacterias, que son peligrosas para los órganos reproductivos, tanto del hombre como de la mujer. Más todavía, dado que el ano y el recto no están biológicamente diseñados para acomodar un pene, la penetración puede causar daño temporal o permanente.

Estéticamente hablando, tal conducta incluye contacto con excrementos humanos, lo que es tolerable cuando sea necesario, pero no es algo agradable, hermoso o gozoso. La intimidad matrimonial está destinada a ser gozosa, hermosa y agradable para ambos esposos. ¿Es realmente amar el someter a la esposa hasta arriesgar su salud, sin mencionar la incomodidad y el dolor asociado con esa conducta?

Es posible que en algún sentido abstracto, objetivo, no haya nada que condene la penetración del ano como absolutamente inmoral en todos los casos. Pero hablando subjetivamente, por todas las razones anteriores resulta muy difícil justificar la penetración anal como un acto amoroso de preparación al coito. Es un acto que parece originarse mucho más en el desorden de la lujuria que de una forma genuina de simbolizar y renovar las promesas matrimoniales.

6. Todo esto suena tan mecánico, como si expresar el amor fuera una cosa de cañerías, y la inserción de partes anatómicas en los propios orificios.

Si tenemos una visión dividida del cuerpo y el alma —que ve los elementos espirituales de nuestra humanidad como la "persona real" y el cuerpo como un mero "envoltorio"— entonces sí, lo que hemos estado discutiendo parece algo mecánico. Tal visión dualista de la persona humana concluye lógicamente afirmando que el "amor" se expresa solamente a un "nivel espiritual" y no necesita molestarse con la ubicación precisa de ciertas partes anatómicas. La lógica es razonable, pero se basa en una visión herética de la persona humana, visión que es totalmente irreconciliable con la antropología cristiana (la cual es una visión cristiana de la naturaleza humana).

Como hemos advertido en capítulos previos, el cuerpo es la revelación de la persona. No somos personas *en* un cuerpo. Somos personas-corpóreas. El cuerpo *expresa* al alma. Hace visible lo invisible.

Lo que hacemos con nuestros cuerpos lo hacemos con *nosotros mismos*. Lo que hacemos con nuestros cuerpos revela los sentimientos de nuestros corazones. Lo que hacemos con nuestros cuerpos puede determinar si estamos expresando un amor genuino o solamente una imitación barata de eso.

Desde esta perspectiva, no estamos hablando solamente de mecánica —asegurarse de poner partes del cuerpo en el lugar adecuado. Estamos hablando de un marido y mujer que, por medio de la integridad de sus cuerpos y almas, se aman como Dios ama —en una comunicación de personas que da vida. Estamos hablando de marido y mujer que expresan su compromiso matrimonial y se hacen signo sacramental de la unión de Cristo con la Iglesia.

¿Qué es lo que hace que esto sea una comunión sacramental? Solamente ese acto por el cual los esposos se hacen "una sola carne". Específicamente hablando, sólo la unión inseminante de los genitales, desarrollada en una "manera humana" en la que la posibilidad de nueva vida siempre se deja en las manos del Creador.[7]

Cuando entendemos adecuadamente la indivisibilidad de alma y cuerpo —que el cuerpo expresa a la persona— entendemos que esta unión de los genitales no es solamente una unión de partes anatómicas. Es el medio por el cual dos personas de carne y hueso son una imagen de Dios al hacerse uno en una comunión que da vida.

Hay algo en la gente corriente que se alza contra esta doctrina. Estaba ciertamente en mí cuando la escuché por primera vez. Yo pensaba: *¿Qué importa si buscamos el orgasmo de alguna otra manera que en el coito, siempre que sea con mi esposa?*

Pero entonces me vino a la mente otra pregunta. ¿Por qué *querría* buscar el orgasmo de otra manera que en un coito normal con mi esposa? Tratando de encontrar respuestas honestas en mi corazón, tuve que concluir que lo que yo quería era el placer del orgasmo separado de cualquier riesgo de llegar a ser papá. Sencillamente, no había ninguna otra razón.

Es Cristo el que nos enseña lo que es el amor. El verdadero amor implica abandonarse a la voluntad del Padre. Implica estar dispuesto a aceptar una responsabilidad de por vida.

El verdadero amor implica riesgo. Incluye sacrificio, dolor —en una palabra, sufrimiento. Si no lo pensamos así, no hemos pasado el tiempo suficiente contemplando un crucifijo. Éste es el Novio celestial que da su cuerpo por su Esposa. Y los maridos están llamados a amar a sus mujeres "como Cristo amó a la Iglesia" (Ef 5, 25).

¿Cuál es nuestra reacción típica? "¡No! No quiero. Quiero el placer sin la responsabilidad, sin el riesgo, sin el sufrimiento." Terminé por darme cuenta de que yo resistía la doctrina de la Iglesia porque me forzaba a aceptar la cruz de Cristo, tal como debía hacerlo.

Oí una vez a un obispo explicar que el matrimonio contiene cuatro anillos: el anillo de compromiso, los dos anillos matrimoniales y el "anillo del sufrimiento", es decir, la corona de espinas.* Como dice el Padre Paul Quay, "Es precisamente

---

* El autor hace un juego de palabras intraducible, sobre cuatro "rings" [anillos] entre los cuales el cuarto es "suffe-ring" [sufrimiento].

este eslabón entre el verdadero amor y el sufrimiento lo que rechaza el pecado sexual."[8] Una persona honesta no puede dejar de percibir la verdad de esta afirmación. Si rechazamos la cruz de Cristo, si rehusamos correr el riesgo de amar como Cristo ama, vamos a terminar eventualmente con lo que estamos resistiendo: el sufrimiento. Pero el sufrimiento que viene de resistir la cruz es estéril, vacío y desesperante, mientras que el sufrimiento producto de abrazar la cruz lleva a la alegría de la resurrección, a la alegría del amor y de una nueva vida.

> *Oh Dios, ten misericordia. Ten misericordia de mí por la manera que resisto el dolor de tu cruz. Ayúdame a dejar de alejarme de ti. Ayúdame a dejar de resistir el riesgo y la responsabilidad del amor. Dame la gracia de abrazar tu cruz en mi propia vida. Dame gracia de amar a mi esposa como tú amas la tuya, la Iglesia. Confío en que me vas a dar fuerza en mi debilidad. Amén.*

7. ¿Es la "posición de misionero" la única forma aceptable para los católicos de tener relaciones?

Para los lectores que no están familiarizados con el término, la "posición de misionero" se refiere a la relación sexual en la que el marido está encima de su mujer, mientras ella está de espaldas, mirándolo. Hay distintas historias, pero parece que recibió este nombre porque algunos misioneros enseñaron que esta era la posición "apropiada" entre algunos nativos que estaban evangelizando, desaconsejando otras posiciones como impersonales y parecidas a los animales.

Si bien no hay ninguna posición en la relación sexual que sea mala en sí misma, efectivamente (si es que la historia es cierta) esos misioneros tenían una razón. Llama la atención, por ejemplo, que la gente se refiere al coito por detrás como haciéndolo "como los perros". Tal descripción revela una aproximación al sexo no-muy-personal. No quiere decir que esa posición sea mala en sí, sino que la unión cara a cara promueve mejor el carácter personal de la unión de los esposos.

Si se recuerda la discusión del libro del *Génesis*, Adán descubrió su diferencia con los animales específicamente en su *sexualidad*, es decir, en su vocación de amar con el cuerpo. Pero ¿cuál fue la primera consecuencia del pecado original? Adán y Eva se escondieron de Dios y el uno del otro.

Sea lo que sea lo que hicieron, estaba por debajo de su dignidad como seres humanos. En cierto sentido, se rebajaron al nivel de los animales. Marido y mujer deben hacer todo lo posible en sus relaciones sexuales para promover una unión verdaderamente íntima y personal entre ellos, en vez de rebajarse al nivel de simplemente satisfacer un instinto, como los animales.

Una vez escuché decir que intimidad significa "ver dentro de mí".* Si un

---

* Otro juego de palabras intraducible.

marido y una mujer temen mostrarse las caras durante el sexo, entonces algo anda mal. Ellos deben ser capaces de mirar profundamente a los ojos del otro, en el más vulnerable de los momentos —sí, precisamente en el momento del orgasmo— y regocijarse en el misterio de conocerse mutuamente en forma tan íntima. Cada persona es un misterio inagotable. Si el sexo se busca con el propósito de llegar a *conocer* el misterio de tu esposa en forma más completa, como persona (como Adán *conoció* a su esposa, Eva —véase Gn 4, 1), entonces la posición es superflua.

8. ¿Por qué estaría mal tratar de estimular la vida sexual con un poco de variedad?

Comidas a la luz de velas, una atmósfera delicada, ponerse una camisa de dormir atractiva, variedad en el lugar y la posición, pueden ciertamente aumentar la experiencia. Pocos discutirían eso. Pero el verdadero "sexo bueno" no tiene nada *esencial* que hacer con esas cosas.

El sexo más satisfactorio posible se produce cuando el marido y la mujer se entregan el uno al otro incondicionalmente —y reciben al otro de la misma manera— en una revelación completa y honesta de sus *personas*. Si el sexo no se asoma al inagotable misterio de la otra *persona*, la "pareja" en cuestión se aburrirá inevitablemente. El modo como nos enseña la sociedad con respecto al sexo genera tal aburrimiento. Por consiguiente, hay miles de "manuales sexuales" en el mercado con miras a ayudar a las parejas a mejorar su vida sexual.

En su mayor parte, estos manuales ofrecen consejos que, si se siguen, van a hacer que el dormitorio matrimonial parezca una escena de una película pornográfica, más que ayudar a la pareja a participar en el amor de Dios. Si un marido tiene que tener a su esposa vestida como una estrella pornográfica para "excitarse"; si la pareja continuamente tiene que buscar nuevas posiciones cada vez más complicadas para evitar el aburrimiento; si los esposos tienen que transformarse en actores jugando un papel asignado por las fantasías del otro, para poder "hacerlo"; si la pareja está continuamente buscando nuevas "técnicas" para obtener el máximo placer, en vez de querer cada vez más hacer más sólida su unión conyugal, entonces hay algo que está terriblemente ausente.[9]

Si realmente quieres "gran sexo", empieza por invitar a Dios —que *es* amor— a estar contigo (no te preocupes, Dios no se va a poner colorado, ya que él creó el sexo). Ten la luz prendida. Conscientemente renueven los votos matrimoniales con el lenguaje de sus cuerpos. Piensa lo que dices, y di lo que piensas.

Corre el riesgo de someter todo tu ser, *incondicionalmente* a tu esposa. Recibe a tu esposa *incondicionalmente*. Al hacerlo, mírense profunda y detenidamente en los ojos del otro, y den gracias a Dios por el goce que experimentan al haber sido hecho a su imagen, al explotar en el éxtasis de una verdadera comunión de personas.

9. Hacer las cosas moralmente pareciera eliminar la espontaneidad. ¿Por qué no pueden las parejas casadas dejarse llevar de la pasión del momento?

Hemos hablado mucho sobre la necesidad de un cambio total de esquema, para entender el verdadero significado del sexo, sobre la necesidad de ver el plan de Dios desde el principio, el desorden de nuestras pasiones causado por el pecado original y la redención de nuestra sexualidad en Cristo. Si un marido y mujer siguen espontáneamente sus pasiones desordenadas, su amor del uno por el otro se va a ver destruido por el egoísmo. Inevitablemente terminarán usándose el uno al otro.

La doctrina de la Iglesia crea problemas para *esta clase* de espontaneidad, y así debe ser. Pero al mismo tiempo, Cristo nos llama a una clase de espontaneidad muy distinta y mucho más satisfactoria, una espontaneidad que surge cuando hemos hecho un esfuerzo consciente de entrenarnos en la verdad del amor. Mediante la apropiación continua de nuestra redención en Cristo, el carácter mismo de nuestros deseos sexuales se transforma.

Mientras más hayamos experimentado esta transformación, tanto más crecerá en nosotros el deseo de hacer una donación sincera de nosotros mismos —y con una intensidad mucho más refinada y noble que lo que puede despertar la lujuria. Las parejas *deben* seguir la pasión de tal momento, con gozo y abandono totales. Al hacer eso, se abandonarán espontáneamente de acuerdo a las demandas del amor.

Una vez escuché la siguiente explicación: una persona sin experiencia puede tocar "espontáneamente" las teclas del piano con la satisfacción de haber hecho bulla. Pero al fin de cuentas, eso es todo lo que es: bulla sin sentido. Por otro lado, cuando un concertista acaricia "espontáneamente" las teclas, produce sonidos de una belleza capaz de elevar el alma hasta el cielo. Pero como todos sabemos, detrás de la belleza de esa música hay una vida de disciplina y entrenamiento, una vida de esfuerzo para perfeccionar esa habilidad.

El esfuerzo necesario para "hacer música bonita" espontáneamente, mediante la unión sexual, no es menos exigente. Llegar a ser un "amante profesional" exige una vida e implica gran cantidad de ese "cuarto anillo". Pero el gozo que trae es tan magnífico, que la "bulla sin sentido" de los orgasmos mutuos de las parejas no pueden compararse con aquél.

10. Todo esto parece tan pesado. ¿Por qué no solo entretenernos con el sexo?

El sexo *es* pesado. Como ninguna otra cosa, nos obliga a considerar el "componente" primordial de la vida. El modo cómo entendemos, cómo pensamos y vivimos nuestra sexualidad tiene consecuencias eternas.

Dado que, literalmente hablando, el sexo es la fuerza más creativa del mundo visible (no hay nada más grande que el poder de cooperar con Dios en la creación de vidas humanas), cuando se usa mal es también la más destructiva. El sexo nos confronta con las ansias más básicas y más poderosas de nuestra alma, y nos obliga a confrontar la disparidad que existe entre nuestras aspiraciones más sublimes y nuestras inclinaciones más bajas. Nos fuerza a elegir entre el bien y el mal, entre el amor y todo lo que se opone al amor, entre servir a Dios y a los demás (mi esposa y nuestros hijos potenciales) o simplemente servirme a mí mismo.

Juan Pablo II llegó a decir que la unión sexual es una "la prueba de la vida y de la muerte". Cuando los esposos se hacen una carne, él destacó que "se hallan en la situación en que *las fuerzas del bien y del mal se combaten y se miden recíprocamente.*"[10]

¡Santo Dios! Esto *sí* que es serio. Pero hay una paradoja encantadora en esto. Cuando dejamos de tratar de escapar de lo pesado que es en realidad, y en vez de eso abrazamos la eterna magnitud de su importancia, deja de *pesarnos.* Experimentamos lo que Cristo quiso decir cuando dijo, "Tomad mi yugo sobre vosotros ... y encontraréis descanso para vuestras almas, porque mi yugo es suave, y mi carga, ligera" (Mt 11, 29-30).

Vivir la verdad sobre el sexo es intensamente gozoso. Sencillamente no hay nada que se le compare a la satisfacción de vivir de acuerdo con la imagen en la que fuimos creados. Simplemente nada se compara al goce de un marido y una mujer que abrazan la verdad —con todos sus riesgos, con todas sus ramificaciones, con todas sus responsabilidades— cuando se abrazan mutuamente en la intimidad de su unión.

A pesar de lo que la prensa pretende que creamos, el sexo no está hecho para entretenernos. Nuestros genitales no son "juguetes sexuales". "Pasarlo bien" no es la manera de referirse a la unión conyugal. "Dicha sublime y extática" es una mejor manera de describirlo. No es sólo por decirlo que el sexo honesto y verdadero es un poco como un anticipo del cielo en la tierra. Como dice el *Catecismo*, "En los goces de su amor [que Dios da a los esposos] aquí en la tierra un anticipo de la fiesta de la boda del Cordero."[11]

Si deseas la mejor vida sexual posible, entonces entrega tu sexo, tu vida y tu vida sexual a Jesucristo. Si eso suena extraño o te hace sentirte molesto, es que has estado demasiado influenciado por demasiada gente que tiene muy poca o ninguna idea de lo que significa la vida, lo que significa el sexo y lo que significa la misión de Cristo en el mundo.

11. He estado casado casi trece años. Sé que el sexo se supone que sea bueno, aun santo, pero todavía me hace sentirme sucio. ¿Qué es lo que me pasa?

Tú no eres el único. Esta brecha entre lo que uno sabe sobre como debe ser el sexo y como se experimenta en realidad, es muy común, aun entre los que se esfuerzan por vivir la verdad. El conocimiento intelectual no es suficiente por sí mismo para deshacer actitudes profundas y a menudo inconscientes que podamos tener sobre el sexo.

Necesitamos ir a su fuente y, con la ayuda de la gracia de Dios, sacarlas de raíz. Lo más corriente es que encontremos que lo que pensamos sobre el sexo y lo que sentimos al respecto como adultos tiene mucho que ver con las impresiones que nos dieron sobre nuestros cuerpos y el sexo en la niñez —por parte de nuestros padres, hermanos, de amigos del barrio, la exposición a la pornografía, de la prensa y de las experiencias sexuales.

A menudo pregunto a gente en mi audiencia si la primera información que recibieron sobre el sexo fue de sus padres. Estimo que menos del 5 por ciento levanta la mano. Esto es trágico.

Los niños tienen una viva curiosidad para saber de sus cuerpos y del sexo, aun desde una edad bien temprana. Si esta curiosidad no se dirige bien y satisface de un modo sano y apropiado, mediante conversaciones abiertas, honestas y adecuadas para la edad del niño, en la casa, el sexo se transforma en algo grande, oscuro, un "no-no" oculto, razón por la cual los niños buscarán inevitablemente satisfacer esa curiosidad a escondidas y en forma distorsionada.

Hablando por propia experiencia al ir creciendo, recuerdo todavía la primera vez que vi pornografía. Tenía unos seis o siete años. Puedo ver esas imágenes en la memoria, aun hoy en día.

Recuerdo chicos contando chistes sexuales que no entendía. Recuerdo un niñero que se expuso a mi hermano y a mí y nos animaba a exponernos a él. Recuerdo toda clase de comentarios lascivos de muchachos mayores, sobre las muchachas y sus partes anatómicas.

Recuerdo "experimentar" con chicos del barrio, y ver a muchachos agarrando y examinando a muchachas, a través del traje de baño en la piscina pública. Recuerdo cómo me sorprendió e hipnotizó cuando un muchacho mayor me contó con todo detalle lo que hacía con una muchacha de la clase. Y todavía puedo recordar casi todo lo que me dijo.

Esas fueron mis primeras impresiones del sexo. Me afectaron profundamente. Y todo esto sucedió antes de llegar a la pubertad. No supe qué hacer conmigo mismo cuando mis hormonas se dispararon. Una dieta mantenida de pornografía, masturbación y "acariciar" amigas me bastó hasta que, una vez cumplidos los dieciséis años, empecé una relación sexualmente activa con la muchacha con la que salía.

¿Por qué cuento todo esto? Porque es muy probable que ustedes tengan recuerdos semejantes de la niñez y la adolescencia. Alguien tiene que arriesgarse a hablar de eso. Si no afrontamos las experiencias negativas que nos han formado, nunca vamos a poder vivir en la libertad que proporciona la verdad, ni experimentar el sexo como está destinado a ser.

Recuerdos y heridas dolorosos causados por formas equivocadas de pensar y de asociarse no desaparecen simplemente al casarse. Inclusive con gente que realmente quiere conocer el sexo como Dios desea, no es raro que se vean heridos por recuerdos de experiencias sexuales del pasado, aun en el momento que están teniendo relaciones con su esposa. Muchas veces la gente que se ha visto expuesta a la pornografía, tiene esas imágenes desfilando por su memoria en los momentos más inoportunos: al rezar, en la Misa (aun cuando se va a comulgar) y cuando se tienen relaciones.

Hablo honestamente de mi propia experiencia también para demostrar que cuando hablo del poder de Cristo de transformarnos, de curar nuestras heridas y salvarnos de nuestros pecados, no es sólo un concepto lindo en mi mente. Es algo que he vivido y sigo experimentando todo el tiempo. *Cristo, el Hijo de Dios, es real.*

Verdaderamente se hizo uno de nosotros. Realmente murió por nosotros y resucitó de entre los muertos. Vino realmente a restaurar el plan original de Dios sobre la vida y el amor. Realmente nos redimió. Realmente puede curarnos. Realmente puede darnos nueva vida ... *si* depositamos nuestra fe en él y se lo *permitimos.*

Mi recomendación sería recordar en su propia vida. ¿Cómo aprendiste del sexo, por primera vez? ¿Cuáles eran tus impresiones sobre tu cuerpo durante la pubertad? ¿Alguien se burló de ti? ¿Te viste expuesto a pornografía? ¿Abusaron o te maltrataron sexualmente? ¿Te masturbaste? ¿Fuiste promiscuo en la adolescencia?

¿Cómo te afectaron estas experiencias? El propósito de tal reflexión no es simplemente volver a revivir cosas sucias. El propósito es traer la luz de Cristo a los lugares más oscuros de nuestras vidas, para que pueda curarnos.[12]

Recuerdo que en un momento en mi vida escribí en un pedazo de papel cada experiencia sexual que había tenido —toda esa mugre que había tratado por mucho tiempo de olvidar, pero no había podido— y fui a confesarme con un sacerdote de confianza. Después prendí fuego al papel, y lo vi desaparecer en las llamas. Fue un momento de verdadera sanación para mí, y un auténtico giro en mi vida.

Más aún, cuando Wendy y yo llegamos al punto en nuestras relaciones en que yo sabía que nos íbamos a casar, le pedí perdón por no haberme guardado para ella. Uno puede preguntar, ¿qué tiene que ver ella? Estamos destinados a unirnos sexualmente sólo con nuestras esposas. Sexo con otras —aunque sea mucho antes de conocer a tu esposa— es adulterio "por anticipado". Si tenemos el valor de pelar una a una todas las capas de excusas que tenemos, sabemos que esto es cierto.

Hay una razón por la que la gente se siente dolida por el pasado. Hay una razón por la que la gente se siente incómoda en una reunión-aniversario de la escuela, cuando vamos con nuestras esposas y vemos gente con las que tuvimos relaciones en la adolescencia. *Esas experiencias no debieran haber sucedido.*

Da gracias a Dios que perdona. Da gracias a Dios porque restaura. Da gracias a Dios porque sana.

No barras bajo la alfombra tu pasado, como si no tuviera importancia. Dáselo todo a Cristo y deja que muera con él en la cruz. Pide perdón a tu esposa si has sido infiel "por anticipado".

Si tienes recuerdos súbitos de experiencias pasadas, dáselas a Cristo. Los recuerdos pueden quedar, pero Cristo puede sacarles el aguijón y enseñarte a usarlos como oportunidad para rezar por aquellos a los que hiciste daño, y perdonarlos por haberte hecho daño a ti. Por ese camino viene la curación. Este es el camino, no sólo para saber que el sexo está destinado a ser bueno y santo, sino para *experimentarlo* así.

Para muchos, como yo, es un camino largo y doloroso. Pero no es tan doloroso como la alternativa. ¿Dónde más podemos ir, Señor? Tú tienes palabras de vida eterna (véase Jn 6, 68).

> *Señor, tú me conoces. Nada en mi vida se te oculta. Tú sabes todas esas cosas de mi vida que me han apartado de la verdad de tu plan para mi sexualidad. Ya sea que esas cosas hayan sido algo que yo hice, o algo que me hicieron, te lo doy todo a ti. Luz de Cristo, brilla en la oscuridad. Verdad de Cristo, elimina todas las mentiras. Muerte de Cristo, toma todas mis faltas. Resurrección de Cristo, créame nuevamente para conocer, vivir y experimentar la bondad y santidad de mi sexualidad. Amén.*

12. Mi madre dice que cuando se casó, el sacerdote le dijo que estaba obligada a "someterse" a las necesidades sexuales de su marido cuando lo pidiera. ¿Qué me dice de eso?

No pongo en duda que le puedan haber dicho algo así a su madre. La Iglesia tiene una larga historia de tratar de corregir errores que se originan de una mala interpretación del consejo de San Pablo a las esposas de "someterse a sus maridos" (véase capítulo 3, pregunta 16). Es ésta una de tales malas interpretaciones, y una muy seria. Prácticamente consagra los deseos desordenados del marido para usar a su mujer como un objeto de su propia gratificación sexual.

No ha sido *nunca* enseñanza de la Iglesia que los maridos tengan la libertad de usar a sus esposas. Por el contrario, ha sido la doctrina constante de la Iglesia que los maridos deben amar a sus esposas como Cristo amó a la Iglesia (véase Ef 5, 25). Esto incluye lo que hacen en el dormitorio.

Si bien pueden no reconocerlo claramente, muchas mujeres experimentan un profundo resentimiento contra sus esposos, el cual deriva de ser tratadas como medio para un orgasmo (no pensemos que el proverbial "dolor de cabeza" no tiene razón de ser). Tal hedonismo por parte del marido produce a menudo un círculo vicioso que es devastador para el matrimonio: el marido desea tener relaciones por motivos egoístas; su esposa se resiste a ser usada; el marido se queja más y más de que su esposa no "coopera"; su esposa se retrae más y más por sus quejas y demandas.

Este problema se ve complicado aún más por el hecho de que la mayoría de los hombres van a echar la culpa a sus esposas, cuando en realidad, la mayor parte del problema es de parte de él. Oh, cuán destructivo ha sido el pecado para la armonía original de la relación sexual.

Por supuesto, la relación sexual es una calle de doble tránsito. El equilibrio de amor genuino en las relaciones tiene que ser mantenido por *ambos*, marido y mujer. Pero como lo ha dicho Juan Pablo II, "Corresponde sobre todo al hombre una especial responsabilidad, como si de él principalmente dependiese que el equilibrio se mantenga o se rompa, o incluso —si ya se ha roto— sea eventualmente restable."[13]

Maridos, si sus esposas resisten repetidamente vuestro deseo de relaciones, mi consejo es que deberían mirar detenidamente en sus propios corazones. ¿Es tu deseo de sexo un deseo de hacer donación de ti mismo a tu esposa, y de renovar los votos matrimoniales? ¿O es simplemente el deseo de "aliviarte" a costa suya?

Permite que tus deseos sexuales sean crucificados con Cristo, de modo que puedan resucitar como el deseo de amar a tu esposa como Cristo ama a la suya. Si tu esposa sabe en su alma que *esto* es lo que deseas, ella va a desear en forma igualmente intensa el darse a ti, y no van a haber más "dolores de cabeza".

13. ¿No solía enseñar la Iglesia que uno de los propósitos específicos del matrimonio era el alivio de la tensión sexual?

Las fórmulas tradicionales de la Iglesia enseñaban que hay tres fines del matrimonio: el fin primario de la *procreación*, el fin secundario de *ayuda mutua entre los esposos*, y el tercero de *remedio para la concupiscencia*.[14] En Latín, *remedium concupiscentiae* ha sido traducido por algunos como "alivio de la concupiscencia". Esto ha llevado a algunos a afirmar que el matrimonio, de alguna manera proporciona una salida legítima para "aliviar" la tensión sexual en el sentido de *satisfacer* el deseo de la concupiscencia.

Pero la concupiscencia se refiere a nuestros deseos sexuales *desordenados*. Por sí misma, la concupiscencia sólo nos lleva a *usar* a otros para nuestra gratificación egoísta.[15] El matrimonio no justifica esto, de ninguna manera.

Muy por el contrario. La gracia del sacramento del matrimonio, si estamos abiertos a él, proporciona un *remedio* para la concupiscencia. Es decir, nos provee el poder de experimentar una transformación en el carácter mismo de nuestras urgencias sexuales, de modo que tales urgencias se transforman en el deseo de amar y no simplemente en "aliviarnos", como si nos rascáramos porque nos pica. Esta manera de entender el tercer fin del matrimonio es el único que hace justicia a la dignidad de la persona.

Sabemos que no estamos hechos para ser usados, especialmente por los que dicen amarnos más. Demasiados matrimonios se han arruinado por la desconfianza general, la sospecha y el conflicto entre los esposos que se origina al considerar el sexo simplemente como una oportunidad de "aliviar la concupiscencia".

14. ¿No es que San Pablo justifica el aliviarse de la tensión sexual cuando dice que es mejor tener relaciones en el matrimonio que arder de deseo?

El pasaje al que se refiere está en realidad dirigido a gente soltera, a la que San Pablo aconseja elegir la vocación al celibato. Dice, "Si no pueden guardar continencia, que se casen; mejor es casarse que abrasarse" (1 Cor 7, 9).

Sin introducirnos en una exégesis detallada de las palabras de San Pablo, tenemos que entender que ningún versículo de la escritura se presenta aislado. Todos los versículos y pasajes de la Escritura tienen que ser interpretados a la luz de la Biblia entera. Cuando San Pablo habla de casarse, está hablando del orden moral. Está hablando de maridos que aman a sus esposas "como Cristo amó a la Iglesia", como dice en su *Carta a los Efesios* (5, 25). Al igual que el amor es mejor que la lujuria, el matrimonio es mejor que estar "abrasándose de pasión".[16]

Permítanme aclarar otro punto. El "alivio" de la tensión sexual no es erróneo o malo en sí. Dios hizo la unión sexual para que fuera una experiencia de tensión gradual y alivio orgásmico. Compartir este goce como marido y mujer es parte integral del símbolo sacramental del amor conyugal. Una "crisis de amor" sólo nace cuando un esposo busca ese alivio como *fin en sí* y trata a su esposa sólo como un *medio para ese fin*.

15. ¿No hay una distinción muy fina entre amor y egoísmo? No es siempre fácil decir cuáles son mis motivos.

Si bien a veces tenemos que admitir que es muy fácil saber si estamos motivados por un amor genuino o por egoísmo, en otras ocasiones puede no ser tan claro. Todos tenemos motivos mezclados. Pero reconocerlos no debiera ser motivo para sentirnos desalentados. Es en realidad el primer paso para llegar a una evaluación más madura de los movimientos íntimos de nuestro corazón.

No me considero como alguien que ama a su mujer perfectamente en este aspecto. Sólo puedo decir a partir de mi propia experiencia que mientras más expongo mi corazón a la luz de Cristo, más capaz soy de reconocer la pureza, o falta de ella, de mis motivos. El corazón humano es un campo de batalla entre el amor y la lascivia. Si bien la batalla se calma al ir madurando en la verdad del plan de Dios para nuestra sexualidad, nunca deja de serlo mientras estemos vivos.

La meta es simplemente dejar que el poder del amor tenga el control sobre el poder de la lascivia. Sí, a veces los dos pueden confundirse. Pero con la ayuda de Cristo podemos adquirir el valor necesario para ser suficientemente honestos con nosotros mismos, para descubrir la diferencia.

6

"No, no prometo"

Anticoncepción

"Hoy pongo por testigos contra vosotros los cielos y la tierra: pongo ante vosotros la vida y la muerte, la bendición y la maldición; elige pues la vida."

Palabra de Dios[1]

Tenía diecisiete años y había estado "saliendo" con mi amiga durante unos cinco meses. Me llamó un sábado a la tarde, para decirme que sus padres iban a salir al atardecer. Ésta era mi oportunidad.

En camino a su casa, me detuve en una farmacia y, por primera vez en mi vida, compré una caja de condones. Al colocar la caja en el mostrador de la cajera, algo se hundió dentro de mí. De alguna manera sabía que estaba tomando una decisión concreta para separarme de Dios.

No es que hubiera sido santo hasta ese momento. Si alguna vez había tenido una relación con Dios, la misma estaba colgando de un hilo muy fino. Y justamente en ese momento —en la Farmacia Thrift en la Avenida Columbia de Lancaster, Pennsylvania— al pagar por esos condones corté ese hilo.

Como expliqué en la introducción, mi conducta poco casta me creó problemas en mis años de universitario, y eventualmente llegué a estar de acuerdo con lo que la Iglesia enseñaba sobre el sexo —*excepto* en el tema de la anticoncepción. Había dejado de tener relaciones antes del matrimonio, pero pensaba que una vez que me casara debería poder tener relaciones con mi esposa siempre que quisiera (sin tener que preocuparme por la posibilidad de tener quince hijos). Además, pensaba, ¿cuál era la diferencia entre la anticoncepción y la planificación natural de la familia, si se utilizaban ambos métodos para evitar los embarazos?

Mientras más crecía en mi fe como católico, tanto más este tema se transformaba en piedra de escándalo y tropiezo. Después de todo, una de los signos distintivos de un católico es creer y profesar *todo* lo que la Iglesia cree y profesa.

Los convertidos a la Iglesia tienen que profesar específica y públicamente que eso es así. Los católicos de nacimiento, por su parte, podemos caer fácilmente en la hipocresía de creer sólo lo que nos da la gana. Sabía que si no hiciera las paces con esta "estúpida" doctrina, sería más honesto para mí ser protestante. De modo que busqué respuestas.

Mi búsqueda me llevó eventualmente a un libro llamado *Catholic Sexual Ethics* [Ética sexual católica].[2] Era la primera vez que leía algo que explicaba en forma razonable la doctrina de la Iglesia. Nuevamente algo se hundió en mi interior. La Iglesia me había demostrado que estaba equivocado en tantas cosas, que yo *no* quería sacrificar esta última "reserva". Me llevó a investigar un poco más, a rezar más y a más humildad, hasta que se me cayeron por completo las escamas de los ojos. Al recordar, me maravillaba cómo un tema que me había llevado a cortar mis relaciones con Dios (y la Iglesia) era el mismo tema que me había traído de vuelta y *por completo*.

Al aceptar esta doctrina cambió mi manera de verlo *todo*. La doctrina de la Iglesia sobre la anticoncepción es el punto donde la goma llega al suelo (broma intencional)*. En este punto nos encontramos con un dramático —pero muchas veces oculto— choque entre las fuerzas del bien y el mal, entre la decisión humana fundamental de amar o no amar, de elegir la vida u oponerse a ésta. En verdad, toda la ética sexual católica —todo lo que hemos considerado en este libro— se mantiene o cae en este punto. Es aquí donde los esposos deciden comunicarse mutuamente y al mundo la vida y el amor de Dios, o eligen comunicar, bueno, algo distinto.

Es éste también *el* punto de separación entre el catolicismo y la cultura popular. Si bien nuestra cultura enseña que recurrir a la anticoncepción es lo *responsable* que hay que hacer, que es lo mejor para los matrimonios y para una mejor sociedad, la Iglesia Católica se yergue como la voz solitaria que dice que es *siempre* malo y terriblemente dañino para el matrimonio y la sociedad. O bien la cultura popular ha "perdido el seso", o lo ha perdido la Iglesia Católica.

Si es la Iglesia la que se ha vuelto loca, ¿quién querría ser católico? Por otro lado, si la Iglesia está en lo correcto, los promotores de la anticoncepción en el siglo veinte bien pueden haber impulsado la mayor estafa de la historia.

> *Señor, por favor ayúdame, cuando lea este capítulo, a abrir mi corazón a la entera verdad de tu plan para el sexo y el matrimonio. No quiero verme cegado por mi orgullo. No quiero ser engañado por mis propios deseos. Quiero vivir la verdad, sólo la verdad. Por favor, Señor, si es cierto que la anticoncepción va contra tu voluntad, dame la gracia de aceptarlo, tenga las consecuencias que tenga en mi vida. Confío en ti. Amén.*

---

* *Otro juego de palabras imposible de traducir. "Where the rubber hits the road" se refiere al contacto del neumático con el camino, pero aquí lleva un doble sentido: aceptando las enseñanzas de la Iglesia, uno tendría que deshacerse de la "goma", tirándola al suelo (recuerda que los condones son de goma).*

1. En el nombre de Dios, ¿qué podría estar mal con la anticoncepción?

Los lectores astutos se darán cuenta de que todo lo que hemos considerado hasta este punto ha pavimentado el camino para dar una respuesta adecuada a esta pregunta. Empezaré a contestarla una vez más repitiendo la tesis de este libro, y después haré yo una pregunta.

El sexo es sólo tal en la medida que participa de la promesa de los votos matrimoniales. ¿Se puede permitir que una pareja viole sus votos matrimoniales?

Podemos alegar y patalear todo lo que nos de la gana, pero una parte integral de esos votos es estar *abierto a los hijos*. Alguien podría contestar: "Una pareja puede estar 'abierta a los hijos' en el curso del matrimonio, sin que *cada una* de sus relaciones tenga que estarlo." Pero eso es tan razonable como decir "Una pareja puede ser 'fiel', el uno al otro, durante su matrimonio, sin que *todos y cada uno* de sus coitos tenga que ser con el otro." Si podemos darnos cuenta de la inconsistencia de pretender ser fieles ... *pero no siempre* ... entonces debiéramos ser capaces de reconocer la inconsistencia de pretender estar abierto a los hijos ... *pero no siempre.*

¿Estás tratando de encontrar una salida a este dilema? Tienes unas pocas opciones:

Opción 1: Se puede alegar que el sexo no tiene que participar de las promesas matrimoniales. Bueno, entonces la conclusión lógica es que no tiene que ser necesariamente entre dos personas que han intercambiado promesas matrimoniales. En esta manera de pensar, el sexo no tiene ningún significado, fuera del intercambio del placer físico o de una experiencia solitaria.

Esto abre la puerta a la justificación de todos y de cualquier medio para lograr un orgasmo, ya sea por uno mismo, entre dos personas, entre cualquier número de personas (que esto sea con alguien del sexo opuesto o del mismo sexo, sería superfluo), o inclusive con animales. Por desgracia, ésta es la forma en que piensa ya mucha de nuestra cultura anticonceptiva.

Opción 2: Se puede cambiar la definición de matrimonio para excluir el "estar abierto a los hijos" como parte integral del compromiso. Bueno, entonces *nosotros* nos convertimos en los autores del matrimonio, y no Dios, y la definición de matrimonio se torna completamente arbitraria.

¿Se puede querer tener un "matrimonio que se puede disolver", por si no funciona? Sin duda lo podemos hacer. ¿Quieres tener un "matrimonio abierto", por si acaso se aburren el uno con el otro? Es claro que podemos hacerlo. ¿Quieres "casarte" con tu amante del mismo sexo? No hay problema.

Después de todo, si el matrimonio no está intrínsecamente vinculado a la procreación, ¿por qué necesita serlo entre un hombre y una mujer? Desgraciadamente, ésta es también la manera como piensa ya mucha de nuestra cultura anticonceptiva.

Opción 3: Se puede pretender que "estar abierto a los hijos" es parte del compromiso matrimonial, pero no siempre se debe ser fiel a eso. Ya hemos discutido a dónde lleva esto: significa que tampoco se debe ser fiel a los compromisos de fidelidad e indisolubilidad. Y ésta también, desgraciadamente, es la manera como piensa ya mucha de nuestra cultura anticonceptiva.

El matrimonio es todo o nada. Como expresión del compromiso matrimonial, también el sexo es todo o nada. No se puede evitar el hecho que una relación sexual *esterilizada intencionalmente* cambia el "Sí prometo" de los votos conyugales por un "No, no prometo."

Este "no prometo" afecta no solamente el compromiso de estar abierto a los hijos. Una mirada más cuidadosa revela que también afecta la libertad, la totalidad y la fidelidad. Miremos cuidadosamente a cada una de éstas, a través del lente del coito anticonceptivo.

Libertad. Esta verdad puede parecer extraña a primera vista, pero dale tiempo para que se asiente: *la anticoncepción no se inventó para evitar el embarazo*. Ya existía un método seguro e infalible, y sano, de hacerlo; se llama abstinencia. Luego de una reflexión más profunda se torna claro que la anticoncepción fue inventada para *satisfacer el instinto sexual*. Como dice el proverbio, la necesidad es la madre del invento. La necesidad que dio a luz la anticoncepción fue nuestra "necesidad de sexo".

"La libertad sexual", en el sentido común y corriente, quiere decir la licencia de tener relaciones sin que nunca sea necesario decir que no (esto es exactamente lo que hace la anticoncepción). Pero sólo aquéllos que pueden decir que no al sexo (sólo los que son capaces de abstenerse) demuestran que cuando dicen que sí, lo hacen *libremente*. La anticoncepción, promovida en nombre de la "libertad sexual", en realidad estimula una esclavitud auto-impuesta: crea una cultura de gente incapaz de decir que no a sus hormonas.

Totalidad. Como advertimos en el capítulo anterior, hasta el punto que en el acto sexual, intencionalmente y a sabiendas reservamos una parte de nosotros respecto a nuestra esposa, no podemos hablar de un darse *totalmente*. Esto incluye nuestra fertilidad. La relación sexual anticonceptiva contradice el "lenguaje del amor" al decir, "Me doy por entero a ti, *excepto* mi fertilidad. Recibo todo lo que eres, excepto tu *fertilidad*."

La idea de negar la propia fertilidad durante el acto sexual, o rehusar recibirlo como un don de la esposa, es una contradicción de la más profunda esencia del amor conyugal, justamente en el momento en que debiera encontrar su expresión más sincera. Precisamente en el "momento de la verdad" del matrimonio, la verdad se ve reemplazada por una mentira.[3]

Fidelidad. Ser fiel a la esposa no quiere decir solamente abstenerse del adulterio (de hecho o imaginario). Quiere decir vivir lo que se prometió en el altar, a las duras y a las maduras, no importa lo difícil que sea, lo provocador que sea ni el sacrificio que requiera. Las parejas que sucumben al esterilizar sus relaciones conyugales, han decidido consciente o inconscientemente que la fidelidad a sus promesas matrimoniales es demasiado exigente.

Los votos matrimoniales son la expresión del amor de Dios en la tierra. Cuando los esposos contradicen sus votos con el lenguaje de sus cuerpos, contradicen el verdadero significado de la vida: nuestra vocación a ser imagen de Dios al amar como él ama. De modo que, en el *nombre de Dios*, ¿qué podría tener de malo la anticoncepción? Es precisamente en el nombre de Dios, en su naturaleza como Comunión de Personas que dan vida (la Trinidad), que encontramos la respuesta más profunda.

Como hemos discutido en el primer capítulo, el Espíritu Santo —como el verdadero amor compartido entre el Padre y el Hijo— indica, en cierto sentido, lo fructífero de la relación sexual conyugal. Una vez di una conferencia en la que una mujer preguntó: "¿Qué pasa si quiero tener relaciones con mi marido, pero no queremos al Espíritu Santo allí?"

Casi me caí de espaldas. Esa es *precisamente* la razón por la que la Iglesia enseña que la anticoncepción es mala, porque es *precisamente* lo que la pareja está diciendo cuando recurre a la anticoncepción: "No queremos al Espíritu Santo aquí."

¿Quién es el Espíritu Santo? *El Señor y Dador de Vida* que procede del Padre y del Hijo. ¡Es el verdadero amor y vida de Dios!

Cuando entendemos el significado profético y sacramental de la unión sexual, la grave *contra*dicción de la *anti*concepción se pone en claro. El sexo está destinado a proclamar al mundo que Dios es un amor que da vida. Un acto sexual esterilizado voluntariamente proclama lo contrario: Dios *no es* un amor que da vida. La anticoncepción hace que la unión sexual deje de ser un acto profético para convertirse en una blasfemia.

Más todavía, si el marido ha de ser verdadero símbolo de Cristo en la unión "en una carne", entonces debe hablar el lenguaje de Cristo: "Esto es mi cuerpo, que es entregado por vosotros" (Lc 22, 19). Pero una unión sexual anticonceptiva declara, "Esto es mi cuerpo que *no* te entrego." En este sentido, el marido que recurre a la anticoncepción no actúa como Cristo, sino como un "anti-Cristo".

Y si la esposa ha de ser verdadero símbolo de la Iglesia en la unión en "una carne", ella debe hablar el lenguaje de la Iglesia (según el modelo de María): "Hágase en mi según tu palabra" (Lc 1, 38). Pero un acto sexual anticonceptivo declara: *"No* se haga en mí según tu palabra." En este sentido, la esposa que recurre a la anticoncepción no actúa como la Iglesia, sino como una "anti-Iglesia".

Quiere decir entonces que un acto sexual voluntariamente esterilizado, más que ser un signo eficaz de la unión de Cristo con su Iglesia en una carne, es un eficaz *contrasigno* de esta unión (un anti-sacramento). La anticoncepción transforma la unión sexual de sacramento en sacrilegio.

Esto y nada menos que esto es lo que está "en juego". Es por *esto* que la anticoncepción está mal, y no sólo mal, sino que *gravemente* mal.

2. ¿Está diciendo que las parejas que recurren a la anticoncepción no se aman?

Pueden amarse mutuamente de muchas maneras auténticas. Pero a pesar de todos los sentimientos y las emociones experimentados durante el coito, un acto de relaciones sexuales anticonceptivo no puede ser *nunca* un auténtico acto de amor.

El amor no es arbitrario. El amor no es lo que nos da la gana que sea. El amor no es meramente un sentimiento intenso ni un placer compartido. El amor es vivir de acuerdo a la imagen según la cual hemos sido hechos. El amor es darnos en forma libre, total, fiel y fructífera, imitando a Cristo. La relación sexual anticonceptiva contradice todo esto.

3. ¿Entonces qué puede hacer una pareja? ¿Tener doce niños? ¡Por favor!

Pensémoslo. Supongamos que hay una pareja que ha hecho suyo lo que quiere decir renovar sus votos mediante la relación sexual y que ha decidido no violar *nunca* esos votos (como debieran hacer todas las parejas casadas). Supongamos también que tiene un buen motivo para querer espaciar los hijos, o inclusive no tener ningún otro hijo (en una pregunta posterior consideraremos lo que constituyen "buenos motivos"). ¿Qué podría hacer para no violar sus votos?

Cada vez que una pareja decide tener relaciones, *tiene* que repetir el "Sí prometo" de sus votos. Pero las parejas no están siempre obligadas a tener relaciones. De hecho, durante el curso de un matrimonio hay muchas ocasiones en las que la pareja puede querer tener relaciones pero tiene un buen motivo para no hacerlo.

Es posible que uno de los cónyuges esté enfermo. Es posible que la esposa haya dado a luz recientemente. Es posible que la pareja esté viviendo con uno de sus suegros y las paredes sean muy delgadas. O a lo mejor tienen buenas razones para no tener otro hijo. Hay buenas razones para *no* tener relaciones, aun cuando *quieran*.

De modo que aquí está la respuesta a su pregunta: si una pareja tiene buenas razones para no tener otro hijo, y están firmes en su decisión de no violar sus votos matrimoniales (como debieran hacerlo todas las parejas), lo único que pueden hacer es ejercitar su libertad para decir que no, y abstenerse del sexo. La dignidad humana y el significado de las relaciones sexuales determinan que el único control de la natalidad aceptable es el *control de uno mismo*.

¿Por qué es que la gente castra a sus animalitos? Porque los animales no pueden decir que no a su instinto de aparearse. Pero nosotros *sí podemos*. Si no podemos, hemos descendido al nivel de un pero o de un gato.

4. ¿Está diciendo usted que una pareja que tiene que evitar un embarazo tendría que abstenerse de sexo hasta la menopausia, para no violar sus votos?

Analicemos bien esto. La fidelidad al "Sí prometo" de los votos matrimoniales quiere decir que los esposos no pueden hacer nunca nada por voluntad propia para esterilizar alguna relación sexual. La menopausia nos da un buen punto de partida para la discusión. Si una pareja, una vez pasada la edad de tener hijos, decide tener relaciones, la ausencia de un embarazo subsiguiente no se debe a que *ellos* hayan esterilizado el acto. La ausencia de embarazo sería el resultado de la decisión de *Dios* de no traer una nueva vida al mundo, según la evidencia de sus propios planes, por la manera cómo creó a la mujer.

Bueno, es también parte del designio de Dios que la mujer, *dentro* de sus años fértiles, no lo es durante todo el ciclo. De hecho, la mayor parte del tiempo no es fértil.

Volvamos a la pareja que está decidida a no violar nunca sus promesas matrimoniales. Por respeto a lo que significa el sexo, se abstienen de tener relaciones porque pueden tener una buena razón para evitar un embarazo. Supongamos ahora que en un día particular del ciclo de la esposa determinan que tener relaciones no llevaría a un embarazo. ¿Harían algo malo si decidieran tener relaciones ese día?

Si el embarazo no resultara, ¿sería porque *ellos* han hecho estéril el acto o sería porque Dios ha elegido no traer una nueva vida al mundo, tal como lo evidencia la forma en que diseñó el cuerpo de la esposa?

Éste es el auténtico principio de la *Planificación Natural de la Familia/ Planificación Familiar Natural* (PNF o PFN). Las parejas que conocen bien en los métodos modernos de la PFN pueden determinar los días fértiles del ciclo de la esposa con un 99 por ciento de precisión.[4] Si tienen una razón válida para evitar un embarazo, deciden abstenerse de tener relaciones durante ese tiempo. Durante la fase infértil del ciclo, si así lo desean, pueden decidir tener relaciones sin violar de ninguna manera su compromiso matrimonial. Que de estas relaciones no se produzca un embarazo es algo que está de acuerdo con la voluntad de *Dios*, no la de *ellos*.

5. ¿No es hilar demasiado fino? ¿Cuál es la gran diferencia entre hacer estéril el acto sexual, y esperar hasta que sea naturalmente infértil?

¿Cuál es la diferencia entre un aborto (provocado) y una pérdida (involuntaria)? ¿Cuál es la diferencia entre suicidio y muerte natural? Como en estos ejemplos, la diferencia entre esterilizar *uno mismo* un acto sexual y aceptar el tiempo infértil *determinado por Dios* es algo de dimensiones cósmicas.

Como dijera Juan Pablo II en una oportunidad: "La anticoncepción tiene que ser considerada tan profundamente contra la ley como para que nunca pueda ser justificada, por ninguna razón. Pensar o decir lo contrario es igual a sostener que en una vida humana, pueden presentarse situaciones en las que sea legítimo no reconocer a Dios como Dios."[5]

Ésta es la cuestión que está en juego aquí: ¿somos libres como para tomar en nuestras manos el poder de dar vida, o ese poder pertenece a Dios, y sólo a Dios? Piénsalo bien antes de contestar esta pregunta. Cómo lo hagas determina tu lugar en el cosmos.

6. ¿No es una mayor contradicción de los votos conyugales el negarse a tener relaciones que el tener relaciones sexuales protegidas al usar anticonceptivos?

No puedo dejar de comentar sobre esta noción de sexo "protegido". Si tu esposa presenta alguna amenaza contra ti, contra la cual debas *protegerte* levantando una barrera, entonces algo está terriblemente mal.

No puedes separar a tu esposa de su fertilidad o de la tuya. El cuerpo expresa a la persona. Rechazar la fertilidad de tu esposa es rechazar a tu esposa. El verdadero amor conyugal exige someterse totalmente. No hay lugar aquí para "redes de seguridad", como en el circo.

Rehusar tener relaciones podría ser una violación de tus promesas matrimoniales si lo estuvieras haciendo por desprecio hacia tu esposa, por odio a los hijos, o por alguna otra razón negativa. Pero los esposos que están de acuerdo en abstenerse de tener relaciones porque tienen una *razón válida* para evitar un embarazo están actuando por amor y con fidelidad total a sus votos matrimoniales. Cuando los esposos eligen "hablar" (por medio de las relaciones), tienen que decir la verdad. Si tienen un buen motivo para no "hablar", es bueno que se queden callados. Pero nada puede justificar "hablar" una mentira utilizando "protección".

7. La distinción que la Iglesia hace entre el control "natural" y "artificial" de los nacimientos no tiene sentido. ¿Quiere decir que usar poliéster también es inmoral?

Hay que admitir que no es fácil ver la distinción importante entre la abstinencia periódica y la anticoncepción cuando se pone el énfasis en los métodos "naturales" contra "artificiales". Hay muchas cosas que usamos que son artificiales pero no inmorales, tales como el poliéster. Entonces, ¿por qué es algo diferente el control artificial de los nacimientos?

Contrario a la creencia popular, la Iglesia no se opone al control artificial de los nacimientos *porque* es artificial, se opone a ella porque es *anticonceptiva*. La anticoncepción es la elección de cualquier medio que *impida el potencial procreativo de un determinado acto sexual*. En otras palabras, la pareja que elige la anticoncepción elige tener relaciones, y previendo que su acto pueda resultar en una nueva vida, *intencional y voluntariamente* suprimen su fertilidad.

Esto puede hacerse empleando una gran variedad de adminículos artificiales y hormonas, o por técnicas quirúrgicas esterilizantes. Puede hacerse también sin emplear nada artificial, tal como la práctica de retiro (*coitus interruptus*). De modo que para evitar mayor confusión, cuando queremos describir aquello a lo que la Iglesia se opone específicamente, la mejor palabra es la *anticoncepción*. "Artificial" no tiene nada que ver, y es mejor dejarlo de lado en la discusión.

Más todavía, la Iglesia aprueba el PFN (cuando hay una razón válida para evitar embarazos) no porque es "natural" y opuesto a "artificial", sino porque *no es anticonceptivo en absoluto*. Nunca la pareja que usa PFN va a impedir el potencial procreativo de una relación sexual determinada —nunca. PFN no es "anticoncepción natural", *no es anticoncepción de ninguna manera*.

8. Ésta es simplemente otra prueba de que la Iglesia Católica se opone al progreso y la tecnología modernos. Si Dios nos dio la inteligencia para controlar nuestra fertilidad, debemos ser capaces de usarla.

Como dijo el Papa Pablo VI en *Humanae vitae*: "La Iglesia es la primera en elogiar y en recomendar la intervención de la inteligencia en una obra que tan de cerca asocia a la criatura racional a su Creador, pero afirma que esto *debe hacerse respetando el orden establecido por Dios*."[6] Expresado de otra manera: Sí, Dios nos dio inteligencia para regular nuestra fertilidad, y sí, debiéramos usarla. Pero usar nuestra inteligencia para actuar *contra* el designio de Dios para nuestra fertilidad, no es inteligente en absoluto.[7]

Permítanme demostrar el concepto de esta manera. Todos estamos de acuerdo en que el propio uso de la medicina y la tecnología es para servir a nuestra salud, para hacer funcionar nuestros cuerpos en la forma que están destinados a hacerlo. Por ejemplo, si la medicina y la tecnología pueden devolverle la vista a un ciego, eso es un uso maravilloso e inteligente de ellas. Pero sería un abuso terrible de la medicina y la tecnología *cegar intencionalmente a alguien* que tenga los ojos en buen estado. Eso sería un acto de mutilación.

Bueno, no es menos terrible abusar de la medicina y la tecnología, y no menos terrible es una mutilación, *esterilizar a alguien intencionalmente*. Si alguien es fértil, eso quiere decir que su cuerpo está funcionando en la forma que está destinada a hacerlo.

Como indica la profesora de filosofía Janet Smith, tomamos píldoras cuando estamos enfermos. Y nos operamos para curar enfermedades y trastornos. La fertilidad no es una enfermedad, tampoco es un trastorno. La infertilidad es la enfermedad que necesita ser curada.[8] Lo único inteligente que podemos hacer cuando hay una necesidad honesta de regular la fertilidad es llegar a entender el designio de Dios sobre la fertilidad y madurarlo. Eso es lo que es la PFN [PNF].

9. Todavía no veo la gran diferencia entre la PFN y la anticoncepción.

¿Quieres ver la diferencia? Mucha gente no quiere, porque de alguna manera intuyen que podría exigirles no sólo un cambio de conducta en el dormitorio, sino la transformación de toda su cosmovisión. Si eso es lo que te pasa … tienes razón.

Como sugerí en la pregunta n° 5, la manera cómo entendemos el orden del universo se mueve en una de dos direcciones irreconciliables en este punto. O bien Dios es Dios y nosotros confiamos en el modo que él ha organizado el universo, o bien estamos tratando de ser Dios y controlar nosotros las cosas. Mi consejo es: deja que Dios sea Dios.

No hay nada que temer. Confiar en él es amenazador sólo si él fuera un tirano. Pero no lo es. Él es amor perfecto. Déjate llevar. Déjalo entrar. Confía en él.

Si estás dispuesto a ver la diferencia, pienso que la siguiente analogía va a servir. Supón que van pasando frente a una iglesia tres personas, una religiosa, una no religiosa y otra anti-religiosa. ¿Qué es lo que podrían hacer?

Digamos que la persona religiosa entra y reza, la no religiosa sigue caminando y no hace nada, y la persona anti-religiosa entra a la iglesia y la profana (estoy elaborando una analogía, por supuesto, pero esto es algo que podría esperarse). ¿Cual de los tres hizo algo que es siempre, y en cualquier circunstancia, malo? El último, por supuesto.

Maridos y mujeres están llamados a ser *procreativos*. Si tienen una buena razón para evitar el embarazo, son libres de ser *no-procreativos*. Pero es una contradicción sumamente profunda de la esencia del sacramento del matrimonio ser *anti-procreativos*.

La analogía es aun más profunda de lo que puedas pensar. Según la *Carta a los Efesios*, capítulo 5, la esposa es un signo sacramental de la Iglesia. Tal como se ejemplificó en la Virgen María, el seno de una mujer se ha convertido en el templo de Dios. Si el marido entra en esta "iglesia", tiene que rezar para que se cumpla la voluntad de Dios. Puede tener una buena razón para no entrar en la "iglesia". Pero sería un terrible sacrilegio entrar a la iglesia y profanarla, esterilizando su vientre.

Aquí hay otra analogía.[9] La mayoría de las parejas comprometidas llegan a darse cuenta, cuando están planeando su boda, que hay gente que ellos conocen y a las que, por buenas razones, no pueden invitar a la boda. Lo que corresponde hacer es simplemente no mandarles invitación. ¿Se imaginan mandarles una *des*-invitación? "Nos vamos a casar el 21 de junio, pero *no* queremos que vengan. Por favor, no lo hagan." Esto sería una ruptura obvia de la relación.

Esto es lo que las parejas casadas le hacen a Dios cuando recurren a la anti-concepción. Al tener relaciones, están enviando una invitación a Dios para que los acompañe al efectuar su acto más creativo, pero cuando Dios abre la invitación ésta dice en letras negras: "No vengas. No te queremos aquí." Por otra parte, las parejas que se abstienen de relaciones para evitar un embarazo, simplemente no le están mandando invitación a Dios. Si la pareja tiene buenos motivos para evitar el embarazo, Dios lo puede entender. No se rompe la relación.

10. Siempre me enseñaron que la moralidad se evalúa por la intención. ¿No tienen la misma intención las parejas que recurren a la PFN y las que recurren a la anticoncepción?

Tenemos que tener cuidado y distinguir entre las intenciones *presentes* y *futuras* (medios y fines). Ambas pueden tener la misma intención con respecto al *fin* —evitar un embarazo por razones justificadas. Pero sus intenciones *presentes* (los medios mediante los cuales intentan llegar al mismo fin) son muy distintos. La pareja de PFN tiene la *intención de abstenerse* de una relación fértil. La pareja anticonceptiva tiene la *intención de esterilizar* una relación fértil. Estas intenciones son muy distintas.

Tomen, por ejemplo, dos estudiantes que tienen la intención de sacarse bue-nas notas. Con ese fin en la mente, uno intenta estudiar mucho, y el otro piensa en hacer trampa en cada examen. El fin nunca justifica los medios.

11. ¿Dónde dice la Biblia que la anticoncepción es mala?

¿Dónde dice la Biblia que está mal cortarle el brazo a tu vecino y pasarlo por una máquina de moler carne? En ninguna parte. Pero dice que estamos llamados a amar al prójimo. Personas razonables sacan la conclusión que el amor al prójimo excluye hacer carne molida de su brazo.

La Biblia no dice en ninguna parte, "No recurrirás a la anticoncepción." Pero sí dice que fuimos creados a imagen y semejanza de Dios como varón y mujer (ver Gn 1, 27). Dice "Creced, multiplicaos" (Gn 1, 28). Dice que Dios mató a Onán porque "cada vez que se llegaba a la mujer de su hermano, derramaba por tierra, para no dar descendencia a su hermano" (Gn 38, 9-10).[10]

Cristo mismo enseñó, con respecto a que los dos llegan a ser "una carne", que no debemos separar lo que Dios ha unido (véase Mt 19, 6), y ¿no es Dios mismo el que unió el sexo con los niños? El capítulo 5 de la *Carta a los Efesios* llama muy claramente a los maridos a amar a sus esposas como Cristo ama a la Iglesia. ¿Esterilizaría Cristo este amor en forma intencional?

Desde el comienzo hasta el fin, la Escritura nos llama a recibir el amor de Dios, a amar como Dios ama y a optar por la vida. La unión sexual es posiblemente la oportunidad más precisa para que aceptemos esta llamada o la rechacemos. Es por medio de la unión sexual que el amor increado de Dios penetra el mundo creado para comulgar con el amor de marido y mujer, al producir el evento más admirable del universo: la creación de un nuevo ser humano.

El sexo anticonceptivo dice: "No queremos recibir el amor de Dios. No queremos amar como Dios ama. No queremos optar por la vida." ¿Es *eso* bíblico?

12. Bueno, ¿qué razones serían justificadas para que una pareja casada use PFN para evitar el embarazo?

Primero tenemos que mirar a la disposición general que tiene una pareja con respecto a los niños. La cultura anticonceptiva tiende a ver a los niños como un peso que hay que soportar, más que como un don para recibir con alegría; un obstáculo a la riqueza material, más que una contribución a la salud de la familia; un derroche respecto los recursos naturales, más que un beneficio para la sociedad.[11] Dentro de ese ambiente, las parejas con frecuencia se casan con una perspectiva sobre los niños que supone que no los van a tener a *menos que o cuando* los quieran. Después de los dos de rigor, pareciera que la pareja tendría que encontrar justificación para tener otro.

Sin pensarlo dos veces, las parejas que siguen esta actitud simplemente buscan el método más eficaz de cumplir ese plan. Desde esa perspectiva, se ve a PFN como otra opción en una larga lista de métodos para evitar niños "no deseados", y entre ellos, un método bien indeseable. Si bien es tan eficaz para evitar embarazos como cualquier otro método anticonceptivo, exige mucho sacrificio para hacerlo.

Pero supongamos que tal pareja usara el PFN. Su mentalidad negativa contra los niños ya está en contra de lo que prometieron en el altar. A pesar del hecho que no estarían esterilizando intencionalmente sus actos sexuales, serían culpables de violar sus promesas "en sus corazones".

Para volver a la analogía de la invitación a bodas, no es que tal pareja esté enviando una "des-invitación" a Dios sino que su no enviar la invitación no se basa en una buena razón. Se basa en una actitud que "afirma" que la presencia de Dios en su unión no sería bien recibida.

Todavía esto resulta en una ruptura de la relación (¿cómo te sentirías si un buen amigo no te invitara a su boda, sin una buena razón?). De modo que antes que nada, necesitamos una conversión profunda de nuestros corazones al significado del sexo y la verdadera bendición que son los niños para poder entender el uso justificado de PFN dentro del matrimonio.

Toda pareja casada está llamada a "ser fértil y multiplicarse" (Gn 1, 28). Éste es el punto de partida. Los niños no son algo agregado al amor conyugal, sino la corona de gloria del amor matrimonial. Por consiguiente, en vez de evitar los hijos, la disposición general debiera ser la de recibir los niños cuando vienen, a menos que la pareja tenga una buena razón para no hacerlo.

La Iglesia reconoce con facilidad, especialmente en nuestra época, que muchas parejas *tienen* en realidad buenas razones para no recibir los niños en ciertos momentos de su vida matrimonial. El Concilio Vaticano Segundo ofrece el siguiente criterio para las parejas que planifican el tamaño de su familia: "(Los esposos) se esforzarán ambos, de común acuerdo y común esfuerzo, por formarse un juicio recto, atendiendo tanto a su propio bien personal como al bien de los hijos, ya nacidos o todavía por venir, discerniendo las circunstancias de los tiempos y del estado de vida tanto materiales como espirituales, y, finalmente, teniendo en cuanta el bien de la comunidad familiar, de la sociedad temporal y de la propia Iglesia. Este juicio, en último término, deben formarlo ante Dios los esposos personalmente."[12]

El *Catecismo* declara que es el deber de los padres "cerciorarse que su deseo [de espaciar los nacimientos] no nace del egoísmo, sino que es conforme a la justa generosidad de una paternidad responsable."[13]

Volvamos una vez más a la pareja que entiende bien el significado del sexo. Tienen la actitud adecuada con respecto a los niños. Dios es bienvenido siempre en su unión sexual. Sin embargo, ante Dios, basados en los principios antes mencionados, han decidido que debieran evitar otro embarazo, al menos por el momento.

Tal pareja no está preocupada por el sacrificio necesario para ser fieles a sus votos, de modo que aprenden a usar PFN y se abstienen de actividad sexual durante los períodos fértiles del ciclo. Es decir, con buenas razones, se refrenan de invitar a Dios a crear una nueva vida. Tal pareja está actuando en forma justa, responsable, y en pleno acuerdo con los compromisos que tomaron en el altar.

13. Tenemos ya cinco niños. Es mi decisión —y debiera ser mi decisión— asegurarme que no me voy a embarazar nuevamente. La píldora es lo que mi marido y yo hemos decidido es lo mejor para nuestra familia. Esto no le incumbe a la Iglesia. Si la Iglesia tuviera un gran amor real por las familias, los dejaría elegir el método de control de natalidad que les resulte mejor, en vez de tratar de hacerlos sentirse culpables sobre el método que han elegido.

Déjeme ponerla sobre aviso que hay sólo tres maneras "de estar segura que no se va a embarazar de nuevo." La primera es la abstención total del sexo hasta después de la menopausia. Si usted quiere continuar teniendo relaciones, las únicas otras opciones son remover completamente sus ovarios o los testículos de su marido. Ningún método de control de natalidad, excepto esos tres, es efectivo en un 100 por ciento de los casos. Aun con una vasectomía o ligadura de trompas, usted no puede estar segura que no se embarazará de nuevo, si usted y su marido continúan teniendo relaciones.

Como madre de cinco hijos, sin duda puede entender la siguiente analogía. Si usted tuviera una hija de quince años que quisiera ir a una fiesta sin supervisión, donde usted supiera que va a haber mucho alcohol, drogas y sexo promiscuo, me imagino que por su amor por ella le diría que no sería bueno que fuera. Su hija podría no percibir su amor en esto. De hecho, podría quejarse de su supuesto amor y decir: "Si tuvieras realmente un amor tan grande por mi, te darías cuenta que el hecho que yo vaya a esa fiesta es algo que no te concierne, y me dejarías decidir por mi cuenta lo que es mejor, en vez de hacerme sentir culpable de querer ir."

Como madre, usted puede ver algo que su hija, por la razón que sea (nivel de madurez, presión de los amigos, información errada, o lo que sea), no puede ver. Ir a esa fiesta, a pesar de lo que "crea" su hija, *no es* bueno para ella.

De modo parecido, los que hemos sido bautizados en la Iglesia Católica, somos todos sus hijos e hijas. La Iglesia, en un sentido real, es nuestra madre. Es triste, pero aún como adultos no siempre sabemos lo que es mejor para nosotros. Como madre que nos quiere, la Iglesia debe guiarnos y busca hacerlo.

Podemos resistir cuanto nos dé la gana, tal como lo haría un niño. Pero guiada por el mismo Cristo, la Iglesia conoce el buen camino para nosotros. Es un camino estrecho. Es el camino que pocos están dispuestos a recorrer (véase Mt 7, 13-14). Es el camino del seguimiento de las huellas de Cristo y el de la vida acorde a su sabiduría y no a lo que "creemos". Es el camino de confiar que Dios tiene en mente nuestros mejores intereses, aun cuando no los entendemos.

Al fin y al cabo, lo que eliges hacer es ciertamente tu decisión, y sólo puede ser tu decisión. La Iglesia no puede, y nunca lo pretende, tomar decisiones por otros. Como el mismo Juan Pablo II dijo, la Iglesia "no lo impone, sino que siente en sí la exigencia apremiante de proponerla [su doctrina] a todos sin temor, es más, con gran confianza y esperanza, aun sabiendo que la 'buena nueva' conoce el lenguaje de la Cruz. Porque es a través de ella como la familia puede llegar a la plenitud de su ser y a la perfección del amor."[14]

14. En el tema del control de natalidad, la Iglesia Católica ha perdido contacto con las verdaderas necesidades de la gente. Ninguna otra iglesia enseña que el control de natalidad es malo. Justamente en esto la Iglesia Católica pierde toda credibilidad.

Si la Iglesia estuviera equivocada en este tema, yo estaría de acuerdo. Está "desconectada" y pierde toda credibilidad justamente en esto. Pero si la Iglesia tiene razón respecto a la anticoncepción, entonces es el resto del mundo el que está "desconectado", y la Iglesia Católica *gana* toda la credibilidad ahí mismo.

La anticoncepción no es nada nuevo. De hecho, uno de los signos distintivos de los primeros cristianos respecto a sus paganos contemporáneos era que rehusaban disminuir su fertilidad con los condones de lino, pociones y pesarios (obstrucciones colocadas en la vagina) de la época. Hasta 1930 *todas* las denominaciones cristianas eran unánimes en su condenación de la anticoncepción.

Ese año, en cambio, la Iglesia Anglicana hizo historia como la primera organización cristiana que rompió con esta doctrina. En ese momento, voces católicas, protestantes e inclusive no-cristianas predijeron que la aceptación de la anticoncepción iba a llevar lógicamente al caos de la sociedad, empezando por un aumento dramático de rupturas matrimoniales y divorcios. Uno podría sorprenderse al leer lo que varias autoridades prominentes tenían que decir sobre la anticoncepción a comienzos del siglo XX.[15]

Por ejemplo, el Presidente de los Estados Unidos, Theodore Roosevelt, condenó la anticoncepción como "el pecado singular por el que la pena es la muerte de la nación, la muerte de la raza; un pecado para el que no hay perdón." Sigmund Freud, ateo y fundador del psicoanálisis moderno, dijo: "El abandono de la función reproductiva es el rasgo común de todas las perversiones. Actualmente describimos una actividad sexual como perversa si ha abandonado la meta de la reproducción y persigue la obtención de placer como un fin independiente de aquel."

Mohandas Gandhi, el famoso líder nacionalista de religión Hindú, insistió que los métodos anticonceptivos son "como poner un premio al vicio. Hacen al hombre y a la mujer irresponsables." Predijo que "la naturaleza no perdona y se vengará ampliamente por tal violación de sus leyes. Resultados morales sólo pueden ser producidos por limitaciones morales ... Si los métodos [anticonceptivos] llegan a estar a la orden del día, lo único que van a producir es la degradación moral ... Tal como es, el hombre ha degradado suficientemente a su mujer por su lascivia, y [la anticoncepción], no importa cuán bien intencionados puedan ser sus partidarios, va a degradarla aún más."

T. S. Eliot, el famoso poeta y crítico literario inglés, insistió que al aceptar la anticoncepción "el mundo está forjando el experimento de intentar formar una mentalidad civilizada pero no-cristiana. El experimento va a fallar; pero tenemos que tener mucha paciencia esperando su colapso y, mientras tanto, debemos recuperar el tiempo de modo que la Fe pueda mantenerse viva a través de los años oscuros que nos esperan; debemos renovar y reconstruir la civilización y salvar al mundo del suicidio."[16]

Cuando un comité del Consejo Federal de Iglesias en América [Federal Council of Churches in America] emitió un informe que sugería seguir el ejemplo de la Iglesia Anglicana, el *Washington Post* publicó un editorial punzante con la siguiente declaración profética: "Llevado a sus conclusiones lógicas, el informe del comité si se lleva a cabo, haría sonar las campanas de la muerte para el matrimonio como institución santa, al establecer prácticas degradantes que estimularían una inmoralidad indiscriminada. La sugerencia que el uso de anticonceptivos legales sería 'cuidadosa y limitada' es absurda."[17]

Hombres y mujeres sabios siempre han reconocido el poder del deseo sexual para orientar, o desorientar, no sólo a los individuos sino a sociedades enteras. Pero en medio del caos en que estamos, los árboles pueden tapar la visión del bosque.*

¿Cuál es la conexión entre la anticoncepción y la ruptura del matrimonio y de la sociedad? Ofrezco lo siguiente como una explicación posible, pero admito que está simplificada.

Con frecuencia, la gente se ve tentada a hacer cosas que no debe. Muchos elementos contrarios en la naturaleza misma y en la sociedad ayudan a limitar estas tentaciones y mantener el orden. Por ejemplo, ¿qué sucedería al índice de crímenes en una sociedad determinada, si repentinamente cesara la pena de cárcel? Apliquemos la misma lógica a una conducta sexual errada, y veamos que pasa.

A lo largo de la historia, la gente se ha visto tentada a cometer adulterio. No es nada nuevo. Pero uno de los principales factores contrarios a sucumbir a la tentación ha sido el temor de un embarazo no deseado.

Mmm ... ¿Qué pasaría si este factor natural contrario desapareciera a causa de la amplia disponibilidad de la anticoncepción y la aceptación cultural de la misma? No en todos los matrimonios, por supuesto, pero en una población dada los incidentes de infidelidad aumentarían sin duda. ¿Y cuál es una de las principales causas de divorcio? El adulterio.

Pero continuemos con este escenario. Ciertamente, en el curso de la historia los jóvenes se han visto tentados a tener relaciones sexuales antes del matrimonio. Sin embargo, uno de los principales factores de disuasión de sucumbir a la tenta-

---

* Es éste un proverbio inglés que significa que los detalles de lo inmediato impiden ver el cuadro total.

ción ha sido el temor de un embarazo no deseado. Una vez más, ¿qué sucedería si este factor natural fuera a desaparecer por la anticoncepción? No en el caso de cada joven en problemas con sus hormonas, sino en una población dada, los casos de sexo prematrimonial aumentarían con seguridad. Y el sexo prematrimonial, como vimos en el capítulo cuatro, es también uno de los claves que anticipan divorcios futuros.

Y se pone peor. Dado que no hay ningún método anticonceptivo que sea seguro en un cien por ciento, un aumento del adulterio y del sexo prematrimonial en una población dada va a llevar inevitablemente a un aumento de los "embarazos no deseados". Lógicamente, después viene el aborto (véase la pregunta 16 para una discusión más amplia de este tema).

No todo el mundo va a recurrir al aborto, sin duda. Algunos van a ofrecer los niños en adopción. Otras madres los conservarán. Por consiguiente, el número de niños que crecerán sin padre (que ya ha aumentado por el incremento de los divorcios) se multiplicará muchísimo.

Como indican numerosos estudios (y el sentido común), aumenta dramáticamente la posibilidad que estos niños "sin padre" crezcan en la pobreza; sean abusados; tengan problemas emocionales, psicológicos y de conducta; sufran de mala salud; se escapen de la escuela; se involucren en sexo prematrimonial; aborten; usen drogas; cometan crímenes violentos y terminen en prisión. Todos estos problemas sociales se multiplicarán exponencialmente, de generación en generación, porque los niños "sin padre" tienen mucha mayor probabilidad de padecer nacimientos extramatrimoniales y, si se llegan a casarse, a divorciarse.[18]

Bienvenido al caos de la sociedad en que vivimos ahora. No podría ser más serio. Como ha observado el periodista Philip Lawler: "Las consecuencias públicas de la conducta sexual 'privada' amenazan al presente con destruir la sociedad americana. En los últimos treinta y cinco años, el gobierno federal ha gastado cuatro trillones —es decir $4,000,000,000,000*— en una variedad de programas sociales diseñados para socorrer enfermedades que pueden atribuirse directa o indirectamente al uso inadecuado de la sexualidad humana.[19]

Estas enfermedades fueron predichas por hombres y mujeres prudentes que entendieron el poder de la anticoncepción para alterar el curso de la sociedad al alterar la manera como la gente se relaciona con la vida y su origen. Si el matrimonio es la célula fundamental de la sociedad, la unión sexual es el manantial de la cultura. Orientados hacia el amor y la vida, edificamos una cultura de amor y vida. Orientados *contra* el amor y la vida, edificamos una cultura utilitaria y de muerte.

---

* *Esta cifra son cuatro "millones de millones" [4.000.000.000.000], lo que en otros países se llama "billones".*

Si nada gobierna la vida en su fuente, entonces nada gobierna la vida. Una cultura anticonceptiva es una cultura sin futuro. Es una cultura, como lo entendieron T. S. Eliot y Theodore Roosevelt, que está suicidándose.

El siglo veinte fue testigo de que todas las principales denominaciones protestantes pasaron de condenar la anticoncepción, no sólo a aceptarla, sino a veces hasta recomendarla. Únicamente la Iglesia Católica —soportando una presión mundial difícil de imaginar— se ha mantenido firme. Todos los líderes protestantes más fieles, cuando se dan cuenta de los males de la anticoncepción (como más y más han empezado), se admiran del coraje de la Iglesia Católica. Como dijera un evangélico luterano: "Que un Pontífice Romano fuera el líder de la oposición —a menudo tristemente solo— contra la anticoncepción a fines del siglo veinte es una ironía no muy pequeña. Es posible que el modelo de la jerarquía católica, que reserva la decisión final en materias de fe y moral a un obispo que los católicos creen es el sucesor de Pedro, ha probado ser más convincente frente a la modernidad, que la confianza de los protestantes en la conciencia individual y en un estilo de gobierno de Iglesia democrático."[20]

Entonces, ¿es la Iglesia Católica la que ha perdido el contacto con las verdaderas necesidades de la gente, o es que lo ha perdido la prevaleciente cultura anticonceptiva? La gente real necesita la verdad. La gente real necesita la buena nueva de ser creados a imagen de Dios y nuestra vocación a amar como Cristo ama. La Iglesia Católica propone esta buena nueva al mundo. Es nuestra decisión aceptarla o rechazarla.

15. Usted ignora una cantidad de beneficios. La anticoncepción ha ayudado a liberar a las mujeres, ha traído igualdad entre los sexos y liberado a las parejas casadas para que disfruten más del sexo, al eliminar el temor de un embarazo no deseado. ¿Cómo puede eso ser malo?

¿Qué quiere decir que las mujeres están liberadas? ¿Qué *es* la igualdad entre los sexos? ¿Cuál *es* el goce del sexo? Miremos brevemente a cada una, y veamos lo que ha hecho la anticoncepción.

Liberación de la mujer. La historia ha demostrado lo que el libro del *Génesis* predijo: los hombres van a dominar a las mujeres (véase Gn 3, 16). Las mujeres *deberían* buscar librarse de este dominio. Pero si el verdadero problema detrás de la opresión de las mujeres es la falla de los hombres al no tratarlas propiamente como personas, la anticoncepción es un modo seguro de mantener encadenadas a las mujeres. Retire la posibilidad del embarazo, y usted simplemente estimula la tendencia de los hombres de tratar a la mujer no como una persona a la que se ama, sino como una cosa para usar para su propio placer y descartarla cuando hayan terminado.

Las primeras líderes feministas del siglo diecinueve reconocieron esto. Mujeres tales como Elizabeth Cady Stanton, Victoria Woodhull, y la doctora Elizabeth Blackwell hablaron contra la anticoncepción, al verla como una forma aún peor de degradación de la mujer, dado que daba a los hombres licencia para satisfacer sus pasiones sin consecuencias.[21] En un quiebre calamitoso con la sabiduría de estas predecesoras, las feministas del siglo veinte llegaron a creer realmente que la anticoncepción era la clave para la liberación de las mujeres.[22]

Sólo después de los desastres de la revolución sexual algunas feministas modernas han despertado de la alucinación. Germaine Greer, por ejemplo, que anteriormente estimulaba a sus seguidoras a disfrutar de las "libertades" que les daba la anticoncepción, ahora lamenta que una "tecnología anticonceptiva, en vez de liberar a las mujeres, las ha convertido en *geishas* [término japonés para prostitutas] que ponen en riesgo su fertilidad y su salud, para estar disponibles para un sexo sin sentido."[23]

De acuerdo a la visión anticipada de las primeras feministas, el Papa Pablo VI predijo que la anticoncepción iba a resultar en mayor degradación de las mujeres en su encíclica *Humanae vitae*.[24] Gandhi predijo lo mismo. La historia ha probado que estaban en lo cierto.

Igualdad entre los sexos. Nuestra misma dignidad como hombres y mujeres se funda en que Dios nos creó a su imagen como hombre y mujer. Pero iguales en dignidad no quiere decir ser *iguales*. Es precisamente en la belleza de la *diferencia* sexual que descubrimos nuestra complementariedad y una misma dignidad como personas.

La anticoncepción se opone realmente a la igualdad de la mujer. Busca convertirla en algo que Dios no quiso que fuera —es decir, la clase de persona que puede tener relaciones sin embarazarse— para ser "igual" (léase "lo mismo que") al hombre.

Pensémoslo. Si la mujer tiene que alterarse para poder considerarse "igual", entonces su igualdad no es más que un engaño creado por la tecnología, no por Dios. Los hombres sólo van a tratar a las mujeres como con igual dignidad cuando lleguen a apreciar esa donación única de la mujer tal como Dios les concedió. La anticoncepción intenta erradicar tal cualidad única.

El goce del sexo. El verdadero goce del sexo es amar como Dios ama, es entregarse uno mismo de un modo libre, total y fiel, que está abierto a la vida. Desde esta perspectiva, parejas que recurren a la anticoncepción no disfrutan del sexo. Pueden disfrutar el placer del intercambio de orgasmos, pero no disfrutan del sexo.

Hablando técnicamente, una pareja que recurre a la anticoncepción no está ni siquiera teniendo sexo. No quieren tener sexo. Tienen miedo de lo que *es* el sexo. Tienen miedo de las demandas del amor. Si no lo estuvieran, no estarían recurriendo a la anticoncepción.

La anticoncepción no alivia a la gente de sus temores. Por el contrario, les demuestra cuán asustados están en realidad. Sólo el verdadero amor puede expulsar el miedo (véase 1 Jn 4, 18). Sólo el verdadero amor puede proporcionar verdadero gozo. Si todo lo que uno quiere es el placer del orgasmo, es mucho más seguro el masturbarse.

¿Podría haber algunos resultados genuinamente buenos que han surgido de la anticoncepción? Sí, pero tratar de justificar la anticoncepción señalándolas, sería como tratar de justificar el holocausto de los nazis haciendo notar el hecho de que creaba empleos. Se pueden crear empleos de otras maneras moralmente aceptables.

De modo parecido, todo bien genuino que es producto de la anticoncepción puede ser producido de otro modo, moralmente aceptable. Nunca podemos obrar el mal para que de ello resulte un bien (véase Rm 3, 8).

16 ¿Cómo puede la Iglesia dejar de reconocer la contradicción que hay al estar en contra de ambos: la anticoncepción y el aborto? Los abortos van a seguir mientras haya embarazos no deseados.

El Papa Juan Pablo II se refirió a este tema en su encíclica *Evangelium vitae:* "Se afirma con frecuencia que la *anticoncepción,* segura y asequible a todos, es el remedio más eficaz contra el aborto. Se acusa además a la Iglesia Católica de favorecer de hecho el aborto al continuar obstinadamente enseñando la ilicitud moral de la anticoncepción. La objeción, mirándolo bien, se revela en realidad falaz. En efecto, puede ser que muchos recurran a los anticonceptivos incluso para evitar después la tentación del aborto. Pero los contravalores inherentes a la mentalidad anticonceptiva ... son tales que hacen precisamente más fuerte esta tentación, ante la eventual concepción de una vida no deseada."[25]

Al recurrir a la anticoncepción, la pareja establece su voluntad *contra* la concepción de un niño. Si la anticoncepción falla (como puede y de hecho frecuentemente sucede), entonces se encuentran clavados con un niño creciendo en el útero y que ellos no habían planeado, para el que no estaban preparados, *al que ellos no querían.*

¿Qué pueden hacer ahora? Aun una mirada somera a los datos indica que en todos los países en los que se ha aceptado la anticoncepción, los abortos se han multiplicado, no han disminuido. La misma Corte Suprema de Estados Unidos reconoce la conexión intrínseca entre ambos: "En algunos aspectos críticos el aborto es del mismo carácter que la decisión de recurrir a la anticoncepción ... Durante dos décadas de desarrollo económico y social la gente ha organizado sus relaciones íntimas y ha tomado decisiones que definen sus opiniones sobre ellos mismos y su lugar en la sociedad, confiados en la posibilidad de un aborto en el caso que fallara la anticoncepción."[26]

De este modo, la anticoncepción ha proporcionado la gran ilusión de que podemos cortar la conexión inherente entre el sexo y los hijos. La gente dice entonces las cosas más raras, tales como: "Me embaracé por un accidente."

¡Whoa! Como le gusta anotar a Janet Smith, si uno tuviera relaciones y se embarazara, no quiere decir que algo estuvo *mal*, quiere decir que algo anduvo *bien*. Aun los médicos, cuando se encuentran con sus pacientes que usan anticonceptivos, y sin embargo se han embarazado, preguntan extrañados: "¿Cómo ocurrió esto?" Tenemos un problema bien grande entre manos cuando hasta los médicos han olvidado de dónde vienen los bebés.[27]

"Los niños no deseados" son el resultado de gente que tienen relaciones sin estar abiertos a tener hijos. El embarazo viene a ser considerado una enfermedad, la anticoncepción la medicina preventiva, y el aborto la cura. ¡Tratar de resolver el problema del aborto con la anticoncepción es como tratar de apagar un incendio echándole gasolina! Sólo al restaurar la verdad completa sobre la bondad, la belleza y las demandas del amor sexual podemos prevenir los "niños no deseados" y su asesinato.

Hay todavía otra conexión entre la anticoncepción y el aborto, que no debe dejarse sin mencionar. Mucha gente no está enterada que el DIU [dispositivo intrauterino, a veces llamado "el anillo"], la píldora y otros anticonceptivos hormonales, tales como el Depo-Provera™ y el Norplant™ pueden a veces operar no para prevenir la concepción, sino para abortar un ser humano recién concebido.

Es muy probable que usted conozca a alguien que se embarazó cuando estaba tomando la píldora. De modo que es obvio que la píldora no siempre inhibe la ovulación. De hecho, se cree que los anticonceptivos hormonales tienen dos mecanismos de refuerzo, si no impide la ovulación: (1) previenen que el espermatozoide llegue al óvulo, al cambiar la consistencia del mucus cervical; y (2) alteran el revestimiento del útero, de modo que el niño recién concebido no puede implantarse en la pared uterina y muere (se cree que el DIU opera casi exclusivamente de este modo).[28]

Por supuesto, son pocos los médicos que le dicen esto a sus pacientes. De hecho, ha habido un esfuerzo en la comunidad médica para redefinir el comienzo del embarazo como el momento de la implantación en lugar del momento de la concepción, con la finalidad de disfrazar el mecanismo abortifaciente de esos "anticonceptivos".[29]

17. ¿Y qué si uno está en la píldora por razones médicas? ¿También es malo?

Primero déjeme exponer el principio moral en juego, y luego me referiré específicamente a la píldora. Como dijo el Papa Pablo VI en *Humanae vitae*: "La Iglesia ... no retiene de ningún modo ilícito el uso de los medios terapéuticos verdaderamente necesarios para curar enfermedades del organismo, a pesar de que se siguiese un impedimento, aun previsto, para la procreación, con tal de que ese impedimento no sea, por cualquier motivo, directamente querido."[30]

Suponga que una mujer se practicó una histerectomía para remover un útero canceroso. Futuros actos sexuales van a ser obviamente estériles, pero la intención de la operación fue remover el cáncer, no esterizarla (nota: una razón médica para evitar el embarazo *no* justifica la esterilización). Que ahora sea estéril es consecuencia desafortunada, pero no buscada, de un procedimiento médicamente necesario.

Tomar la píldora por razones médicas sería igualmente aceptable, excepto por el hecho que la píldora es un abortifaciente potencial [que causa aborto]. Si no hubiera ninguna otra alternativa médica para una mujer casada, excepto tomar la píldora por razones médicas, ella y su marido tendrían que abstenerse *completamente* de las relaciones para evitar el riesgo de abortar sus hijos. La buena nueva es que hay muchas alternativas médicas a la píldora. El Instituto Papa Pablo VI para el Estudio de la Reproducción Humana [Pope Paul VI Institute for the Study of Human Reproduction] se especializa en tales tratamientos alternativos.[31]

18. PFN no es 100 por ciento efectiva tampoco. De modo que si todo el mundo usara PFN como dice la Iglesia, todavía habría tentación de abortar.

Éste sería el caso solamente si los que estuvieran usando PFN tuvieran la actitud equivocada en sus corazones con respecto a los hijos. Volvamos una vez más a la analogía de la invitación a unas bodas (vea las preguntas 9 y 12 arriba). ¿Cómo se sentiría usted si hubiera mandado una "des-invitación" a alguien, pero él tuviera el descaro de presentarse? Usted estaría molesto, ¿no? Usted querría que esa persona se fuera. Esto, precisamente, es la razón por la cual la mentalidad anticonceptiva lleva al aborto.

Más todavía, aun cuando una pareja no recurra al aborto, podemos ver cómo la mentalidad anticonceptiva lleva a un resentimiento hacia los hijos y lo que ellos demandan de sus padres. Volvamos al "des-invitado" a la boda. Suponga que usted no tuvo el valor de echarlo. De todos modos, usted se resentiría a causa de su presencia. Y estaría tanto más furioso si él se pusiera exigente durante la fiesta. En una palabra, las responsabilidades de por vida de la paternidad en realidad no es lo que las parejas que recurren a la anticoncepción están buscando.

La mentalidad de los que usan el PFN en forma responsable es totalmente diferente. Suponga que usted manda una invitación a su boda a alguien que usted sabe no va a poder asistir. ¿Cómo se sentiría si por un cambio de planes esa persona apareciera en forma inesperada? Usted podría verse sorprendido, pero no querría echarlo. Después de todo, usted lo invitó para que viniera. Si usted quisiera echarlo, eso quiere decir que en un primer momento su invitación fue insincera.

Esto es análogo a la pareja que usando PFN tiene relaciones durante el período infértil. Le mandan una invitación a Dios, diciéndole que tiene la libertad de crear una nueva vida si así lo desea, pero están casi seguros de que no lo va a hacer. Si Dios "tiene un cambio de planes", uno podría oír a la pareja hablar de un "embarazo sorpresivo", pero nunca los oirá hablar de un "embarazo no deseado". Si lo hacen, eso demostraría que su invitación a Dios no fue sincera en primer lugar.

Para ponerlo de otra manera, parejas que usan PFN en forma responsable saben lo que están haciendo y lo aceptan. Si Dios inesperadamente decide crear una nueva vida, cada cambio de pañales, cada noche en vela —en una palabra, cada sacrificio de los padres— se convierte en una prolongación del sí que dijeron en el éxtasis de esa aceptación que da vida.

19. Entonces las parejas de PFN deben tener una gran cantidad de sorpresas. La tabla en la oficina de mi doctor dice que los métodos naturales para evitar el embarazo son efectivos sólo en un 80 por ciento.

La cifra de 80 por ciento que se cita con frecuencia en la literatura médica se basa en estudios de gente que simplemente dice que usan algún "método natural de control de natalidad". Esto podría incluir gente que usa el antiguo "método del ritmo", o a aquellos que simplemente tratan de adivinar cuando son o no son fértiles, o a aquellos que han sido realmente educados a usar un método moderno de PFN. También puede incluir a personas que a sabiendas hacen trampas durante el período de abstinencia.

Agrupando a todos esos, una cifra de 80 por ciento es probablemente correcta. Pero si usted toma al grupo de gente que han sido educadas propiamente en métodos modernos de PFN y que están motivados a seguir las reglas, el índice de efectividad sube a 99 por ciento, como lo indican numerosos estudios.[32]

20. Yo creía que PFN era el método del ritmo. ¿Cuál es la diferencia?

Éste es un error común. El antiguo método del ritmo, popularizado por los católicos en la mitad del siglo veinte, predecía el tiempo probable de fertilidad en un mes dado, en base al tiempo de duración de los ciclos anteriores. En consecuencia, no era muy eficaz en mujeres con ciclos irregulares, ni había manera de determinar cuándo iba a volver la fertilidad después de dar a luz o durante la lactancia [alimentación a pecho].

El progreso en la manera de entender el papel del moco cervical durante las décadas de 1950 y 1960 llevó al desarrollo de los métodos modernos de PFN. Éstos no se basan en la probabilidad de la fertilidad, sino más bien en los signos de fertilidad e infertilidad que son observables en cada ciclo (especialmente el moco cervical, pero también la temperatura, los cambios en la cerviz y otros signos). En consecuencia, cualquier mujer puede usar con éxito métodos de PFN, aunque tenga ciclos irregulares, esté dando de mamar, o se encuentre en la etapa premenopáusica.

21. ¿De modo que cuánto tiempo hay que abstenerse usando PFN si se quiere evitar un embarazo?

Normalmente no más de veintisiete días por ciclo. Estoy bromeando. En serio, sólo de siete a doce días por ciclo. Los períodos de abstinencia pueden ser más largos durante esos tiempos de fertilidad irregular, tales como después de dar a luz y la premenopausia.

22. No hay nada "natural" en abstenerse del sexo cuando se está casado. Me parece que podría llegar a dañar el matrimonio.

La abstinencia podría dañar el matrimonio si se hiciera por razones equivocadas. Pero cuando la pareja elige abstenerse del sexo por fidelidad a sus votos matrimoniales, eso sirve sólo para fortalecer el matrimonio. Podemos ver esto al mirar nuevamente cada una de las promesas matrimoniales, a través del lente de la PFN

Libertad. Al practicar el PFN se pone a prueba la libertad de la pareja. Aun cuando lo encuentren difícil, los períodos de abstinencia —cuando se llevan a cabo por fidelidad al compromiso matrimonial— no puede sino ayudar a hacer más fuertes tanto al marido como a la mujer en la virtud de su auto dominio, tan esencial para la libertad del auténtico amor conyugal.

Totalidad. La práctica de PFN promueve un darse totalmente, respetando toda la persona. El rechazo a erigir barreras físicas o químicas crea una atmósfera que hace capaces a los esposos de eliminar también barreras emocionales. Cada esposo sabe que él o ella es respetado por el otro. Cada esposo ve el amor genuino del otro en su disponibilidad para aceptar un sacrificio. De modo que los esposos establecen una confianza mutua que los hace capaces, cuando tienen relaciones, de someterse totalmente el uno al otro, sin temor.

Fidelidad. Fidelidad al compromiso matrimonial es la *razón de ser* de PFN. Tales parejas demuestran su fidelidad a sus votos, sin importar cuán difícil sea, cueste lo que cueste, sin importar el sacrificio que pueda requerir. ¿Cree usted que una pareja que ha aprendido a decir no al sexo dentro de su matrimonio cuando corresponde, va a tener problema decir que no a las tentaciones sexuales que se presenten fuera del matrimonio?

Estar abierto a los hijos. Mantener fidelidad a esta promesa es, por supuesto, el signo distintivo de la PFN. Cuando las parejas que practican PFN deciden tener relaciones, siempre dejan la posibilidad de un embarazo en las manos de Dios. El Espíritu Santo es bien recibido es su dormitorio. El lazo de amor que une a la Trinidad se transforma en el mismo lazo que los une a ellos.

No hay duda que la abstinencia periódica que exige la PFN puede ser difícil. Pero como nos recuerdan los Padres del Concilio Vaticano Segundo, "No puede haber una verdadera contradicción entre las leyes divinas de transmisión de la vida y los procedimientos para conservar el auténtico amor conyugal."[33] La práctica de PFN requiere auto-control, confianza en el esposo o la esposa, confianza en Dios, comunicación abierta y honesta, y estar dispuesto a sacrificarse por el otro. Pero el amor no se daña por estas cosas. El amor es estas cosas.

Dado que la práctica de PFN estimula las virtudes que hacen exitoso a un matrimonio, no debiera sorprendernos que mientras los católicos, en general, tienen más o menos la misma tasa de divorcios que todos los demás, algunos estudios indican que el divorcio casi no existe entre los que usan PFN.[34] Lejos de dañar al matrimonio, la práctica de PFN es un seguro matrimonial.

23. ¿Qué resulta aceptable con respecto a la intimidad matrimonial durante el tiempo de abstinencia?

Muchos de los principios que debieran guiar a las expresiones de afecto de una pareja cuando se están absteniendo durante el período fértil ya han sido considerados. Por ejemplo, las parejas no debieran buscar el placer del orgasmo fuera de un acto sexual normal. Pero esto no quiere decir que tengan que tomar una actitud de no tocarse.

La práctica de PFN es una ocasión maravillosa para que los esposos se den cuenta de que no es necesario que las manifestaciones de afecto lleven siempre al acto sexual.[35] Besarse, abrazarse, acariciarse —tales signos de afecto son todos buenos en sí mismos y no debieran negarse porque la pareja no piensa tener relaciones. Estamos llamados a la libertad. Si una pareja no puede expresar afecto genuino del uno por el otro sin estar tentado de masturbarse, entonces algo está fallando. Por otro lado, las parejas necesitan conocer sus propios límites (que varían mucho de una pareja a otra) y conversar abierta y honestamente sobre ellos, para evitar excitarse y llegar a un orgasmo.

24. Yo acepto la doctrina de la Iglesia, pero mi marido insiste en que recurramos a la anticoncepción. ¿Qué puedo hacer?

Continúe guiándolo pacientemente a la verdad y significado de su matrimonio por su propio ejemplo de amor imitando a Cristo. Sobre todo, rece por él. La última meta de su matrimonio es llevar el uno al otro al cielo.[36]

Sepa que su sufrimiento en esta situación no es en vano. Ofrézcalo a Cristo en intercesión por su marido, para que cambie su manera de pensar. Espere un milagro. Yo los he visto. Si Dios puede cambiar *mi* corazón en este tema, puede cambiar el de cualquiera.

Mientras tanto, no coopere en el pecado de su marido ayudando directamente en el comportamiento anticonceptivo. Por ejemplo, no tome la píldora ni inserte el diafragma para darle el gusto. Si él sabe lo que usted piensa y todavía se retira durante el acto sexual, o llega a imponer el uso de un condón, entonces él es el único responsable de la conducta anticonceptiva.

Usted también tiene la opción de negarse a tener relaciones en tanto y en cuanto su marido insista en recurrir a la anticoncepción. Las posibles consecuencias de esta opción tienen que ser consideradas, pero forzar a una esposa a cooperar en un comportamiento objetivamente pecaminoso es una conducta abusiva, y usted no está obligada a someterse a ella. Por respeto a usted misma y por él, quizás puede hacerle saber que no está dispuesta a ser tratada como una cosa para su "alivio" sexual, mientras que usted va a amar a su marido y a ayudarlo a tener un cambio de punto de vista.

25. Yo me ligué las trompas. Ahora me arrepiento. ¿Qué tengo que hacer?

Lo primero es lo primero, si usted no ha recibido todavía el sacramento de la reconciliación, encuentre un sacerdote que entienda y defienda la doctrina de la Iglesia, y vaya a confesarse. Confíe en la misericordia del Señor. Él sana. Él perdona. Además, usted y su marido debieran empezar de nuevo pidiéndose mutuamente perdón por haber sido infieles a las promesas que hicieron en el altar.

Hay muchas mujeres (y hombres que han tenido vasectomías) en su misma situación. Algunos de ellos no tienen paz hasta que corrigen su esterilización. Si usted tiene los medios y no es un paciente de alto riesgo, es algo que usted podría considerar. Si usted no tiene los medios o es un paciente de alto riesgo, la cirugía reparativa no es obligación moral. Sin embargo, contrición genuina y arrepentimiento *son* una necesidad moral.

Una manera de mostrar el arrepentimiento es absteniéndose de relaciones por un tiempo dado todos los meses, como si estuvieran practicando PFN. Mucha gente en su situación encuentra esa actitud como muy beneficiosa, cuando tratan más y más de profundizar el verdadero significado del amor conyugal. Podría también dedicar tiempo a difundir la enseñanza de la Iglesia sobre estos temas, como una manera de prevenir que otros cometan el mismo error.

Por sobre todo, tenga confianza en el amor misericordioso de Dios. *Nada* de lo que hayamos hecho en nuestras vidas está fuera de la redención que Cristo ganó por nosotros.[37]

26. Hemos estado recurriendo a la anticoncepción durante años. Nunca hemos oído nada de esto. ¿Qué debiéramos hacer?

De nuevo, lo primero es lo primero. Si no ha recibido todavía el sacramento de la reconciliación, busque un sacerdote que entienda y defienda la doctrina de la Iglesia, y vaya a confesarse. Confíe en la misericordia del Señor. Él sana. Él perdona. También traten de perdonarse mutuamente.

Después de esto (aunque todavía sea escéptico), *¡tome un curso de PFN!* Muchas parejas que han experimentado los efectos dañinos de la anticoncepción en sus matrimonios pueden hablar del efecto curativo de aprender y practicar PFN.[38]

7

"Prometo," pero no como Dios quiere

Tecnologías reproductivas

La vida nos enseña, en efecto, que el amor —el amor conyugal— es la piedra fundamental de toda vida.

Papa Juan Pablo II[1]

¿Todavía necesitaremos tener relaciones sexuales?" Tal fue la primera pregunta de la revista *TIME* en una serie titulada, "Después del 2000: 100 Preguntas para el Nuevo Siglo" [Beyond 2000: 100 Questions for the New Century]. "Los pájaros lo hacen. Las abejas lo hacen. Pero nosotros quizás no tengamos que hacerlo, excepto para entretenernos," declaraba el subtítulo de este artículo alarmante. Y sin pensarlo dos veces, bajo un dibujo terrorífico de seres humanos en miniatura saliendo de tubos de ensayo, la nota proclamaba: "El eslabón entre el sexo y la procreación, ya muy tenue, podría cortarse."[2]

Bienvenidos al libro de Aldous Huxley, *Un mundo valiente* [Brave New World].

Esto debería aterrarnos. El eslabón entre el sexo y la procreación mantiene en su lugar la dignidad humana. Si se corta, la vida humana se va a depreciar automáticamente.

Si se corta, los seres humanos no van a ser tratados como personas para amarlas, sino como cosas para usarlas.

Por una parte, este enfoque utilitario lleva a la destrucción de los seres humanos, cuando se supone que son un obstáculo en el camino de nuestra felicidad, tanto al comienzo de la vida (aborción) y al final (eutanasia). Por otra parte, lleva a la producción tecnológica de seres humanos cuando se supone que pueden proporcionarnos felicidad. En ambos casos, la vida humana no se respeta por sí misma, sino que se le trata como cosa que se adquiere o descarta según la preferencia personal.

La infertilidad es un problema real, uno que ha aumentado mucho en los últimos treinta años en los países desarrollados.[3] Como respuesta, ha surgido toda una "industria de tecnologías reproductivas" siempre creciente y muy poco regulada. Mientras que el deseo de superar la infertilidad es algo legítimo, hay todavía consideraciones morales importantes que tienen que tenerse en cuenta.

Dado que el deseo de tener hijos es bueno en sí mismo, ello no justifica una variedad de medios para "obtener" un hijo. Por ejemplo, raptar el niño de otra persona está mal, sin que importe con cuánta desesperación una pareja quiera tener un niño. Lo mismo, como enseña la Iglesia, es fabricar niños con procedimientos tecnológicos. En ambos casos, estamos tratando con un *buen fin* (el deseo de hijos) pero *malos medios*.

El sufrimiento e inclusive la angustia de las parejas infértiles no pueden ser desechados. Pero lo que está en juego en la generación de vida humana dentro de un laboratorio, es mucho más que lo que se ve a primera vista. La doctrina de la Iglesia contra ciertas tecnologías reproductivas da origen a serias preguntas y objeciones. Antes de considerarlas, sugiero que miremos seriamente las siguientes siete preguntas y a las consecuencias de sus respuestas.

¿Somos los dueños de la vida humana?

¿Es un niño un don de Dios?

¿Se puede reclamar un don, un regalo?

¿Tienen las parejas derecho a hijos a cualquier precio?

¿Tienen las parejas un "derecho" absoluto a tener hijos?

¿Somos libres para determinar qué es bueno o malo?

¿Están los mandamientos de Dios destinados a proporcionarnos felicidad o a impedirla?

1. La Iglesia es tan pro-familia y pro-niños. Es razonable que la Iglesia pueda estar en contra de tecnologías que impiden la procreación, pero ¿qué podría estar mal con las tecnologías que están destinadas a traer vida al mundo?

Al principio parece contradictorio. Pero cuando se investiga un poco más, se hace evidente que la Iglesia sería contradictoria con ella misma si *no* enseñara la inmoralidad de ciertas técnicas para generar vida. La doctrina de la Iglesia sobre tecnologías reproductivas es simplemente el reverso de su doctrina sobre el control de la natalidad.[4] Mientras los métodos anticonceptivos de control de natalidad cortan el vínculo de la sexualidad con la procreación, muchas tecnologías reproductivas cortan el vínculo de la procreación con las relaciones sexuales. Una estricta consistencia para sostener el significado del amor, de la vida y el matrimonio —el sentido de haber sido creados hombre y mujer a imagen de Dios— exige que el vínculo entre las relaciones sexuales y los bebés, entre los bebés y las relaciones sexuales, *nunca* sea disuelto, independientemente de las circunstancias o el motivo.

El principio moral básico de la Iglesia sobre las tecnologías reproductivas es el siguiente: si una intervención médica *ayuda* al abrazo conyugal a lograr su fin natural, puede ser aceptable moralmente e inclusive digna de alabanza. Pero si *reemplaza* al abrazo conyugal como el medio por el cual se concibe un niño, entonces no está de acuerdo con la intención de Dios para la vida humana.[5] Separar la concepción de la unión conyugal de amor entre marido y mujer no sólo provoca muchos males en el futuro, sino que —aunque se pudieran evitar aquellos— es permanentemente contrario a la dignidad del niño, a la dignidad de los esposos y su relación, y a nuestra condición de criaturas. Miremos cada uno de estos aspectos.

Provocación de futuros males. Como dijera Cristo, se puede juzgar a un árbol por sus frutos (véase Mt 7, 17-20). Separar la concepción de la unión sexual matrimonial no incluye *necesariamente* los siguientes males, sino más a menudo que no, lleva a ellos en la práctica: masturbación como el medio para obtener espermatozoides; producción de un "exceso" de vidas humanas que o bien son destruidas mediante un aborto (eufemísticamente mencionado como "reducción selectiva"), congeladas para ser "usadas" posteriormente o intencionalmente cedidas para experimentación médica; una mentalidad "eugenésica" que discrimina entre seres humanos, no tratándolos con igual cuidado y dignidad; el tráfico de gametos, tanto espermatozoides como óvulos, y de embriones congelados para ser usados por otros; inseminación de mujeres solteras, y por consiguiente, todos los males asociados con los niños "sin padre" que vimos en el capítulo anterior.

La dignidad del niño. Si bien hay varios actos mediante los cuales se puede concebir un niño (el abrazo matrimonial, una violación, fornicación, adulterio, incesto, varios procedimientos tecnológicos), sólo uno está en línea con la dignidad del niño. Como se explicó en detalle en el capítulo uno, la gran dignidad de la humanidad se funda en nuestro ser a imagen y semejanza de Dios. El amor es nuestro origen, vocación y fin. De modo que la dignidad humana exige que un niño sea concebido mediante ese acto de amor que es a imagen de Dios. Así es el amor matrimonial, y su expresión definitiva es la unión conyugal de marido y mujer donde llegan a ser "una sola carne".

Desde el momento de la concepción, el niño merece el respeto que se debe dar a todas las personas. Son iguales en dignidad a sus padres. Han sido creados por sí mismos, para ser recibidos incondicionalmente como un don de Dios. Desear un niño no como fruto del amor conyugal, sino como el resultado final de un proceso tecnológico, es tratar al niño como un *producto* que hay que obtener, en vez de una *persona* que hay que amar. Para quienes participan de esta última actitud, se crea —consciente o inconscientemente, sutil o no muy sutilmente— una orientación despersonalizada hacia el niño.

Los productos que compramos en las tiendas están sujetos a control de calidad. Cuando uno paga buen dinero por una nueva televisión, uno la quiere en perfectas condiciones. A ti no te interesa sacar una TV de su caja como si esto fuera hecho por sí mismo, lo que quieres es que funcione. Si tiene algún defecto, la devuelves y esperas la devolución de tu dinero o que te la cambien por otra.

De modo parecido, es muy fuerte la tentación para una pareja que paga miles (o decenas de miles) de dólares por estos procedimientos de querer la "devolución" o un "cambio" si su "producto" es defectuoso. La mentalidad de esta actitud lleva a la gente a desear no el niño particular concebido por sí mismo, sino niños en "perfectas condiciones", inclusive hechos "a pedido": este sexo, ese color de ojos, este color de piel, esa estatura. De hecho, si el niño es deforme o en cierta forma no cumple con las especificaciones de la pareja (o del médico), con frecuencia se deshace de él o ella y el proceso empieza de nuevo.

No quiero decir que cada pareja que paga por un procedimiento de esta clase condesciende a este nivel. *Sí se puede* resistir la tentación de aplicar un razonamiento de "control de calidad". Pero una actitud mental de despersonalización está incorporada en la misma naturaleza del procedimiento.

La única manera de asegurar que la dignidad de *cada* niño sea respetada es asegurarse que los esposos entiendan y vivan el significado integral del sexo y nunca busquen niños fuera de su unión. Ningún niño, con cualquier "defecto" que pueda tener, nunca podría ser no querido o no amado, si es el fruto de la unión de los padres como imagen de Dios. Un amor incondicional genera un amor incondicional.

La dignidad de los esposos y de su relación. La Congregación para la Doctrina de la Fe ha observado que si la generación de vida humana ha de respetar no solamente al niño, sino también a los padres y a la dignidad de su relación, "debe ser el fruto y el signo de la mutua donación de los esposos, de su amor y de su fidelidad."[6] En otras palabras, respetando lo que hemos discutido a lo largo de este libro, la generación de vida humana debe ser fruto del "Sí prometo" de los votos matrimoniales, expresado por medio de la relación sexual.

La generación tecnológica de vida humana simplemente *no es marital.* En este caso, el niño no es el fruto de los votos matrimoniales de sus padres "hecho carne". El niño es el producto de un procedimiento tecnológico hecho por un tercero totalmente separado de la unión de ambos padres. Como el teólogo moral William E. May ha observado: "Los esposos no pueden delegar a otros el privilegio que ellos tienen de procrear vida humana, pues no pueden delegar a otros el derecho que ellos tienen a tener relaciones sexuales."[7] El hecho que los gametos usados por el técnico puedan ser los del marido y su mujer es superfluo a la manera de concebir al niño.

De modo que, nuevamente, los esposos que emplean estos procedimientos violan consciente o inconscientemente la promesa de su compromiso matrimonial.[8] Mientras los esposos pueden desear expresar su "apertura a los hijos" recurriendo a esos procedimientos, en el mejor de los casos están diciendo: "Prometo, *pero no como Dios quiere.*" Actuar en contra del plan de Dios para el matrimonio y la procreación es completamente incompatible con el compromiso matrimonial, aunque se haga con "la mejor de las intenciones".

Más aún, muchas parejas son testigos de los efectos despersonalizadores del someterse a numerosas pruebas y a procedimientos repetidos que tratan a sus células sexuales como "materia prima" para ser empleada en la producción de un niño. Ser inseminada artificialmente por un médico con una jeringa larga tampoco está en la lista de las diez experiencias más dignificantes para una mujer. Algunas pueden decir que valió la pena cuando su "milagro de niño" nace. Pero la realidad subyacente de que su hijo es un "milagro de la ciencia" en lugar de un milagro de su propia unión conyugal no puede ayudar, sino que sirve para desentrañar la psicología básica de las relaciones familiares en las que los esposos y los niños por igual dependen para su equilibrio.

La unión sexual conyugal no es simplemente la transmisión biológica de gametos. Si tal fuera el caso, sería mucho más expeditivo para las parejas que quisieran concebir, emplear técnicas *in vitro* en lugar de dejarlo en manos de la "oportunidad" biológica. Las relaciones sexuales dentro del matrimonio son una realidad profundamente personal, sacramental, física y espiritual. Divorciar la concepción humana de esta sublime unión muestra la falta de comprensión y respeto por el "lenguaje del cuerpo" y por la más profunda esencia del amor conyugal. Despersonaliza a todos los que están inmersos en dicha unión.

Nuestra condición de criaturas. Tal como afirmamos en el Credo Niceno, sólo Dios es el "Señor y dador de vida". Los esposos tienen el privilegio que los distingue de cooperar con Dios en la procreación de los niños, pero como ellos mismos son criaturas, no son los dueños de la vida, sólo son los siervos del designio divino.

Por el contrario, como ha hecho notar la Congregación para la Doctrina de la Fe, la fertilización tecnológica "confía la vida y la identidad del embrión al poder de los médicos y de los biólogos, e instaura un dominio de la técnica sobre el origen y sobre el destino de la persona humana."[9] Por eso mismo, los esposos y los técnicos se establecen como operadores en vez de cooperadores, *creadores* en vez de *pro*creadores. Niegan su condición de criaturas y se hacen a sí mismos "como Dios" (Gn 3, 5).

Dios creó la unión sexual, como hemos dicho todo a lo largo de lo escrito, para ser un símbolo sacramental en cierto sentido de su propia vida y amor y de nuestra unión con Cristo. Buscar la vida humana aparte de la unión sexual también simboliza algo: el rechazo de nuestra unión con Dios, el deseo de tener vida *sin* Dios o, por lo menos, independientemente de su designio para con nosotros. Como dice el *Catecismo*, cuando preferimos nuestros propios designios a los de Dios, nos burlamos de él. Cuando nos elegimos a nosotros mismos contra los requisitos de nuestro estado como criaturas, actuamos contra nuestro propio bien.[10]

2. ¿Está diciendo usted que los niños concebidos por estas tecnologías no son creados por Dios, o no son hechos a su imagen?

No hay una sola persona en todo el planeta que podría existir si Dios no quisiera. Tan pronto como el espermatozoide se une al óvulo (aun cuando sea en un platillo de Petri), Dios se encuentra allí para crear un alma inmortal. Pero aun cuando Dios pueda querer que existan los niños concebidos tecnológicamente, y permite que vengan de tal manera, no quiere decir que Dios desee que usemos esas tecnologías.

Igualmente, Dios dispone la existencia de niños concebidos por actos de violación o incesto (si no quisiera, no existirían), pero esto no quiere decir que quiere que participemos en violaciones o incestos. Si bien todos esos niños llevan la imagen de Dios y deben ser amados y tratados como cualquier otro ser humano, ninguno fue concebido en un acto que sea imagen de Dios. Esto es y será siempre una injusticia contra ellos.

Aquí nos encontramos enfrentados al misterio de la interacción de Dios con nuestra libertad. Dios no interviene en nuestras decisiones que nos hacen actuar en forma imprudente. Hacerlo sería negarnos nuestra libertad. (Que don extraordinario y que tremenda responsabilidad es nuestra libertad.)

Sin embargo, está en la naturaleza de Dios extraer un bien de nuestras decisiones erradas, inclusive el mayor bien posible: un nuevo ser humano. ¿Quiere decir esto que debemos obrar el mal para que resulte un bien? Si lo hacemos, de acuerdo con San Pablo, nuestra condenación es merecida (véase Rm 3, 8).

3. Jugamos a ser Dios cada vez que nos operamos o tomamos alguna medicina. ¿Cuál es la diferencia con estas tecnologías reproductivas?

Buen estado físico, salud y vida están inscritos en nuestro mismo ser como parte del plan original de Dios para con nosotros. Enfermedades, trastornos y muerte son el resultado de la corrupción causada por el pecado original. Dios los permite, pero no los *desea por sí mismos*. De modo que aceptando que todos los medios empleados son lícitos en sí mismos, actuamos completamente de acuerdo al plan de Dios cuando usamos medicinas y tecnología para salvar vidas o restaurar la salud.

En tales casos no estamos actuando como dueños de la vida humana, sino como los administradores que Dios nos hizo ser. De igual modo, cuando colaboramos a que la unión sexual de los esposos alcance su fin natural, contribuimos para restaurar el designio de Dios. Pero tan pronto como *reemplazamos* a Dios en su designio y buscamos "forzar" una concepción, cruzamos el límite de auxiliador a patrón, de ser criatura a jugar a ser Dios.

4. ¿No dijo que la infertilidad era una enfermedad (ver capítulo 6, pregunta 8)? De acuerdo a sus propias palabras, ¿no implica esto que sería bueno usar medicina y tecnología para superarla?

Sí, la infertilidad es un trastorno, o tal vez mejor, una deficiencia. Buscar formas de curarla es un gran servicio a las parejas que sufren de ella. Pero hay límites a lo que se puede hacer.

El mismo párrafo de *Humanae vitae* citado en el capítulo sexto se puede aplicar también aquí: "La Iglesia es la primera en elogiar y en recomendar la intervención de la inteligencia en una obra que tan de cerca asocia a la criatura racional a su Creador, pero afirma que *esto debe hacerse respetando el orden establecido por Dios.*"[11] Si usamos nuestra inteligencia para asistir a la unión conyugal a alcanzar su fin natural, entonces actuamos como administradores del designio de Dios, respetando el orden que él ha establecido. Pero tan pronto como *reemplazamos* el abrazo conyugal como medio para la concepción, actuamos fuera del ámbito del orden establecido por Dios.

De hecho, sólo al *asistir* en las relaciones sexuales de los esposos podemos hablar de una verdadera *curación* de la infertilidad. Reemplazar las relaciones sexuales no cura de ningún modo la enfermedad de la pareja, sólo la evita.

El orden de Dios no es arbitrario. Está destinado para nuestro bien, para nuestro beneficio. Es un misterio que Dios permita concebir a algunos fornicadores y adúlteros que ni siquiera quieren niños, y que al mismo tiempo permita a maridos y mujeres que se aman que sufran la infertilidad. ¿Quién puede entender eso? Pero ambas situaciones ofrecen una oportunidad a los que están inmersos en esas situaciones a volverse hacia Dios y abandonarse a él.

Los caminos de Dios no son nuestros caminos. Tan alto como están los cielos sobre la tierra, tan altos están los caminos de Dios sobre los nuestros (ver Is 55, 9). Confía en él. Esto es lo que Cristo nos enseña. Él mismo se sintió abandonado por Dios en la cruz (ver Mc 15, 34). Pero aun en esta hora más oscura, tuvo confianza. Y como lo testifica su resurrección, su confianza no fue en vano.

> *Señor, ayúdame a confiarte mi vida y todas sus circunstancias, aun —y especialmente— cuando no entienda. Dame la gracia de creer en tu promesa de sacar un bien de todos los sufrimientos y las desilusiones que permitas en mi vida. Amén.*

5. Se supone que los niños son el fruto del amor de sus padres. Pero los niños concebidos por estas tecnologías pueden ser fruto del amor de los padres en un nivel espiritual.

Es cierto que el amor es espiritual, porque Dios, que es Espíritu puro, es amor (véase 1 Jn 4, 8). Pero los seres humanos no son espíritus puros. Somos *personas de carne y hueso* (para una discusión más completa del tema, véase capítulo 3, pregunta 10; capítulo 5, pregunta 6). Es en y por medio de nuestros *cuerpos* que somos imagen de Dios y compartimos su amor con los demás. Esto no está en ninguna parte mejor ejemplificado que en la expresión de amor única del matrimonio: la unión donde el marido y su mujer "llegan a ser *una sola carne"*.

Los esposos que buscan esos procedimientos tecnológicos pueden hacerlo porque quieren un niño a quien amar. Y ciertamente pueden amar al niño una vez producido. Sin embargo, no importa cuanto nos puede gustar pensar que sea posible, ningún nivel de ejercicio mental o de deseos puede transportar el "amor espiritual" de la pareja fuera de sus cuerpos y pasarlo al procedimiento del médico o del científico. Lo que resulta es que el origen de tal niño no es el amor encarnado de sus padres, sino el resultado de procedimientos tecnológicos despersonalizados.

6. ¿Por qué es aceptable la adopción? Los niños adoptados no son el fruto de la unión sexual de la pareja.

La adopción no sólo es aceptable, sino también digna de elogio. Mientras que es cierto que un niño adoptado no es el fruto de la unión de la pareja, proporcionar un hogar lleno de amor a un niño que *ya existe* es completamente distinto de manipular un niño para que exista.

Uno es un acto de amor, el otro no. Las parejas que no pueden concebir debieran considerar en sus oraciones si Dios los está llamando a abrir sus hogares a niños que necesitan ser adoptados.

7. La esposa de mi hermano no puede tener niños. Me han preguntado si estaría dispuesta a ser una madre suplente. Quiero a mi hermano y me gustaría ayudarlo. ¿Qué hay de malo en eso?

El amor *siempre* elige el bien y ayuda a otros a hacer lo mismo. Un amor genuino por su hermano es incompatible con el estar dispuesta a tener su hijo. No sólo sería esto una grave distorsión del orden natural de relaciones en la familia, sino que requeriría fertilización *in vitro*. Esto está mal por todas las razones que hemos mencionado.

La mejor manera para usted de ayudar a su hermano sería alentarlo a aceptar la verdad del plan de Dios para el sexo y la procreación en su matrimonio. Si eso significara que no van a tener nunca un hijo biológico de ellos, Dios les dará la gracia de aceptarlo. Lo único que él necesita es abrir su corazón a eso.

8 ¿No nos llamó Dios a tener dominio sobre la naturaleza?

Dios nos llamó a someter la tierra y tener dominio sobre los animales (véase Gn 1, 28). En tanto somos administradores responsables, somos libres para ejercer señorío sobre la creación en nuestro beneficio. No hay nada malo, por ejemplo, con la inseminación artificial del ganado. Éste no está llamado a amar a imagen de Dios. Pero este dominio, que es apropiado, no se extiende sobre los seres humanos.

Tampoco se puede considerar al cuerpo parte de una naturaleza sub-humana sobre la que podamos tener dominio. Como advirtió Juan Pablo II en su *Carta a las familias*, "Cuando el cuerpo humano, considerado independientemente del espíritu y del pensamiento, es utilizado como *un material* al igual que el de los animales ... se camina inevitablemente hacia una terrible derrota ética."[12]

9. Son muchas las mujeres solteras que tienen un deseo sincero de tener hijos. Estas técnicas podrían satisfacer sus esperanzas. ¿Qué hay de malo en eso?

Estas tecnologías son intrínsecamente malas por todas las razones que ya hemos mencionado. Pero hay aun otras consideraciones en el caso de que se empleen para impregnar mujeres solteras.

Muchas mujeres hacen el heroico esfuerzo de criar niños cuando el padre está ausente, sin que sea culpa suya. Tienen que ser alabadas por su dedicación y sacrificios. Pero hay una enorme diferencia entre una madre soltera que *lamenta* la ausencia del padre de sus hijos y la madre soltera que *elige* negar a sus hijos esta relación irreemplazable. Desear un niño en esas condiciones es servirse a sí mismo, es egoísmo.

Quizás es fácil pensar que "los hijos de fulanita salieron de lo más bien, sin padre. No es algo tan terrible." Pero ningún niño que se haya criado sin padre deja de tener heridas. Sólo por la relación segura y reconocida con su madre *y su padre* los niños son capaces de descubrir su propia identidad y alcanzar su propio desarrollo como seres humanos.[13] ¿De qué le sirve a un niño el concepto de sí mismo, cuando lo único que puede saber de su padre es que se masturbó en un banco de esperma por dinero?

10. Veo por qué la gente soltera no debería tener derecho a hijos. Pero es terriblemente cruel por parte de la Iglesia negarle a una pareja casada y que se ama el derecho a tener un niño cuando lo quieren tan desesperadamente.

Nada puede ser más natural que una pareja casada que quiera tener un niño. La Iglesia es la primera en reconocerlo y compartir en el dolor que esa prueba causa a la pareja que se encuentra imposibilitada de concebir. Es natural querer aliviar el sufrimiento de la pareja, concediéndoles sus legítimas aspiraciones cada vez que sea posible. Pero como hemos visto anteriormente, nos encontramos en un terreno muy peligroso cuando dejamos que la mera simpatía guíe nuestras decisiones morales, especialmente cuando tales decisiones afectan la vida y el destino de otro ser humano.

La Iglesia es la defensora de los derechos legítimos de las personas. Nunca los niega. Pero los esposos no pueden reclamar un *derecho* legítimo a tener hijos.[14]

Los niños son un don dado por Dios. Ninguna pareja tiene derecho a ellos, ni pueden ser exigidos. El compromiso de los esposos en el altar a "recibir con amor los niños que Dios les dé" refleja esta realidad.

Los esposos sólo tienen el derecho a entrar a esa unión conyugal y rezar para que se cumpla la voluntad de Dios.[15] Es cierto que son libres para tratar que las condiciones sean óptimas para poder concebir, pero que resulte o no un niño de su entrega mutua debe ser dejado en las manos de Dios. La doctrina de la Iglesia sobre la inmoralidad intrínseca de la fertilización tecnológica sostiene realmente el único derecho humano en cuestión: el derecho del niño "a ser el fruto del acto específico del amor conyugal de sus padres."[16]

11. ¿Qué se supone que haga una pareja si no pueden tener hijos, y realmente los quieren? ¿Sufrir solamente?

Pueden hacer varias cosas. Antes que nada, deberían tomar una clase de Planificación Familiar Natural. PFN es verdaderamente planificación familiar. Al determinar con precisión el tiempo fértil del ciclo puede obviamente ayudar a una pareja a lograr un embarazo, tanto como ayudar a evitarlo.

Créase o no, la mayoría de los doctores no están capacitados para reconocer los signos de fertilidad y lo que significan. Muchas parejas que han tenido dificultad para concebir, se han dado cuenta después de aprender PFN que era simplemente una cuestión de tiempo.[17]

En términos generales, aun cuando las parejas están seguras de estar teniendo relaciones en el período fértil, hay sólo una probabilidad en tres de lograr embarazarse. No se considera que las parejas necesiten ayuda médica a causa de la infertilidad, a menos que estén seguros de haber tenido relaciones durante los días fértiles por seis meses, sin lograr embarazarse. Para los que están teniendo relaciones sin conocer su período fértil, son doce meses.

En esta etapa del proceso, los que deseen concebir deben buscar consejo médico. Para todos los que estén en esa situación, les recomiendo encarecidamente llamar al Instituto Papa Pablo VI para el estudio de la Reproducción Humana [Pope Paul VI Institute for the Study of Human Reproduction].[18] El personal trabaja a nivel nacional y se especializa en ayudar a parejas mediante formas auténticamente terapéuticas, es decir, formas que tratan de curar los problemas en vez de eludirlos, de modo que permite a las parejas concebir naturalmente a través de su unión conyugal. Su sistema tiene mucho más éxito (y por lo general es mucho menos caro) que los métodos de reproducción tecnológica.

Todavía hay un cierto porcentaje de parejas que después de haber agotado las soluciones legítimas, encuentran que no pueden concebir. La Congregación para la Doctrina de la Fe tiene esto que decir sobre su situación: "Los esposos que se encuentran en esta dolorosa situación están llamados a descubrir en ella la ocasión para participar particularmente en la cruz del Señor, fuente de fecundidad espiritual. Los cónyuges estériles no deben olvidar [tal como Juan Pablo II ha destacado] que 'incluso cuando la procreación no es posible, no por ello la vida conyugal pierde su valor. La esterilidad física, en efecto, puede ser ocasión para los esposos de hacer otros importantes servicios a la vida de las personas humanas, como son, por ejemplo, la adopción, los varios tipos de labores educativas, la ayuda a otras familias, a los niños pobres o minusválidos.'"[19]

Los sufrimientos de las parejas infértiles *no* necesitan ser en vano. Pidiendo prestadas palabras de mi propio Arzobispo, Charles Chaput: "El sufrimiento puede doblegarnos y quebrarnos. Pero también puede *quebrarnos para que nos abramos*, para llegar a ser las personas que Dios quiere que seamos. Depende de lo que hagamos con el dolor. Si lo ofrecemos de vuelta a Dios, él lo usará para hacer grandes cosas en y por medio de nosotros, porque el sufrimiento es fértil."[20]

Sí, sufrir es espiritualmente *fértil*. Éstas no son palabras vacías para consolar. A través del ejemplo de Cristo, sabemos que estas palabras son "espíritu y vida" (véase Jn 6, 63).

12. Mi doctor quiere hacer un recuento de espermatozoides para ver si soy la causa de nuestra infertilidad. ¿Es legítimo masturbarme para proporcionar el semen?

No, no lo es. Recuerde que el fin no justifica los medios. La intención de masturbarse está mal, independientemente de la intención con que se hace. Sin embargo, es posible obtener semen moralmente, mediante una relación sexual normal en la que se usa lo que se conoce como un "condón perforado". Algo de semen pasa a la vagina de la esposa (de modo que no es anticonceptivo), y algo de semen se conserva para ser analizado. [21]

13. Algunas veces puede haber muy poca diferencia entre favorecer y reemplazar el acto sexual. ¿Cómo se puede distinguir?

La mayoría de las veces es muy obvio, ya sea que el niño es concebido por una relación conyugal o no. Pero usted tiene razón: algunos procedimientos pueden implicar un acto sexual, pero es difícil saber si el niño fue el resultado de ese acto.

Un procedimiento de esta clase se llama GIFT (Gamete Intra-Fallopian Transfer).*

Marido y mujer tienen relaciones con un condón perforado (como se describió anteriormente). Luego un técnico coloca el semen retenido en el condón en un tubito que contiene un óvulo de la esposa, separado del semen por una burbuja de aire. Los contenidos del tubo se inyectan entonces en el cuerpo de la mujer, con la esperanza que se produzca la fecundación.

Si un niño es concebido, se presenta la pregunta: ¿es el fruto del acto conyugal o el resultado de un proceso tecnológico? La Iglesia no lo ha definido hasta el momento, y no hay acuerdo entre los teólogos.

Sin embargo, me parece que ayudar o reemplazar el acto normal puede ser determinado haciendo la siguiente pregunta: ¿Es el acto conyugal un precursor esencial para la unión del semen y el óvulo, o la fertilización podría haber ocurrido igualmente, sin el acto sexual? Pareciera que en la técnica GIFT, la relación conyugal no es esencial, ya que el semen podría haberse obtenido en forma igualmente fácil masturbándose. Más aún, el semen que eventualmente fertiliza al óvulo no fue ni siquiera eyaculado dentro del cuerpo de la mujer, sino que fue retenido intencionalmente para el procedimiento.

Luego de haber dicho esto, creo que es más prudente evitar GIFT y otras técnicas para la fertilización, en las que el acto sexual es tratado sólo como una "forma moral" de obtener semen.

14. Tenemos una hija muy hermosa concebida por inseminación artificial. Rezamos permanentemente para que Dios nos bendijera con un niño, y creemos que lo hizo. No podemos imaginarnos vivir sin ella. Rehúso creer que lo que hicimos fue malo.

Admitir que lo que hicieron estuvo mal no quiere decir que tengan que concluir que su hija es "un mal". Tampoco quiere decir que la existencia de su hija no es un don de Dios. Como dijimos anteriormente, su hija no habría existido, ni podría existir si Dios no hubiera querido que existiera. Ella *es* una bendición de Dios.

---

* *Término técnico, quiere decir: "Transferir el gameto, el esperma, a la Trompa de Falopio".*

Dios está siempre buscando "excusas" para bendecirnos y mostrarnos su amor, aun (increíble pero cierto) cuando actuamos aparte de sus planes. Sin embargo, aunque han recibido una bendición muy grande, la manera de su concepción es una injusticia para con ella. La honestidad y el bien de todos los involucrados reclaman ese reconocimiento.

Podría comparar su situación a la de algunos amigos que conozco. Tienen un hijo de diez años. Lo quieren mucho, mucho, y al igual que ustedes, no podrían imaginarse vivir sin él. Pero han estado casados menos de diez años. Fue concebido antes de casarse.

Lo que hicieron —tener relaciones fuera del matrimonio— estuvo mal, seriamente mal. Pretender algo distinto sería una injusticia para todos los participantes, especialmente para su hijo. Ellos saben que algún día el niño hará el cálculo, y tendrán que hablar sobre ello. Probablemente él va a tener que reconocer y tratar algunos asuntos, pero ninguna situación va más allá del amor redentor de Dios. Nada lo es, excepto el orgullo de negarse a admitir cuando hemos actuado mal.

15. Sabíamos que la Iglesia enseña que estaba mal, pero nunca lo entendimos hasta ahora. Queríamos tanto tener un bebé, y con el método *in vitro*, ahora tenemos gemelos. ¿Está enojado Dios con nosotros? ¿Qué tendríamos que hacer?

En primer lugar, continúe queriendo a sus hijos gemelos y agradézcale a Dios por ellos. Son un signo de que Dios los ama y que les confió estas vidas preciosas, aun cuando usted reemplazó su voluntad por la propia. ¡Qué cariñoso y misericordioso es nuestro Dios! No deberíamos presumir de su misericordia, pero cuando expresamos verdadero arrepentimiento por nuestros errores, tenemos que confiar en su misericordia.

Encuentre un sacerdote que entienda estos temas, y vaya a confesarse. Cuando el sacerdote lo absuelva de sus pecados, sepa que Cristo mismo los está perdonando.

¿Está Dios enojado con usted? No de la manera como entendemos típicamente el enojo. Está "enojado" en el sentido que un padre se dolería de ver a sus hijos tomar decisiones equivocadas. Pero no es vengativo. La ira de Dios y su amor, su justicia y su misericordia son una y la misma realidad. Como el padre en la historia del hijo pródigo, corre a abrazarnos y a darnos la bienvenida a casa cuando estamos todavía muy lejos en nuestro camino de vuelta a él (véase Lc 15, 11-32). Sí, Dios está corriendo hacia ti. Corre hacia él.

8

Cuando es imposible decir "Sí prometo"

Atracción del mismo sexo

Si no vivimos correctamente las diferencias sexuales que distinguen al hombre y a la mujer y que los llaman a unirse, no seremos capaces de entender la diferencia que distingue al hombre y a Dios, y que constituye la llamada primordial a la unión. De modo que podemos caer en la desesperación de una vida separada de los demás y del Otro, es decir, Dios.

Stanislaw Grygiel[1]

El aumento de la homosexualidad como un "estilo alternativo de vida" públicamente aceptado es todavía otro producto colateral de una cultura que ha separado al sexo de su vínculo intrínseco con la procreación. Inclusive activistas "gays"* como Andrew Sullivan, reconocen esto. Al argumentar a favor del matrimonio del mismo sexo, dice: "La heterosexualidad del matrimonio es intrínseca solamente si se entiende que es intrínsecamente procreativa; pero esa definición ... hace mucho que fue abandonada por la sociedad occidental."[2] Fue abandonada hace mucho por la sociedad (gracias a la contracepción), pero ha sido mantenida firmemente por la Iglesia Católica.

La doctrina de la Iglesia no vacila en ser consistente. Para los que hayan seguido el recorrido que hemos trazado en este libro, la lógica que sustenta la doctrina católica sobre la inmoralidad intrínseca de la conducta homosexual ya resulta probablemente clara. Detenernos allí, sin embargo, no hace justicia al tema.[3] La doctrina de la Iglesia sobre la homosexualidad provoca dudas y objeciones importantes.

Esto no es sólo un tema abstracto. Hombres y mujeres reales están implicados aquí. Hay vidas reales que están afectadas. Según el escritor católico David

---

* *Esta palabra inglesa ha entrado al lenguaje corriente, y no hay equivalente en castellano.*

Morrison, autor del libro *Beyond Gay* [Más allá de gay], si se incluye entre los seres queridos a aquéllos que se sienten atraídos por personas del mismo sexo, hay aproximadamente doce millones de americanos afectados íntimamente por esta cuestión. "Eso quiere decir," escribe, "doce millones de personas para los cuales cada acusación y respuesta, cada malentendido, cada mala comunicación, incomprensión e insulto puede afectar al corazón de lo que se consideran ser ellos, o a la clase de vida que sus seres queridos están tratando de desarrollar. No es sorprendente que las cuestiones sobre atracción por el mismo sexo, los derechos de los gay o lesbianas, y el matrimonio y adopción por individuos del mismo sexo, tengan la fuerza emocional explosiva que tienen."[4]

Yo soy uno de esos doce millones. Más de una persona que quiero ha luchado o está luchando con la atracción homosexual. Yo mismo pasé por un período penoso en mi adolescencia, cuando dudaba de mi identidad masculina.

Una de mis profesoras de religión cometió una injusticia terrible con toda una sala de niños en la etapa insegura de la pubertad, cuando dijo que probablemente no podríamos saber si éramos "gay" hasta que tuviéramos al menos veinticinco años. Todos nos miramos en la sala, y tratamos de exagerar nuestra fachada de macho con un ronco, "¿Sí? Puede ser, pero yo no." Pero por debajo me provocó un terror mortal pensar que podía despertar un día y descubrir que yo era gay. Este temor, asociado a un recuerdo que había tratado de reprimir, al "experimentar" con un amigo de la escuela cuando teníamos unos diez años, iba eventualmente a jugar un papel clave, llevándome a buscar de rodillas a Dios, para saber qué significaba ser hombre (véase la Introducción a este libro).

Si eres un hombre, Dios te creó para que seas hombre. Si eres mujer, Dios te creó para ser mujer. Hay un *significado* inherente al sexo de cada uno.

Nadie tiene que tener miedo de mirar profunda y honestamente dentro del alma y admitir las distorsiones y confusiones que se encuentran allí, *sean las que sean. Todos* las tenemos. Pero ninguna confusión, ninguna distorsión de nuestra identidad como hombres o mujeres llega más profundo que la cruz de Cristo. La única tragedia es rehusar identificarlas como distorsiones y buscar "normalizarlas" por miedo a la cruz.

Señor, tú me creaste para que fuera hombre (mujer) por una razón. Muéstrame el significado de mi identidad sexual, y dame la gracia de no temer admitir cuán lejos pueda estar de ella. Tú me conoces mejor que yo mismo. Conoces mis luchas, mis temores más profundos, mis heridas, mis pecados. Guíame, paso a paso, más cerca de tu plan al crearme para ser hombre (mujer) a tu imagen. Someto todo lo que soy a ti y confío que vas a completar la obra que has empezado en mí. Amén.

1. Mi párroco dijo que la Iglesia enseña que está bien ser gay, sólo que no hay que actuar como uno. ¿Es cierto? Me parece una contradicción.

Parece que el sacerdote se refería a la sabia distinción que hace la Iglesia entre la *tendencia* homosexual y la *conducta* homosexual. Poca gente que se identifica como homosexual diría que eligieron serlo. Dado que la atracción homosexual no es elegida libremente, no es materia de pecado. Pero esto no quiere decir que sea bueno obrar como tal.

No hay contradicción. Los alcohólicos tienen una atracción desordenada por el trago. Los golosos tienen una atracción desordenada por la comida. En sí mismos, estos deseos no son materia de pecado, pero esto no hace que esté bien el seguirlos.

Pero lo que dijo el sacerdote tiene que ser aclarado. Primero que nada, como se entiende en el mundo secular, cuando alguien se declara "gay" (o "lesbiana"), generalmente quiere decir "ésta es la manera como nací. Voy a ser siempre así, y pienso vivir así." A pesar de todo lo que la propaganda pro-gay pretende hacernos creer, nadie *es* gay. Es decir, nadie está orientado *ontológicamente* (en su verdadero ser) hacia su mismo sexo.

A causa del mundo caído en el que vivimos, la atracción por el mismo sexo es una realidad que mucha gente tiene que encarar, pero estas atracciones nunca pueden definir *quién es* una persona en la esencia de su identidad. Es cierto que la identidad de la persona no puede separarse de su sexualidad. Pero la *identidad sexual* se refiere a haber sido creado como *varón* o *mujer*.

El significado de nuestra identidad sexual es inseparable de nuestro llamado a ser complementarios para una comunión que da vida, a imagen de Dios. El pecado original ha oscurecido esta llamada en cada uno en un grado mayor o menor. Pero no ha cambiado el hecho que esto es a lo que Dios nos ha creado ser.

Como hemos discutido a lo largo de este libro, el cuerpo es la revelación de la persona. Dado el significado nupcial del cuerpo, podemos concluir que cada ser humano está orientado ontológicamente hacia el *sexo opuesto*. Esto es muy obvio por la forma como Dios creó nuestros cuerpos.

Si alguien experimenta una fuerte atracción hacia el mismo sexo, esto se describe más propiamente como una *desorientación*, porque se aparta de la complementariedad natural dada por Dios a los sexos. Nuevamente, dado que la gente "descubre" por lo general que se ven atraídos por el mismo sexo en vez de "elegir" ser así, no hay falta moral en esta desorientación. Aunque sea así, es muy importante darse cuenta que la atracción al mismo sexo es en sí misma, como la describe la Iglesia, un "desorden objetivo", en tanto se aparta del *orden* original establecido por Dios.[5]

Volviendo a la pregunta original, podemos ver que es un error decir que la

Iglesia considera que "está bien ser gay." Decir que algo no es pecaminoso en sí no es lo mismo que decir que "está bien." Esto puede llevar a la conclusión errónea que la atracción homosexual es neutral o inclusive buena. Si tal fuera el caso, *sería* contradictorio decir que actuar siguiendo tales deseos es inmoral. Pero tal atracción no puede ser neutral, mucho menos buena, porque está ordenada a un mal moral intrínseco: la conducta homosexual.[6]

A causa del pecado original, los seres humanos se ven atraídos a muchas cosas que son moralmente malas; la conducta homosexual es sólo una de esas en una lista muy larga. Como vimos anteriormente, esa atracción se llama *concupiscencia*. Viene del pecado y empuja al pecado pero no es pecaminosa en sí misma. Es sencillamente una condición dada de la humanidad caída.

Pero precisamente porque la concupiscencia viene del pecado y nos estimula a pecar, no "está bien." Estamos llamados a superarla, sea que se exprese como atracción por el mismo sexo o como atracción desordenada hacia el sexo opuesto, o como deseo desordenado por la comida y la bebida.[7]

Como todos los demás, los que experimentan una atracción homosexual están llamados a vivir castamente, es decir, están llamados a experimentar la redención de su sexualidad por medio de una apropiación cada vez más profunda de la obra de Cristo en sus vidas (véase capítulo 4, pregunta 12). Con toda seguridad, la atracción por el mismo sexo puede ser una cruz muy difícil de llevar. Pero la gracia liberadora de Dios está siempre presente para ayudarnos a vivir de acuerdo a su plan original de amor. Ésta es la razón por la que la doctrina de la Iglesia sobre el sexo, incluyendo su enseñanza sobre la homosexualidad, es una buena nueva.

2. ¿Qué podría estar mal con dos personas del mismo sexo que se aman? Si el amor viene de Dios, entonces esto no puede estar mal.

Eso es verdad. Amar no es nunca malo. Pero nos encontramos con un problema cuando proyectamos sobre Dios nuestra manera de entender el amor. Es al revés: *Dios es amor* (1 Jn 4, 16). Si vamos a amar realmente a otros, independientemente de su sexo, entonces nuestro amor tiene que ser como el de Dios. Tiene que ser "a su imagen". De otro modo, simplemente no es amor.

Desgraciadamente, el idioma inglés no distingue entre las distintas clases de amor. Todas las relaciones de un hombre —con su esposa, su madre, su mejor amigo, aun con su postre favorito— se describen con la palabra "amor". Todos estos amores (excepto el "amor" por el pastel de manzana, aunque aquél también comparte el aprecio de Dios por la bondad de todo lo que ha creado) pueden ser imagen de Dios, pero cada uno de distinta manera.

El amor sexual o erótico es una manera muy especial de ser imagen de Dios. El propósito de este libro ha sido demostrar que sólo podemos ser imagen de Dios sexualmente al expresar el "Sí prometo" de los votos conyugales: el compromiso libre a la indisolubilidad, a la fidelidad y al estar abierto a los hijos. Y es sencillamente *imposible* que dos personas del mismo sexo expresen este compromiso mutuo.

Otra manera de decir esto es que es simplemente imposible para dos personas del mismo sexo tener relaciones sexuales. Consista en lo que consista la actividad homosexual, *no es* y *no puede ser* una unión sexual. La unión sexual se lleva a cabo por la unión inseminante de los genitales. Los genitales de un hombre no pueden unirse con los genitales de otro hombre, ni los de una mujer con los de otra mujer. Es sencillamente imposible.

Una vez más, nos encontramos confrontados con el "problema" de nuestros cuerpos. Cualquier intento de divorciar nuestras almas de la orientación fundamental de nuestros cuerpos (sí, de nuestros genitales) es abrazar la antigua herejía del *dualismo*. Los que buscan justificar la conducta homosexual son *ipso facto* culpables de separar el cuerpo del alma.

El grupo católico disidente, llamado Dignity [Dignidad], por ejemplo, muestra las raíces de este error cuando busca socavar el significado procreador de la expresión sexual con preguntas insinuantes como la siguiente: "¿Es lo biológico o lo personal el aspecto clave del sexo entre seres humanos?"[8] Lo biológico *es* personal. Es *el cuerpo* el que muestra quiénes somos y define nuestra llamada al amor sexual. No hay manera de darle vuelta al significado. Divorciar el amor de la verdad del cuerpo en el mejor de los casos, uno queda con una sombra de amor; en el peor de los casos, con su antítesis.

No hay absolutamente nada de malo que dos personas del mismo sexo se amen. Pero el amor erótico entre dos miembros del mismo sexo es un concepto contradictorio. El amor siempre busca el bien para el amado. El amor nunca daña o estimula a dañar al otro. Los miembros del mismo sexo que se aman verdaderamente nunca buscarán comprometerse el uno con el otro en un comportamiento erótico, específicamente *porque* se aman.

3. ¿Cuál es la diferencia entre la unión sexual de una pareja casada que se sabe que son estériles, y la conducta de los homosexuales? Ninguna de las dos está "abierta a los hijos".

Como hemos discutido anteriormente, permanecer abierto a la vida quiere decir nunca hacer el acto sexual intencionalmente infértil, o buscar el orgasmo de una manera no destinada a la generación de vida. Aun cuando una pareja casada sepa que son estériles sin culpa de ellos, su unión sexual es todavía una unión genital. Su unión sexual es todavía la clase de unión que Dios ha establecido para la procreación de los niños.

Por otra parte, es físicamente imposible para dos miembros del mismo sexo participar en una unión genital (unión de los genitales). Es físicamente imposible para dos miembros del mismo sexo involucrarse en esa clase de acción que Dios ha diseñado para la generación de vida.

A pesar de todo, su pregunta tiene algo de razón. Hay poca diferencia moral entre el acto genital que una pareja casada *hace* siendo estéril, o un acto en el que participan el cual no es la clase de acto diseñado por Dios para generar vida (tal como la masturbación, el sexo oral o anal), y la conducta homosexual. Pareciera que mucha gente que se opone a la conducta homosexual, vacilan en exponer su caso en público, por miedo de condenar la conducta de la mayoría de los heterosexuales.[9] Tal es el predicamento de una cultura que ha aceptado la anticoncepción.

4. ¿Qué clase de Dios cruel tenemos que da a la gente esos sentimientos y después les dice que no pueden ponerlos en práctica?

Dios no crea gente con deseos homosexuales, ni tampoco gente con lujuria en sus corazones hacia el sexo opuesto. *Ambos* casos son el resultado del mundo caído en el que vivimos. En este sentido, *todos* necesitamos "reorientar" nuestros deseos sexuales hacia la verdad del plan original de Dios.

Podría discutirse que la lascivia hacia el sexo opuesto no es tan drásticamente desordenada como la lascivia hacia el mismo sexo. Aunque así fuera, esto no debiera oscurecer el hecho de que *todos* necesitamos la curación de nuestra sexualidad. Y la curación es la misma para todos: encontrar nuestra verdadera identidad como hombres y mujeres en Cristo. No pretendo sugerir que si tuviéramos suficiente fe, todos nuestros problemas, confusiones y heridas desaparecerían como por encanto. Es un proceso, y debemos hacer uso de todo lo que es bueno en el consejo de los psicólogos, la dirección espiritual, lecturas espirituales, y cualquier otra cosa que pueda ser verdaderamente útil en nuestro caminar (mire la sección de Recursos para sugerencias en este tema).

No es imposible vivir la llamada de Dios en nuestras vidas. Es difícil, a veces extremadamente difícil. Pero Dios nunca pide lo imposible. Eso *sí* sería cruel. Si pensamos que nuestra debilidad es más fuerte que la fuerza de Dios, hemos vaciado a la cruz de su poder.

5. ¿Dice usted que es posible para un homosexual cambiar y llegar a ser heterosexual?

Antes de responder a esa pregunta, necesito aclarar los términos que estamos usando. Usamos las palabras "homosexual" y "heterosexual" para distinguir entre aquellos que se ven atraídos por el mismo sexo y los que se ven atraídos por el sexo opuesto. Son palabras útiles en algunos contextos, pero hay una tendencia implícita de que al *nombrar* tales cosas nos pueda llevar a tratarlas como realidades concretas cuando no lo son.

El mal es una palabra útil, por ejemplo. Pero el mal no existe por sí mismo. El mal es simplemente la ausencia del bien, tal como el frío es la ausencia del calor, y la oscuridad la ausencia de la luz.

Mi punto es que la *"homo-sexualidad"* no existe por sí misma. Ni hay tampoco tal cosa como la *"hetero-sexualidad"*. Todo lo que realmente existe es la *sexualidad*: el llamado de hombres y mujeres a amar como Dios ama, ya sea en el matrimonio o en el celibato. Cualquier otro deseo o atracción (ya sea hacia el mismo sexo o el opuesto) es una privación, una ausencia de este bien.

Cualquier otro deseo o atracción es como el frío en la ausencia de calor, o la oscuridad en la ausencia de la luz. El frío no puede "cambiarse" por calor. La presencia del calor vence al frío. La oscuridad no puede "cambiarse" por luz. La presencia de la luz vence a la oscuridad.

De modo parecido, los homosexuales no se "cambian" a heterosexuales. Hombres y mujeres sencillamente *llegan a ser lo que son*. Es decir, así como el sol sale en el frío y la oscuridad, los hombres y las mujeres que combaten la atracción hacia el mismo sexo pueden y de hecho experimentan calor y luz. La verdadera sexualidad puede y de hecho vence las distorsiones de la sexualidad.

Para continuar con esta analogía de la salida del sol, pocos llegaremos al "mediodía" en esta vida con *todo* el frío y la oscuridad eliminados. Probablemente es más acertado decir que vivimos en el amanecer: en una mezcla de luz y oscuridad, de calor y frío. Pero sean lo que sean nuestras luchas particulares, todos podemos, a través de un paulatino apropiarse de la redención de Cristo, experimentar más y más la verdad de la sexualidad como Dios quiso que fuera al comienzo. Y si no en esta vida, en la vida venidera Cristo va a completar la obra que ha empezado en cada uno de nosotros (véase Flp 1, 6).

Tenemos que recordar, sin embargo, que es precisamente de la *cruz* que recibimos el poder para "llegar a ser lo que somos." Esto quiere decir sufrir. Esto quiere decir morir a una vida de formas enfermas de pensar y de actuar. Esto quiere decir dejar que se vayan aquellas cosas en las que a lo mejor la persona ha depositado su identidad, y *re-poner* esa identidad en la muerte y resurrección de Cristo.

Esto quiere decir *que no es fácil*. No quisiera hacer creer que estoy diciendo que una persona con atracción por su propio sexo podría simplemente librarse de ella rezando mucho o teniendo suficiente fe. Para aquellos que han experimentado la transformación, la mayoría dice que viene lenta y dolorosamente. Viene sólo si la persona está dispuesta a cargar su cruz *cada día*. Y a veces la cruz se hace muy pesada, antes de hacerse más liviana.

De modo que la respuesta a la pregunta, con todas las aclaraciones del caso, es *sí*. Como lo demuestran muchos "ex homosexuales", es posible para una persona —aun con una atracción predominante hacia el mismo sexo, si él o ella están dispuestos y reciben consejos adecuados— experimentar una atracción sexual rectamente ordenada. Esto no quiere decir, por cualquier razón, que suceda siempre. Ni es una persona menos amada por Dios si él o ella no experimentan tal cambio.

Pero *es* posible, y eso debiera ser una fuente de esperanza para los que están buscando ganar en su lucha contra la atracción hacia el mismo sexo.[10] Debiera notarse también que la experiencia clínica parece demostrar que al grado que una persona ha vivido activamente como un homosexual, es más difícil experimentar un deseo sexual correctamente ordenado. Por lo contrario, aquellos que han experimentado la atracción pero no se han dejado llevar por ella por lo general experimentan una transformación más rápida de sus deseos sexuales.

6. Usted sabe que hay un número muy grande de homosexuales que estarían vigorosamente en desacuerdo con todo lo que usted está diciendo, y lo acusarían de ser homofóbico.

Sí, lo sé. Pero muchos otros, cuyas voces son a menudo silenciadas en la prensa nacional, estarían totalmente de acuerdo.

Pero al decir esto no estoy tratando de reforzar los lados de dos campos opuestos. Aun aquellos que estarían en vehemente desacuerdo tienen algo que decir. Distorsionado como es el deseo homosexual, hay siempre un elemento de verdad que se puede encontrar en él (una distorsión, después de todo, es simplemente una deformación de la verdad). Hay siempre una persona detrás de ese deseo que ansía, como todos ansían, ser amado y afirmado como ser humano.

La compasión no debe llevarnos nunca a desacreditar lo que es la verdad, pero *debiera* llevarnos a afirmar como seres humanos a aquellos con atracción por el mismo sexo. *Debiera* llevarnos a acercarnos y a escuchar. *Debiera* llevarnos a querer entender sus dificultades.

Cuando tratamos de entrar en contacto, con caridad, aquellos de nosotros que pensamos que tenemos todo "correcto" encontramos realmente que tenemos mucho que aprender sobre la vida, los sueños y experiencias, deseos y temores, de los homosexuales. Caridad por ambos "lados" es la única respuesta humana. Rechazar como "pecadores" y "sodomitas" a los que practican activamente un "estilo de vida gay", es tan contrario a la caridad como cuando ellos descartan a los que se oponen a su conducta como "homofóbicos".

No pretendo ignorar el hecho que existe temor y maltrato contra los homosexuales. Más a menudo que no, pareciera que ese temor resulta en aquellas personas que tienen una comprensión tenue de sus propios deseos sexuales. Tal gente a menudo se siente amenazada por la mera existencia de los que viven vidas activamente homosexuales. Pueden llegar a actuar violentamente contra los homosexuales en un intento perverso de estimular su propio sentido, tan frágil, de identificación sexual, rechazando en otros las confusas emociones y deseos que no pueden afrontar en ellos mismos. No debiera ser necesario mencionar que tal violencia es condenada por la Iglesia Católica en forma incondicional.

7. Conozco una pareja lesbiana que vive al otro lado de la calle. Son tan cariñosas y amables con nosotros y con sí mismas. Rehúso creer que están "viviendo en pecado".

¿Es usted cariñosa y amable hacia su familia y sus vecinos? ¿Quiere decir eso que usted nunca peca de alguna otra manera? Por supuesto que no.

Aun gente que basa gran parte de sus vidas en algo objetivamente pecaminoso son capaces de mostrar verdadero amor y amabilidad humana, con mucha más frecuencia que gente que no tiene nada "muy notable" en su larga lista de sus pecados. Estoy seguro que usted está en lo correcto al decir que son genuinamente amables. Estoy seguro que hay elementos de verdadero amor que ellas sienten una con la otra.

Sin embargo, lo que haya de erótico en su amor sólo puede basarse en una comprensión desordenada de ellas mismas como mujeres. Esto no quiere decir que sean necesariamente "malas personas". Sólo quiere decir que necesitan la redención de Cristo como el resto de nosotros.

8. Estoy casado y tengo tres hijos. Nunca he admitido esto a nadie, pero a veces me siento atraído por otros hombres. ¿Quiere decir que soy gay? Tengo miedo que esto pueda arruinar mi matrimonio. ¿Qué debería hacer? ¿Cómo puedo superar esto?

¡No! Esto *no quiere decir* que usted sea gay (recuerde que nadie es gay, antológicamente hablando). Quiere decir que usted vive en un mundo corrompido y está confundido sobre su propia identidad masculina. Bienvenido a la raza humana.

Su lucha *no es* una valla insuperable para un matrimonio saludable y santo. Si usted está comprometido a afrontar sus dificultades y buscar la ayuda de Cristo para ser el marido y padre que usted está llamado a ser, no hay ninguna razón para que esto pueda arruinar su relación con su esposa y sus hijos. De hecho, he visto matrimonios y familias crecer a grandes saltos cuando un esposo con atracción por el mismo sexo ha buscado ayuda apropiada.

¿Cómo puede superar esta atracción que siente a veces? Antes de ofrecerle algún consejo práctico, le responderé contándole más acerca de mi propia lucha y cómo el Señor ha obrado en mi vida, con la esperanza que esto pueda ayudarle.

Como ya he mencionado, en la adolescencia (e inclusive a los veinte años) pasé un período doloroso al dudar de mi identidad masculina. Estaba muy turbado por el hecho que a veces me encontraba atraído hacia hombres que eran más masculinos que yo. Siempre que estaba en presencia de esa persona (el "macho" de la universidad, por ejemplo), me sentía terriblemente inseguro respecto a mí mismo.

Escuchando cintas de una conferencia sobre temas de género y una curación personal finalmente me ayudaron a descubrir el sentido de esta dinámica interior tan molesta. Varias de las charlas fueron dadas por un hombre que había vivido como homosexual activo durante varios años. Aunque yo no puedo decir que mi atracción nunca fuera totalmente erótica como la de él, cuando él habló y compartió cándidamente sus luchas y su curación, su historia me tocó profundamente.[11]

Los niños, en virtud del hecho que son niños, tienen una necesidad profunda de identificarse con lo masculino. Tienen una necesidad inherente de *llegar a ser hombres*.

En el curso natural de la vida un niño satisface esta necesidad por medio de relaciones sanas con hombres que le sirven de modelo, a los que él quisiera parecerse (tales como su padre, tíos, abuelos, profesores, entrenadores).

En ausencia de una relación sana, es decir, en ausencia de hombres que sirvan de modelo para ser como ellos, los niños y jóvenes buscarán naturalmente llenar ese vacío. Van a admirar, van a querer estar con y se van a sentir atraídos por hombres que ellos perciben han "llegado a ser hombres". Este deseo no siempre se hace erótico, pero puede suceder, y a veces sucede.[12]

El hecho que la mayoría de los niños cuelgan carteles de sus "héroes" en la pared apunta a esta dinámica. Los niños buscan lo que significa ser hombre. Desgraciadamente, lo que el mundo les ofrece está gravemente distorsionado.

En consecuencia, niños y hombre jóvenes terminan por atribuir el significado de la virilidad en toda clase de imágenes falsas: el "Don Juan", el "hombre musculoso", el "hombre GQ" [Gentleman's Quarterly, una revista], el "hombre de Marlboro" —póngale el nombre que quiera. Y consciente o inconscientemente ansían llegar a tener la imagen que se ha grabado en sus almas como el "masculino perfecto y auténtico".[13] Si no llegan a alcanzar esa imagen, se tornan terriblemente inseguros, particularmente en presencia de aquellos hombres que ellos piensan que representan esa imagen mejor que ellos.

Esta dinámica interior se transformó en una realidad muy aguda para mí un día que estaba trabajando en mi primer empleo al salir de la universidad. La mujer que se sentaba detrás de mi era la clase de mujer que colgaba carteles de Chippendale [modelos masculinos con poca ropa] en su cubículo. Estas imágenes de hombres musculosos, con pantaloncitos de spandex y corbatas de lazo, hacían aflorar todas mis incertidumbres, de modo que yo evitaba su cubículo como la plaga. Un día, escuché sin querer una conversación que tenía con una amiga. Describía un sueño que había tenido de un macho parecido que había venido por la playa en su potro blanco y le había hecho el amor en forma salvaje, en las olas.

No tengo costumbre de tener visiones, pero tuve una en ese mismo momento, mientras intentaba con todas mis fuerzas no escuchar su conversación. Vi al hombre que ella describía caminando en la playa. Era el modelo que esta sociedad me había convencido lo que era ser hombre: musculoso, atractivo, elegante. No era solamente *un* hombre, era *el* hombre. En un rincón de mi alma, era lo que *yo* quería ser y no era.

Entonces vi otro hombre caminando detrás de él. Era todo lo que la sociedad me había convencido que no era varonil. Nada me atraía a él, en absoluto. Era débil, desfigurado, golpeado, ensangrentado. Tenía una corona de espinas en su cabeza y huellas de latigazos en todo el cuerpo.

Entonces una voz me hizo una pregunta. Sólo puedo suponer que fue la voz de Dios. Dijo: ¿Quién es el *verdadero* hombre, y con quién quieres identificarte?

Me quedé aturdido. Me di cuenta en ese momento que había estado creyendo, e inclusive *adorando*, una mentira.[14] Me di cuenta en ese momento que toda mi inseguridad como hombre dependía de colocar mi identidad en una falsa imagen masculina.

Mi corazón dio un grito: "Jesús, tú eres el verdadero hombre. Elijo identificarme contigo."

Entonces mi corazón se desplomó. *Espera un momento*, pensé. *Si elijo identificarme con Cristo, si elijo buscar el verdadero significado de mi hombría en él, me van a tratar como a él. El mundo no me va a afirmar como hombre. El mundo se va a burlar de mí, se va a reír de mí, me va a escupir en la cara y "me crucificará."*

Me puse a temblar. Pero la Verdad me atrajo a Él y me dio la gracia para renunciar a mi ídolo.

He tenido muchas conversiones en mi vida. Esta fue ciertamente una de las tres más importantes. La causa de años de incertidumbre y miedo se vio encapsulada para mí en esa visión.

A los pocos días, intencionalmente entré en el cubículo de esa mujer a mirar fijamente esos modelos en la cara. La mentira no me tenía preso ya. Era capaz de ver esas imágenes por lo que eran, imágenes distorsionadas, y me sentía seguro en mi identidad masculina con Cristo.

De hecho, me di cuenta que esos hombres debieran querer ser como yo. No porque yo fuera tan magnífico, sino porque estaba buscando a Cristo. No es que no haya tenido inseguridades después de eso, pero ese día hubo un cambio dramático en mi alma, que continúa sirviéndome de ancla siempre que me veo tentado de creer mentiras sobre el verdadero significado de lo masculino.

No hay una fórmula mágica para curar emociones y deseos confusos, pero basado en mi propia experiencia, le ofrezco cuatro sugerencias:

Edúcate. Lee los libros que he recomendado en las notas de este capítulo al final del libro y cualquier otro libro que presente una comprensión ortodoxa de la atracción hacia el mismo sexo.

Mira en tu misma alma e identifica las mentiras que crees sobre el significado de ser hombre. Compara lo que tú piensas que significa ser hombre con Cristo. Él es el verdadero modelo de lo masculino: ¡*Ecce homo*! ("¡he aquí al hombre!" Véase Jn 19, 5).

Adorar a Cristo y basar tu identidad en él no es idolatría, porque ¡él es Dios! Ésta es la imagen que *debemos* emular, porque ésta es la imagen en la que hemos sido hechos. Esto es cómo llegamos a ser lo que somos.

Cuando te sientas atraído por otros hombres, aprende a discernir lo que esas emociones significan. La mayoría de las veces, las atracciones confusas nacen de lo que admiramos pero tememos no tener. Cuando reconocemos esa cualidad particular en los demás, algunas veces queremos *apoderarnos de ella* en mala forma, de tal modo que puede llegar a ser una obsesión.

Desenreda estos deseos distorsionados, y encontrarás que lo que deseas es *recibir* en ti mismo a Cristo. Y alabado sea Dios, Cristo nos da a *comer* su verdadera carne en la Eucaristía. Si permites que la Eucaristía sea la fuente de tu identidad como hombre, encontrarás que no te falta nada, y las atracciones confusas se desvanecerán.

No lo hagas solo. Confía tus dificultades a un buen amigo, un director espiritual o un consejero que sabes te va a dar consejos verdaderamente cristianos. También hay programas de sanación para grupos, programas que pueden serte útiles.[15]

9. Nuestra hija recientemente nos dijo que ella es lesbiana y que se va a ir a vivir con su "amiga". Esto ha puesto una presión terrible a nuestra relación con ella. Mi marido y yo no sabemos qué hacer o a dónde volvernos.

Sin duda ustedes ya han pasado, y van a continuar pasando por una cantidad de emociones con respecto a las "noticias" de su hija. Tengan paciencia con ustedes a medida que estos sentimientos se van asentando, pero tengan cuidado de no obrar en forma impulsiva, especialmente en una forma que podría hacer que su hija se sienta aislada o rechazada. Es posible que ahora más que nunca, su hija necesita saber que ustedes la aman. Sean las que sean las tensiones que se hayan causado, no rompan el contacto. No la rechacen.

Sin embargo, nada de esto quiere decir que tengan que *aprobar* las decisiones que está tomando en su vida. De hecho, sería *contrario al amor*, sabiendo lo que saben, no hacerla pensar —en el momento adecuado, con gentileza, humildad, respeto, paciencia y comprensión— a aceptar la verdad del plan de Dios para su sexualidad. Dejen que el ejemplo de Cristo los guíe. Si bien Cristo no transigía con el pecado, él tenía gran paciencia y amor hacia los pecadores.

Es posible que la cosa más importante que puedan hacer por su hija es rezar por ella, no con un sentido de indignación farisaica, sino por un deseo amoroso de ver que llegue a ser la mujer para lo cual ha sido creada. Algunos padres en su situación temen por la salvación de sus hijos. Si bien nadie puede saber la condición del alma de otra persona ante Dios, puede confiar en esto: el Señor desea la salvación de su hija más que ustedes mismos. Confíen en su misericordia. Nunca pierdan la esperanza en la conversión del corazón de su hija.

Más aún, busquen apoyo para ustedes como padres, y si ella quiere, para su hija. *Courage* [Valor] es un grupo de apoyo aprobado por la Iglesia, dedicado a ayudar a católicos que luchan contra la atracción hacia el mismo sexo, para vivir vidas castas y santas de acuerdo a las enseñanzas de la Iglesia. Un grupo hermano, llamado *EnCourage* [Animar] ofrece apoyo a padres de niños con atracción hacia el mismo sexo.[16]

Finalmente, si usted está dispuesta a aceptarlo como tal, el anuncio de su hija es en realidad una oportunidad para el crecimiento de toda la familia. En nuestro mundo caído, el término "familia disfuncional" es redundante. Toda familia tiene su dosis de "disfunción" porque toda familia se compone de seres humanos caídos.

Ciertamente ningún padre decide influir a sus hijos para que tengan sentimientos homosexuales. De modo que los padres no debieran culparse ellos mismos si un hijo sale así, y aun menos arrogarse la responsabilidad de la decisión de un hijo mayor de edad. Aun así hay que reconocer que a veces la dinámica familiar puede influir más tarde en el desarrollo de los problemas de un hijo, incluyendo problemas de identidad de género. Tal como el amor es difusivo de por sí, también lo es el pecado y las relaciones disfuncionales.

No tengan miedo de llevar la luz de Cristo a todos los "closets" de la familia. Abran ampliamente las puertas a Cristo. No tengan miedo de admitir y pedir perdón a sus hijos adultos por errores que hayan cometido, maneras de comportarse que no fueron buenas, e inclusive por los pecados sexuales que hayan sido (o todavía sean) parte de su propio matrimonio.

Si bien ustedes pueden pensar que la vida sexual de ustedes no es algo que concierne a los hijos, y en cierto sentido esto es cierto, mírenlo de esta manera: dado que la vida sexual de ustedes es el verdadero origen de la vida de sus hijos, la identidad de sus hijos está íntimamente interconectada con lo que suceda en el dormitorio de ustedes. He trabajado con suficiente gente herida para saber que los pecados de los padres, tales como el adulterio, la pornografía, la anticoncepción y el divorcio tienen consecuencias profundas y duraderas para los niños. La prudencia puede dictar algo distinto en algunas situaciones, pero una discusión abierta con los hijos grandes sobre sus defectos es a menudo un factor crucial en la curación de heridas familiares. Si tienen razón para creer que tales discusiones pueden ser explosivas, la presencia de un prudente consejero matrimonial puede ser una buena idea.

Cristo entró al mundo mediante una familia en orden de restaurar a la familia. Él puede traer curación y perdón. Permítanle hacerlo.

9

Decir "Sí prometo" sólo a Dios

El sexo y la vocación al celibato

Vi un cielo nuevo y una tierra nueva, pues el primer cielo y la primera tierra desaparecieron, y el mar ya no existe. Vi también la ciudad santa, la nueva Jerusalén, que bajaba del cielo del lado de Dios, ataviada como una novia que se engalana para su esposo. Y oí una fuerte voz procedente del trono que decía: "He aquí la morada de Dios con los hombres."

San Juan Evangelista[1]

¿Sexo y la vocación al celibato? ¿No es esa una contradicción de términos? Mejor dicho, es una *paradoja*.

No podemos entender el misterio Cristiano sin afrontar la tensión de las paradojas. Tenemos que afirmar la verdad de un Dios en tres Personas; del Hombre que es también Dios; de la Virgen que es también Madre. En el matrimonio, dos se hacen una sola carne. En nuestro caminar con Dios, debemos morir para vivir, someternos para ser libres, perder la vida para encontrarla.

Éstas no son las enseñanzas de un Dios esquizofrénico o de una Iglesia que se ha vuelto loca. Si nos golpean como si fuera un "doble mensaje", es porque todavía no pensamos con la mente de Dios.

El matrimonio, el sexo y la vocación de celibato están mucho más relacionados que lo que podemos pensar a primera vista. También son interdependientes. Cuando cada uno recibe su propia estima y respeto, el delicado balance entre ellos se mantiene.

Por otra parte, si cualquiera de los tres (matrimonio, sexo o celibato) se devalúa, se sobrevalúa, o se le falta el respeto de algún otro modo, los otros sufren inevitablemente.

No es coincidencia, por ejemplo, que la revolución sexual trajo a la vez un dramático aumento de divorcios *y* una caída dramática de vocaciones al sacerdocio y a la vida religiosa. Ni es coincidencia que las malas interpretaciones históricas de la vocación al celibato hayan llevado al descrédito del sexo y del matrimonio.

Todos esos errores se originan en el fracaso de considerar la tensión de la paradoja. Hay algo mentalmente atormentador al tratar de reconciliar los (aparentemente) irreconciliables polos de la paradoja. De modo que para evitar la incomodidad enfocamos la vista en un aspecto de la verdad, y terminamos por negar los otros.

Pero es precisamente por *al entrar más interiormente* en la tensión de la paradoja que descubrimos la plenitud de la verdad. Debemos familiarizarnos con esa tensión. Sólo entonces podremos comprender apropiadamente la profunda interrelación entre el matrimonio, el sexo y la vocación al celibato.

1. Si la vocación al "amor nupcial" es la verdad fundamental de nuestra existencia y el modo en como nos realizamos como seres humanos, ¿por qué es que la Iglesia promueve el celibato?

A primera vista parecería que la promoción del celibato por parte de la Iglesia estuviera en contradicción con todo lo que hemos dicho sobre la dignidad e importancia del sexo y el matrimonio. Pero investigando con mayor profundidad, descubrimos que la vocación al celibato es en realidad el *máximo cumplimiento* de todo lo que hemos discutido.

Como sacramento, la unión del matrimonio "en una carne" es sólo un signo y anticipo de cosas por venir. De acuerdo con la analogía, hemos sido creados para una unión nupcial con Dios. Eso es lo que el deseo sexual termina en definitiva por señalarnos: nuestro deseo de la eternidad.

Entonces, Cristo hará una donación de sí mismo a la humanidad en una experiencia tan beatificante que está completamente más allá de cualquier cosa que podamos experimentar aquí en tierra. El recíproco don de nosotros mismos va a ser nuestra respuesta al don de Dios.[2] El matrimonio de la divinidad y la humanidad será consumado eternamente (véase capítulo 3, pregunta 17).

Sólo mirando a esta realidad celestial podemos entender bien la vocación al celibato. Como leemos en el Evangelio, Cristo llama a algunos de sus seguidores a aceptar el celibato, no por el celibato mismo como fin sino "por el Reino de los Cielos" (Mt 19, 12). "El Reino" es precisamente *el matrimonio celestial*. En síntesis: los que eligen el celibato se están "saltando" el sacramento, en anticipación de la realidad eterna. Al expresar el "Sí prometo" de un compromiso matrimonial directamente con Dios, los célibes dan un paso más allá de la dimensión histórica —mientras viven en el interior de la dimensión histórica— y declaran dramáticamente al mundo que el Reino de Dios está aquí (véase Mt 12, 28).

Ambas vocaciones, entonces, en su forma específica son el cumplimiento pleno de este llamado al "amor nupcial" que se revela por medio de nuestros cuerpos. Como dijera Juan Pablo II: "Basándose en el mismo significado esponsalicio de ser, en cuanto cuerpo, varón o mujer, puede plasmarse el amor que compromete al hombre, en el matrimonio, para toda la vida, pero puede plasmarse también el amor que compromete al hombre para toda la vida en la continencia 'por el reino de los cielos.'"[3]

No podemos escaparnos del llamado de nuestra sexualidad. Cada hombre, en virtud del hecho que es hombre, está llamado a ser marido y padre, y toda mujer, por el hecho de ser mujer está llamada a ser esposa y madre —ya sea en el matrimonio o por vocación al celibato. Los hombres célibes llegan a ser un "ícono" de Cristo; su novia es la Iglesia. Las mujeres célibes llegan a ser un "ícono" de la Iglesia; su novio es Cristo. Y ambos tienen muchos hijos espirituales.

De este modo, los términos padre, madre, hermano y hermana se aplican al matrimonio y al celibato. Ambas vocaciones son indispensables para edificar la familia de Dios. Cada vocación complementa a la otra y demuestra el significado de la otra. El matrimonio revela el carácter nupcial del celibato y el celibato revela que el propósito último del matrimonio es prepararnos para el cielo.

2. ¿Enseña la Iglesia todavía que el celibato es una vocación "superior" al matrimonio?

Sí, pero esto tiene que ser evaluado cuidadosamente. La historia ha sido testigo de algunas graves distorsiones de la enseñanza de San Pablo: que el que se casa hace "bien", pero que el que no se casa hace "mejor" (véase 1 Cor 7, 38). Esto llevó a algunos a mirar al matrimonio como una vocación de segunda clase, para los que no son capaces de vivir el celibato. Esto también ha solidificado las erróneas sospechas de la gente respecto a que el sexo es intrínsecamente sucio, y que sólo los que se abstienen de él pueden ser verdaderamente "santos". Tales errores llevaron a Juan Pablo II a declarar firmemente: "Esa *'superioridad' de la continencia sobre el matrimonio* no significa *nunca en la auténtica Tradición de la Iglesia, una infravaloración del matrimonio* o un menoscabo de su valor esencial. Tampoco significa una inclinación, aunque sea implícita, hacia las posiciones maniqueas."[4]

El celibato es "mejor que" o "superior al" matrimonio en el sentido que el cielo es mejor o superior a la tierra. Recuerde que el celibato no es un *sacramento* del cielo en la tierra. En cierto sentido es el cielo en la tierra. Pero esto no debe llevar a aquéllos que están llamados al matrimonio a minusvalorar su vocación.

Cada uno está llamado a una vida de santidad, respondiendo al llamado al "amor nupcial" estampado en el cuerpo del hombre o de la mujer. Pero no todos estamos llamados de la misma manera: "Cada cual tiene de Dios su propio don, uno de una manera, otro de otra" (1 Cor 7, 7).

Cada uno de nosotros debe responder al don que hemos recibido. Si hemos sido llamados al celibato, entonces no debemos elegir el matrimonio. Si hemos sido llamados al matrimonio, entonces no debemos elegir el celibato. De aquí la importante necesidad de discernir nuestra vocación a través de la oración.

3. ¿Por qué no se permite casarse a los sacerdotes católicos?

En realidad a algunos sacerdotes católicos *se les permite casarse*. A menudo olvidamos en el Occidente que hay muchas Iglesias Católicas de Rito Oriental (es decir, Iglesias Orientales en completa unión con el Papa) que tienen sacerdotes casados. No son sacerdotes católicos inferiores a los sacerdotes del Rito Romano, que mantiene un sacerdocio célibe. Por lo demás, en algunos casos, sacerdotes casados de otras denominaciones (los anglicanos, por ejemplo) que se convierten a la fe católica pueden ser ordenados como sacerdotes casados en el Rito Romano.

Por consiguiente, el celibato no es esencial para un sacerdocio válido. Es simplemente una disciplina mantenida en la Iglesia Occidental para conformarse más estrechamente al ejemplo de Cristo.

Cristo no se casó con una mujer en particular, porque vino para casarse con *toda la raza humana*. La Iglesia es su eterna Novia. Los sacerdotes ordenados se convierten en sacramento de Cristo. Hacen eficazmente presente a la Iglesia el amor del Novio Celestial, especialmente en el sacrificio eucarístico. Actuando en la persona de Cristo, los sacerdotes también se casan con la Iglesia.

Este importante simbolismo se conserva mejor cuando el sacerdote no está casado con una mujer en particular. Como dijera San Pablo, el célibe no está "dividido" en su servicio, sino que es capaz de dedicarse enteramente al servicio de la Iglesia (véase 1 Cor 7, 32-34).

Creo que es desafortunado que algunas veces definamos el celibato con una palabra que indica lo que se ha renunciado en vez de definirla en términos de lo que *se ha abrazado*. Por ejemplo, podría evitarse mucha confusión si describiéramos la vocación al celibato como el "matrimonio celestial". Éste es el matrimonio en el que participan los sacerdotes y todas las personas célibes consagradas.

4. El celibato es simplemente antinatural. No es sorprendente que tantos sacerdotes tengan problemas sexuales. Esta clase de escándalo terminaría si los sacerdotes pudieran casarse.

En cierto sentido usted tiene razón al decir que el celibato es *anti*-natural. Como Cristo revela, el celibato es *sobre*-natural. Es celibato por el reino. Al llamar a algunos a renunciar al llamado natural del matrimonio, Cristo estableció una forma enteramente nueva de vida, y al hacerlo, demostró el poder de la cruz para transformar vidas.

Para aquéllos que están estancados en una visión caída del sexo sin el concepto de la libertad a la que hemos sido llamados en Cristo, la idea de celibato de por vida es completamente absurda. Pero para aquéllos que han experimentado la transformación de sus deseos sexuales en Cristo, la idea de hacer completa donación de nuestra sexualidad a Dios no sólo llega a ser una posibilidad, sino que se hace muy atractiva. La vocación al celibato *no es* rechazo de la sexualidad. Si algunos la consideran así, según Juan Pablo II, no la están viviendo de acuerdo a las palabras de Cristo.[5]

El celibato es una gracia, un don. Sólo una pequeña minoría de los seguidores de Cristo recibe este don. Pero los que *lo reciben* también reciben la gracia de ser fieles a sus votos, tal como a las parejas casadas se les da la gracia para ser fieles a sus votos.

En ambas vocaciones la gente puede rechazar la gracia, y al hacerlo, violan sus votos. Ciertamente hay necesidad en cualquier diócesis a una mayor apertura a reconocer las heridas sexuales y al desarrollo y promoción de ministerios que traigan la curación de Cristo a los que la necesiten, incluyendo los sacerdotes. Pero la solución a la infidelidad matrimonial o del celibato no está en ceder a la debilidad humana y redefinir la naturaleza de los compromisos. La solución es apuntar a la cruz como la fuente de gracia que es, una fuente de la que podemos beber libremente, y recibir *verdadero poder* para vivir y amar como hemos sido llamados.

Además, los porcentajes de conducta sexual errada entre sacerdotes célibes no es mayor que la de las denominaciones cristianas en las que los clérigos pueden casarse. No hay absolutamente ninguna evidencia de que permitir el matrimonio a los sacerdotes podría resolver o aun aliviar este problema.

Hay también una visión peligrosamente errada del matrimonio inherente en la idea que el matrimonio sea la solución al escándalo sexual de los sacerdotes. Como se ha enfatizado a lo largo de este libro, el matrimonio no proporciona un "desahogo legítimo" para el deseo sexual desordenado. El celibato no *causa* el desorden sexual; el pecado, sí. Casarse simplemente no *cura* el desorden sexual, Cristo lo cura. Si un sacerdote, o cualquier otro hombre, accede al matrimonio con profundos desórdenes sexuales, estaría condenando a su esposa a ser tratada de por vida como objeto sexual. La única manera de que termine el escándalo de los pecados sexuales (ya sean cometidos por sacerdotes o por otros) es si la gente experimenta la redención de su sexualidad en Cristo.

5. ¿Por qué no pueden ser sacerdotes las mujeres?

Para muchas mujeres, el hecho que la Iglesia Católica reserva la ordenación sacerdotal a los hombres revuelve una caldera de intensas emociones estimuladas por la "conciencia histórica" de la opresión femenina. Parece que sólo en años recientes la Iglesia ha estado dispuesta a reconocer y pedir perdón por el hecho que, como lo expresara Juan Pablo II en su *Carta a las mujeres*, "Pero si en esto no han faltado, especialmente en determinados contextos históricos, responsabilidades objetivas [de esta opresión] incluso en no pocos hijos de la Iglesia, lo siento sinceramente. Que este sentimiento," continúa, "se convierta para toda la Iglesia en un compromiso de renovada fidelidad a la inspiración evangélica."[6]

Esta visión evangélica es precisamente lo que hemos estado discutiendo a lo largo de este libro: el gran "misterio nupcial" de la unión de Cristo con la Iglesia, simbolizado desde el comienzo por nuestra creación como varón y mujer. La fidelidad a esta visión exige que mantengamos la dignidad de la mujer en todas las situaciones, y que resistamos las maneras en las que los roles de los géneros han sido exagerados en favor de los hombres. Pero también nos llama a resistir el otro extremo que ve a hombres y mujeres como intercambiables.

Como mencionamos anteriormente, la igualdad entre los sexos no quiere decir que *sean lo mismo*. Es la *diferencia* fundamental de los sexos la que revela el gran "misterio nupcial". Es la *diferencia* fundamental de los sexos la que, muy literalmente, trae vida al mundo.

Una cultura que pone a un mismo nivel esta diferencia es una cultura que se está suicidando, es una una cultura de muerte. El Profesor Stanislaw Grygiel, vicepresidente del Instituto Juan Pablo II sobre Estudios del Matrimonio y la Familia, describe hábilmente el peligro de un mundo "unisex" en la cita que comienza el capítulo anterior. Como prefacio a esa declaración, dijo que entender "el milagro de la diferencia sexual ... es el comienzo de un camino en el que descubrimos la diferencia última y fundamental para los seres humanos, la diferencia entre Dios y [la humanidad]."[7] Nublar la diferencia sexual es nublar el gran misterio nupcial: el llamado a una comunión que da vida entre el hombre y la mujer, y entre Dios y la humanidad.

Los hombres y las mujeres tienen distintas vocaciones en esta comunión vivificante. Es el novio el que proporciona la semilla, y la novia la que concibe la vida en su interior. Un papel no es mejor que el otro. Ambos tienen la misma dignidad y son indispensables.

Tenemos que recibir la vocación que se nos ha dado como un don de Dios si vamos a estar alguna vez en paz con nosotros mismos. ¿Deberían los hombres quejarse de que Dios no les ha dado el privilegio de ser madres? Para una mujer, desear la ordenación sacerdotal es igualmente equivocado.

Llamamos *padre* al sacerdote por una razón. El sacerdote simboliza eficazmente a Cristo entregando su cuerpo por su Esposa, de modo que ella pueda concebir vida "en el Espíritu Santo." Sólo un hombre puede hacer esto. Como nos recordara Juan Pablo II: "Ante todo *en la Eucaristía* se expresa de modo sacramental *el acto redentor de Cristo Esposo en relación con la Iglesia Esposa*. Esto se hace transparente y unívoco cuando el servicio sacramental de la Eucaristía —en la que el sacerdote actúa *'in persona Christi'*— es realizado por el hombre."[8]

Si el ministerio de la Eucaristía fuera realizado por una mujer, el simbolismo se desarrollaría entre una esposa y otra. No habría posibilidad de efectuar la unión nupcial, y por consiguiente, no habría posibilidad de nueva vida viniendo a la Iglesia. Aquí vemos nuevamente cuán íntimamente unido está la unión conyugal a la Eucaristía. Juan Pablo II lo resumió de esta manera: *"La Eucaristía es el sacramento ... del Esposo y de la Esposa."*[9]

6. Si los mismos hombres llegan a ser "esposas de Cristo" como miembros de la Iglesia, ¿por qué no pueden las mujeres ser esposos, como sacerdotes?

Primero una breve discusión sobre el principio masculino y el femenino en cada uno de nosotros. Si es el hombre y la mujer *juntos* quienes abarcan lo que es el ser humano, y si todo hombre y toda mujer no es sencillamente un medio ser humano, sino *completamente* humano, entonces es adecuado concluir que todo hombre y toda mujer es un "matrimonio" interior de masculinidad y femineidad. De modo que en cierto sentido podemos hablar de principios femeninos en el hombre y masculinos en la mujer.

Sin embargo, este matrimonio interior se manifiesta como esencialmente *varón* en los hombres y *hembra* en las mujeres. La Iglesia, a su vez, como una "persona corporativa", es un matrimonio de hombres y mujeres que se manifiesta esencialmente como *femenina,* como *Esposa.* Hay principios masculinos y femeninos en esta Esposa en la que toman parte los dos, hombres y mujeres. En tanto que los hombres se hacen "esposa" como miembros de la Iglesia, las mujeres se hacen "sacerdote" como miembros del sacerdocio de todos los creyentes (véase 1 P 2, 9). Cada hombre *y mujer* bautizados participan en el sacerdocio de Cristo, al vivir una vida de sacrificio en unión con él.

Pero entramos en un ámbito muy distinto tan pronto como hablamos de una persona individual que se convierte en *sacramento* de Cristo. Para que los sacramentos sean eficaces, la realidad física tiene que simbolizar en forma apropiada la realidad espiritual.

Por ejemplo, si un sacerdote dijera las palabras del bautismo sobre alguien, poniéndole aceite lubricante en la cabeza, no habría sacramento, porque el simbolismo del agua que limpia es necesario para obtener la limpieza espiritual de los pecados. Nada sucede sin un símbolo adecuado (aceite lubricante simboliza ensuciar).[10]

En forma parecida, si un obispo impusiera las manos sobre una mujer y proclamara las palabras de la ordenación, no sucedería nada, porque una mujer no es un símbolo adecuado del Esposo. De modo que no se trata de testarudez de la Iglesia no querer ordenar mujeres al sacerdocio, sino que se trata de una *imposibilidad.*

7. ¿No dijo San Pablo que no había más hombre o mujer, sino que todos son uno en Cristo Jesús?

Sí (véase Gal 3, 28). ¿Pero cómo llegamos a ser *uno* en Cristo Jesús? Específicamente a través de la *diferencia* de los sexos. La unión sexual simboliza la unión en Cristo. Marido y mujer ya no son dos (hombre y mujer) sino uno. Pero la única manera que pueden llegar a ser uno es siendo primero *varón* y *hembra*. De modo que San Pablo no está aboliendo las diferencias sexuales, sino mostrando a dónde llevan: a la unidad en Cristo.

8. Soy soltera. Si "el amor nupcial" es tan importante, ¿qué pasa conmigo?

Yo diría que hay una diferencia entre una persona que elige permanecer soltero en el mundo, con el fin de dedicarse a causas valiosas y una persona que permanece soltero, no por elección sino por las circunstancias. El primero ha hecho una elección vocacional, en alguna forma paralela a la vocación al celibato, y mediante una vida de servicio a los demás está cumpliendo el llamado de hacer un don sincero de sí mismo, a imitación de Cristo. El otro está, en cierto sentido, todavía esperando para hacer ese definitivo don de sí mismo.

Esto no quiere decir que la vida de la segunda persona tenga que permanecer a la espera. Él o ella puede vivir una vida fructífera como un don para los demás, mientras espera algún día encontrar un cónyuge y hacer una elección vocacional definitiva.

En cualquier caso, nadie debiera pensar que su vida no tiene sentido sin un cónyuge. El significado último de la vida es el *matrimonio celestial*. Éste es el don que Cristo ofrece a *todo el mundo*: el don de él mismo.

Aceptando este don y dándonos a Cristo es cómo *todos* satisfacemos nuestra vocación al amor nupcial, seamos casados o no. De hecho, si estamos buscando nuestra última satisfacción en un matrimonio terrenal, nos estamos exponiendo a una desilusión muy seria. Como dice el proverbio, nunca cuelgues el sombrero en una percha que no puede resistir el peso.

9. ¿Por qué José y María nunca tuvieron relaciones, si eran casados?

¡Ah! Muy buena pregunta para concluir este capítulo y este libro. De hecho, de alguna manera el matrimonio de José y María nos da un resumen de todo lo que he tratado de decir.

El matrimonio de José y María es una paradoja dentro de una paradoja, como si dijéramos un "misterio doble". El matrimonio mismo es una paradoja misteriosa en la que los *dos* se hacen *uno* por medio de la unión sexual. Pero el matrimonio de José y María es doblemente misterioso y paradójico, porque *nunca tuvieron una unión sexual.* ¿Qué puede significar esto? Hasta donde podemos entenderlo, el gran "misterio nupcial" del universo se revela actualmente a través de este matrimonio virginal.

Dios dio a José y María una vocación excepcional: vivir la vocación matrimonial *y* la vocación al celibato *al mismo tiempo.* ¿Recuerdan lo que es la vocación al celibato? Es el matrimonio celestial. El matrimonio de José y María es la unión del matrimonio terrenal y el matrimonio celestial. *Es el matrimonio del cielo y la tierra.*

¿Y cuál es el fruto de este matrimonio célibe? *El Verbo hecho carne.* El fruto de su matrimonio celestial y terrenal es el matrimonio de lo divino y lo humano en una carne: Jesucristo, el centro del universo y de la historia.[11]

Es por eso que lo que la Iglesia enseña sobre el sexo es una buena nueva. Desde el comienzo, la unión en "una carne" de Adán y Eva fue un anticipo de la Encarnación. Dios creó el sexo como la revelación fundamental en la creación de su plan de vida y amor, su plan de compartir su vida eterna y su amor con nosotros al hacerse uno con nosotros, en la carne.

Éste es el gran "misterio nupcial" del universo en el que todos estamos llamados a participar. Ésta es la razón por la que deseamos tan intensamente la unión sexual: porque deseamos intensamente la unión con Dios. Ésta es la razón por la que el diablo nos tienta tan a menudo para distorsionar la unión sexual: porque quiere apartarnos de la unión con Dios.

No caigas por sus mentiras. Vive de acuerdo a la verdad de tu sexualidad, y satisfarás el verdadero significado de tu ser y de tu existencia. Vive de acuerdo a la verdad de tu sexualidad y un día vivirás para siempre en la eterna felicidad de la unión nupcial de Cristo y la Iglesia.

Ruego que este libro te haya podido servir en tu camino hacia ese abrazo eterno.

Ven, Señor. Que se haga tu voluntad para con nosotros, tu Esposa. Amén

Notas

Introducción

1. *Redemptor hominis*, n. 10.
2. La *Teología del cuerpo* es el título que se ha dado a las 129 homilías que Juan Pablo II pronunciara en sus Audiencias generales de los miércoles entre el 5 de Septiembre de 1979 y el 28 de Noviembre de 1984. En ellas, por medio de una análisis penetrante de los textos bíblicos que se refieren al cuerpo, al sexo, el matrimonio y la vocación al celibato, Juan Pablo mostró una profundidad de su comprensión de la persona humana y del significado de nuestra vocación al "amor nupcial", como nunca se presentara anteriormente. Muchas de estas perspectivas se han desarrollado en el primer capítulo de este libro. Los capítulos que siguen también se basan en aquella obra. De aquí en adelante nos referiremos a eso con la palabra Cuerpo, seguido por la fecha de la Audiencia general citada.

   La entera catequesis fue publicada originalmente por las Hijas de San Pablo (Daughters of St. Paul) en cuatro volúmenes, que están actualmente agotados (*La unión original del hombre y la mujer, Bienaventurados los puros de corazón, La teología del matrimonio y el celibato, y Reflexiones sobre Humanae vitae*). Las citas de este libro son tomadas de la página de web www.vatican.va. Una versión editada de la teología del cuerpo ha sido publicada más recientemente, también por las Hijas de San Pablo, en un solo volumen. Para ordenarla, véase la sección de Recursos, al fin del libro, que incluye el número de teléfono de esa organización. Véase christopherwest.com para muchos otros recursos que intentan hacer más comprensible para una audiencia más amplia, las perspectivas revolucionarias de la *Teología del cuerpo* de Juan Pablo II.
3. Esta obra fue escrita en 1981, siguiendo el Sínodo de Obispos de 1980, sobre la familia. Es una presentación excelente y amplia de la doctrina de la Iglesia sobre el sexo, el matrimonio y la vida de familia. De aquí en adelante se referirá como *Familiaris* en las notas.
4. Karol Wojtyla (Juan Pablo II), *Amor y responsabilidad* (Madrid, Editorial Razón y Fe S.A., 1969), 39-41 (de aquí en adelante llamado *Amor*). Esta obra se publicó originalmente en Polonia en 1960, dieciocho años antes de ser elegido Papa Juan Pablo II. Basado en años de diálogo y trabajo pastoral con hombres y mujeres jóvenes, y también novios y parejas casadas, el libro examina la experiencia humana corriente, para demostrar que la doctrina moral de la Iglesia sobre sexo y matrimonio corresponde perfectamente a la dignidad de la persona humana.

   Una filosofía "personalista", como ha sido llamada la posición de Juan Pablo II, reconoce que las personas son sujetos hacia los que la única actitud que corresponde es el amor. Una persona nunca puede ser considerada un mero objeto para ser usada. Su argumento es que al negarse a aceptar las exigencias de la ética sexual católica, lleva inevitablemente a la gente a transformarse en objetos que se usan.

1
El Gran Misterio

1. Juan Pablo II, *Carta a las familias*, n. 19 (En adelante, *Familias*).
2. Véase *Cuerpo*, 16 de enero de 1980.
3. *Cuerpo*, 16 de enero de 1980.
4. Véase *Familias*, n. 19.
5. Véase *Catecismo de la Iglesia Católica*, n. 370 (En adelante, *Catecismo*).
6. Véase *Cuerpo*, 5 de enero de 1983. Juan Pablo II generó un desarrollo de la comprensión de la Iglesia, respecto al signo sacramental del matrimonio. Históricamente, la mayoría de los teólogos ubicaron el signo del matrimonio en el intercambio de votos, en vez de la otra visión que ubicaba el signo sacramental en el acto de consumación. Juan Pablo II unió ambas interpretaciones al reconocer que las palabras de los votos matrimoniales "puede[n] realizarse sólo a través de la *cópula conyugal.*" En las relaciones sexuales de los cónyuges, dijo, "pasamos *a la realidad* que corresponde a estas palabras. Uno y otro elemento es importante *respecto a la estructura del signo sacramental.*"
7. Alguien podría objetar: "¿No es cierto que la ciencia ha demostrado que el relato de Adán y Eva es falso?" No. Las historias de la creación en el *Génesis* no fueron nunca destinadas a ser un relato *científico* de cómo fue creado el mundo. El *Génesis* usa un lenguaje figurado que habla de verdades mucho más profundas sobre el universo y nuestra existencia en él, que las que la ciencia puede alguna vez decirnos.

   Supongan que le preguntamos a un científico y a un poeta que cada uno describa un árbol. Nos darán diferentes informes. ¿Pero podríamos decir que el científico desaprueba lo que dice el poeta?

   Más aún, las historias de la creación en el *Génesis* no son mera poesía de alguien. Si bien son míticas, no son solamente un mito. Son la Palabra de Dios inspirada. Hablan la verdad —la verdad profunda— sobre el significado de la vida, quién es Dios, y quienes somos nosotros como hombres y mujeres. La Iglesia interpreta el simbolismo del lenguaje bíblico de manera auténtica, enseñando que nuestros primeros padres fueron creados en un estado de santidad y justicia, pero que cayeron por algo que hicieron al comienzo de la historia humana (véase *Catecismo*, nn. 375 y 390).
8. En este punto de la historia, "Adán" (que significa literalmente "hombre") es una persona humana genérica y representa a toda la humanidad, no sólo a los varones. De hecho, la historia bíblica no distingue entre hombre y mujer hasta

la creación de la mujer del costado de Adán.

9. *Gaudium et spes*, n. 24 (en adelante citada como *Gaudium*). Haber sido creado por "nosotros mismos" quiere decir, entre otras cosas, que nunca podemos ser *usados* como medio para los fines de otra persona. En cambio, el resto de la creación ha sido creada no "por sí misma" sino *para nosotros*. En tanto seamos buenos administradores, podemos usar el mundo creado para nuestro beneficio. Pero nunca debemos usar a otra persona.

10. Véase *Cuerpo*, 7 de noviembre de 1979, nota 15 (ésta es la nota 4 en la *Unidad original del hombre y la mujer*).

11. *Cuerpo*, 16 de enero de 1980.

12. *Catecismo*, n. 391.

13. Véase *Cuerpo*, 31 de octubre de 1979.

14. Es cierto que ésta es una generalización. Pero pareciera ser cierto que la mayor parte de los hombres experimentan sus deseos sexuales desordenados como una forma de gratificación física a expensas de una mujer, mientras que la mujer experimenta sus deseos sexuales desordenados como una manera de obtener gratificación emocional a expensas de un hombre. También debería mencionarse aquí que algunos hombres y mujeres experimentan deseos sexuales hacia personas de su mismo sexo. Dado que la atracción hacia el mismo sexo no es con frecuencia elegida libremente, no es pecaminosa en sí misma, pero es claro que forma parte del desorden del apetito sexual causado por el pecado original. Véase el capítulo ocho sobre este tema.

15. *Cuerpo*, 8 de octubre de 1980.

16. Ver *Cuerpo*, 5 de marzo de 1980.

17. Véase *Catecismo*, n. 411.

18. Es importante darse cuenta que el matrimonio del Nuevo Adán y Eva es un matrimonio "místico". Tiene lugar más allá del ámbito de las relaciones de sangre y familia, tal como las entendemos. "Cristo Adán" y "María Eva" tienen que ser entendidos como arquetipos del "hombre" y la "mujer". No hay razón, entonces, para preocuparse por el hecho de que es la madre de Cristo según la carne y la sangre la que, en cierto sentido, nos representa a todos nosotros como la Esposa mística de Cristo (véase *Catecismo*, n. 773). Aún más, cuando Jesús quiere que entendamos a María como la Nueva Eva, tanto en Caná como en el Calvario, no se refiere a ella como a su madre, sino como "la mujer" —una referencia a *Génesis* 3, 15.

19. Como ha dicho Juan Pablo II, *"Todos los seres humanos —hombres y mujeres— están llamados a ser la 'Esposa' de Cristo ... De este modo 'ser esposa' y, por consiguiente, lo 'femenino', se convierte en símbolo de todo lo 'humano'"* (*Mulieres dignitatem*, n. 25). En otra parte en el mismo texto, dice: "Desde este punto de vista, la 'mujer' es la representante y arquetipo de todo el género humano, es decir, representa aquella humanidad que es propia de todos los seres humanos, ya sean hombres o mujeres" (n. 4).

20. *Catecismo*, n. 1617.
21. San Pablo expresa hermosamente cómo la cruz nos hace libres del pecado, y cómo el Espíritu Santo nos da el poder para amar, en la *Carta a los Romanos*, capítulos 6, 7 y 8. También véase *Carta a los Gálatas*, capítulo 5.

2
¿Quién dice eso?

1. Véase *Catecismo*, n. 889.
2. *Lumen gentium*, n. 12.
3. Véase *Catecismo*, n. 889.
4. Esto ha sucedido solamente dos veces en la historia de la Iglesia. En 1854 el Papa Pío IX definió infaliblemente el dogma de la Inmaculada Concepción (la doctrina que afirma que, a la luz de la obra redentora de Cristo, María fue concebida sin pecado original). Y en 1950 el Papa Pío XII definió infaliblemente el dogma de la Asunción de María, en cuerpo y alma, al cielo.
5.   Véase *Lumen gentium*, n. 25.
6. *Catecismo* n. 2051. Énfasis agregado.
7. *Catecismo*, n. 892.
8. Para un estudio excelente sobre el papel esencial de la jerarquía en la organización no sólo de la Iglesia, sino también de toda la sociedad, véase *The Church and the Culture War* [La Iglesia y la guerra de cultura], por Joyce Little (Ignatius, San Francisco, 1995). Algunas de las ideas expresadas aquí fueron sacadas de esta obra.
9. *Familiaris*, n. 9.
10. Cualesquiera sean tus preguntas, lo mejor que puedes hacer es ir a las fuentes, tales como el *Catecismo,* para las respuestas. Ésta es una norma segura para saber lo que la Iglesia enseña y cree. Libros como el que estás leyendo ahora, que tratan de explicar lo que la Iglesia enseña realmente y por qué, son también muy útiles. Más aún, hay varios apostolados dentro de la Iglesia, cuyo propósito es clarificar y explicar la doctrina oficial de la fe católica. Dos organizaciones de esta clase son *Catholic Answers* [Respuestas católicas] y *Catholics United for the Faith* [Católicos unidos por la fe]. Ambas organizaciones pueden contestar tus preguntas por teléfono y tienen numerosos libros, panfletos, cintas y otros elementos que explican lo que la Iglesia realmente enseña y por qué (véase la sección de Recursos).
11. Para demostrar esta ambivalencia, considera cuántas palabras vulgares conoce uno para el codo. En contraste, ¿cuántas palabras vulgares conoce uno para aquellas partes del cuerpo que distinguen al hombre de la mujer? Da que pensar, ¿no es cierto?

12. Hay que dar crédito a Christopher Derrick y su libro *Sex and Sacredness* [Sexo y santidad] (San Francisco, Ignatius, 1982) por muchas de las ideas que se han expresado aquí.
13. Véase *Cuerpo* , 13 de octubre de 1982.
14. *Cuerpo*, 13 de octubre de 1982, n. 11.
15. Véase *Cuerpo*, 29 de octubre de 1980.
16. Véase *Cuerpo*, 8 de octubre de 1980.

3
¿A qué te estás comprometiendo al decir "Sí prometo"?

1. Juan Pablo II, "The Love Within Families" [El amor en las familias], *Origins*, 16 (23 de abril de 1987): 799.
2. Véase *Gaudium*, n. 48 y *Código de Derecho Canónico*, canon 1055.
3. Véase *Gaudium*, n. 49.
4. Aun si el matrimonio no se ha consumado, no hay poder humano que pueda pretender disolverlo. Sin embargo, la Iglesia, en casos muy raros, tiene el poder sobrehumano, dado por Dios, de disolver matrimonios no consumados.
5. *Gaudium*, n. 48.
6. Véase canon 1055.
7. *Familiaris*, n. 13.
8. *Baltimore Catechism*, n. 304.
9. Véase Tertuliano, *Sobre la resurrección de la carne*, capítulo 8.
10. *Cuerpo*, 20 de febrero de 1980.
11. Véase *Cuerpo*, 13 de octubre de 1982.
12. *Cuerpo*, 20 de octubre de 1982.
13. *Catecismo*, n. 1617.
14. Sin embargo, en las Iglesias Católicas de Rito Oriental el sacerdote es considerado el ministro del sacramento del matrimonio (véase *Catecismo*, n. 1623).
15. Yo recomendaría *Annulment: The Wedding that Was* [Nulidad: La boda que fue], del Padre Michael Smith Foster (New York: Paulist, 1999). Escrito en un formato de preguntas y respuestas, hace fácil de entender problemas complejos de derecho canónico. Puede ordenarse por medio de las Daughters of St. Paul (véase la sección de Recursos).
16. Cánones 1083-1090.
17. Hombres que ya están casados pueden ser ordenados como diáconos permanentes. Pero si la esposa de un diácono muere, éste no tiene libertad para volver a casarse.
18. Canon 1108.
19. Cánones 1095, 1102, 1103.

20. *Familiaris*, n. 32.

21. *Cuerpo*, 1 de septiembre de 1982.

22. *Catecismo*, 1821.

4
¿Qué hay que hacer antes de casarse?

1. Juan Pablo II, "The Love Within Families,", 799.

2. *Amor*, 153.

3. Véase *Cuerpo*, 26 de enero de 1983.

4. Parece algo serio. Lo es. Parece que son muy pocos los que entienden esto. Correcto. Nuestra cultura nos bombardea continuamente con un mensaje muy distinto sobre el sexo. Y los católicos y otros cristianos no han sido inmunes al mensaje.

   Una encuesta que hice en la Arquidiócesis de Denver indica que el 91 por ciento de las parejas que participan en la preparación para el matrimonio son sexualmente activas antes del matrimonio. Pero la misma encuesta indica también que esto se debe más a ignorancia de la visión de la Iglesia sobre el sexo, que a oposición a ella. Cuando la visión de la Iglesia se presenta y explica, la mayoría de la gente responde en forma positiva.

   No es un mensaje de condenación. Es una llamada a vivir una nueva vida en Cristo. Es una invitación. Es atractiva. Es lo que el corazón humano desea, porque es la verdad a la que aspiran todos los corazones.

5. George Weigel, *Witness to Hope* [Testigo de la esperanza] (New York, Harper Collins 1999), p. 343.

6. Larry Bumpass and James Sweet, *Cohabitation, Marriage and Union Stability: Preliminary Findings.* (Madison, Wis.: Center for Demography and Ecology, University of Wisconsin, 1995), Working Paper #65; Alfred DeMaris and Vaninadha Rao, "Premarital Cohabitation and Subsequent Marital Stability in the United States. A Reassesment," *Journal of Marriage and the Family* 54 (1992): 179-90.

7. J. D. Teachman, J. Thomas and K Paasch, "Legal Status and the Stability of Coresidencial Unions" *Demography* (November 1991): 571-83.

8. Las relaciones premaritales casi siempre implican el uso prolongado de la anticoncepción. Pero si una pareja implicada en relaciones prematrimoniales quisiera concebir un niño, no podríamos considerarlos como "abiertos a la vida" en el sentido más amplio de la expresión. Una apropiada apertura a la vida es intrínsecamente marital, es decir, reconoce el derecho del niño a ser concebido por padres que ya están comprometidos en matrimonio, para que el niño crezca en un ambiente estable y lleno de amor.

9. Véase "Sexual Exclusivity Among Dating, Cohabiting and Married Women", *Journal of Marriage and the Family* 58 (1996): 33-47.

10. Aun cuando una persona esté dispuesta a o *quiera* ser usada, *nunca* hemos de hacerlo. Nuestra dignidad no depende del hecho que nos demos cuenta. De hecho, si una persona no se da cuenta de su dignidad, estamos tanto más obligados a mostrar a esa persona su dignidad por medio de nuestro amor.

11. Véase *Amor*, 40.

12. *Catecismo*, n. 2350.

13. Paul Quay, *The Christian Meaning of Human Sexuality* (San Francisco, Ignatius, 1985), 74-75.

14. Véase *Catecismo*, n. 2352.

15. El desorden de las pasiones causado por el pecado original se llama *concupiscencia*. En su sentido más amplio, la concupiscencia implica más que el desorden del apetito sexual. La concupiscencia nos inclina al pecado pero no es pecado en sí misma, porque no la hemos elegido libremente. Es simplemente algo "dado" en la naturaleza humana caída.

16. *Amor*, 45.

17. *Cuerpo*, 12 de noviembre de 1980.

18. Hay sin embargo algo equivalente en las mujeres a la pornografía: las "ardientes" novelas románticas. El hecho de que las mujeres se sienten mucho más atraídas a esto que a la pornografía habla con agudeza de la psiquis femenina. Las fotos solas no son importantes para la mayoría de las mujeres. Necesitan una historia, el romance encantador, el desarrollo de emoción y drama.

   A pesar del hecho que tales novelas son socialmente más aceptables que la pornografía, no son menos una distorsión de la relación del hombre y la mujer. Ambas se basan en el impulso pecaminoso en nosotros de la gratificación sexual, solo que de distinta manera. La pornografía satisface el deseo del hombre caído por la estimulación física y visual, mientras que las novelas de romance ardiente satisfacen el deseo de la mujer caída mediante el estímulo emocional y romántico. Ninguna de las dos formas es saludable. Ninguna de ellas nos lleva a la verdad. De hecho, ambos nos deforman con una mentira.

19. Véase Cuerpo, 29 de octubre de 1980.

20. Cuerpo, 3 de diciembre de 1980.

21. Dado que la mayoría de los hombres en nuestra cultura han sido tan condicionados por la pornografía, y por la imagen de las mujeres en los medios de comunicación en general, las mujeres se encuentran bajo el tremendo peso de adecuarse para lograr ser consideradas atractivas. La mayoría de esos retratos de mujeres no son ni siquiera reales. Son alterados con computadoras para eliminar cualquier traza de "imperfecciones" (en realidad, cualquier traza de humanidad normal).

   De modo que las mujeres se encuentran tratando de alcanzar estándares de "belleza" que es literalmente imposible de alcanzar. El aumento de varios desórdenes alimenticios entre las mujeres, y aun entre muchachas jóvenes, es un ejemplo claro de los efectos de la cultura de pornografía que los medios de comunicación han producido en la psiquis de las mujeres. Es muy sencillo: la pornografía degrada terriblemente a las mujeres.

La banda "Tears for Fears" escribió una vez una canción titulada "Mujer Encadenada" [Woman in Chains] que capta extraordinariamente bien la manera como la lujuria masculina afecta a las mujeres. Si puedes encontrar una copia, vale la pena pensar sobre la letra. "En el fondo de tu corazón hay heridas que el tiempo no puede sanar ... es un mundo que se ha vuelto loco, mantiene encadenadas a las mujeres."

22. Véase *Cuerpo*, 18 de marzo de 1981.

23. Un lugar donde podrías empezar a buscar ayuda es la Christian Alliance for Sexual Recovery [Alianza Cristiana para Recuperación Sexual]. Véase la sección de Recursos para información de cómo contactarlos.

5
¿Y después de casados?

1. *Carta a las familias*, n. 12.

2. *Amor*, 254.

3. *Amor*, 316, 320.

4. Véase *Amor*, 264.

5. *Amor*, 265.

6. Véase John Harvey, "Expressing Marital Love During the Fertile Phase" [Expresando el amor matrimonial durante la fase fértil], *International Review of Natural Family Planning* (Winter 1981): 207.

7. Véase canon 1061.

8. Quay, 83.

9. En *Amor y Responsabilidad* (ver págs. 313-324), Juan Pablo II hizo una distinción entre "técnica" en las relaciones conyugales y una "cultura de las relaciones conyugales". El mismo término "técnica" implica un análisis artificial o despersonalizante de la intimidad sexual. Por otra parte, una apropiada "cultura de las relaciones conyugales" lleva a una verdadera satisfacción porque permite a ambos, marido y mujer entrar en y experimentar el "mundo" del otro. La ternura desinteresada (altruista) en las relaciones conyugales, dice, proporciona "la capacidad de entrar de hecho en las emociones del otro y sus experiencias, [las que] pueden jugar un papel muy importante en la armonización de las relaciones sexuales."

Por ejemplo, de parte del marido, esta ternura desinteresada lo lleva a entender la forma más gradual de excitación sexual de su esposa y a controlar su propia reacción de modo de llevar a su mujer a un orgasmo junto con él.

Sin tal ternura, existe el peligro de que el marido pueda simplemente someter a su esposa a las demandas de su propio cuerpo. De modo que por motivos de amor, los esposos deliberadamente aprenden a sincronizarse, para llevar al otro al máximo gozo en su unión. Esto es muy distinto del intento hedonista de obtener el máximo placer físico.

10. *Cuerpo*, 27 de junio de 1984.
11. *Catecismo*, n. 1642.
12. Es muy útil hablar de sus propias experiencias con un director espiritual o consejero. Hay también varios programas (algunos mejores que otros) específicamente diseñados para ayudar a adultos a superar las heridas del pasado, de su sexualidad y de su capacidad de relacionarse, para lograr desarrollar relaciones sanas en el presente y en el futuro. Uno de esos programas se llama Living Waters; para información a quién contactar, véase la sección de Recursos.

Si usted ha sido abusado sexualmente, le aconsejaría muy seriamente que obtenga tratamiento profesional. Para consejos por teléfono, o para referirlo en su área, llame a la Counseling Hotline of Gregory Popcak (véase la sección de Recursos).

13. *Cuerpo*, 30 de julio de 1980.
14. El lenguaje de la Iglesia ha cambiado desde el Concilio Vaticano II, en la definición de los fines del matrimonio. El *Catecismo* habla ahora del "doble fin" del matrimonio como "el bien de los esposos y la transmisión de la vida" (n. 2363). Este cambio en el lenguaje se origina en parte de un desarrollo en la comprensión del papel del amor conyugal en la relación de los esposos.

Los que buscaban encontrar el lugar del amor conyugal dentro de la jerarquía tradicional de los fines, muy a menudo lo equiparaban con la *ayuda mutua de los esposos*. Este fin secundario del matrimonio en realidad se refiere a la ayuda y apoyo que el compartir la vida como marido y mujer proporciona en un nivel práctico. Equiparar la *ayuda mutua* con el "amor mutuo" llevó al error de que la Iglesia enseñara que la procreación tiene precedencia sobre el amor.

El Concilio Vaticano II aclaró esta materia en forma hermosa al demostrar que el amor conyugal no es en absoluto *un fin* del matrimonio. Es la verdadera *esencia* de la relación matrimonial de la que fluyen los fines del matrimonio. Los fines del matrimonio son los mismos que los fines del amor conyugal.

Como dijera el Vaticano II, "La institución matrimonial *y el amor conyugal* están ordenados, por su índole y naturaleza propia, a la procreación y educación de la prole." (*Gaudium*, n. 48, con énfasis agregado). "Con este renovado planteamiento," dice Juan Pablo II, "la enseñanza tradicional sobre los fines del matrimonio (y sobre su jerarquía) queda confirmada y a la vez se profundiza desde el punto de vista de la vida interior de los esposos..." (*Cuerpo*, 10 de octubre de 1984).

15. Véase *Cuerpo*, 7 de noviembre de 1984.
16. Véase *Cuerpo*, 7 de julio de 1982 y 1 de diciembre de 1982.

6
"No, no prometo"

1.   *Deuteronomio* 30, 19.
2.   Ronald Lawler, Joseph Boyle y William May, *Catholic Sexual Ethics* (Huntington Ind.: Our Sunday Visitor, 1985 y 1998).
3.   Véase *Familiaris*, n. 32
4.   Noventa y nueve por ciento de eficacia quiere decir que de cien parejas que siguen las reglas de PFN por un año, sólo una pareja llegaría a concebir un niño.

     Véase el librito *The Effectiviness of Natural Family Planning* [La efectividad de la planificación familiar natural] para los resultados de varios estudios distintos que confirman esta cifra (Cincinnati: Couple to Couple League, 1986). Para ordenarlo, vea la información de cómo contactar la Couple to Couple League en la sección de Recursos.
5.   *L'Osservatore Romano*, 10 de octubre de 1983, 7.
6.   *Humanae vitae*, n. 16, énfasis agregado.
7.   Dios también nos dio la inteligencia para fabricar bombas atómicas. Esto no quiere decir que sea inteligente el hacerlo.
8.   Escucha la cinta, "Contraception: Why Not?" [Anticoncepción: ¿Por qué no?] Para ordenarla de One More Soul, véase la información de contactos en la sección de Recursos.
9.   Le debo al Dr. Donald DeMarco esta analogía. Véase su libro *New Perspectives on Contraception* (Dayton, OH.: One More Soul, 1999), 114. Para ordenarlo, véase la información de contactos para One More Soul en la sección de Recursos.
10. Las interpretaciones tradicionales de este pasaje siempre han visto en él la condenación de Dios de cada uno y de todos los métodos para hacer estéril el orgasmo (masturbación, anticoncepción, sodomía, etc.). El término "onanismo" fue creado específicamente para referirse a esas conductas. Parece que sólo los partidarios modernos de la anticoncepción han tratado de evitar la conclusión de que Dios mató a Onán por derramar su semilla, es decir, su semen.
11. Esta mentalidad anti-niños encuentra su epítome en un catálogo que vi una vez, vendiendo felpudos para la puerta con un letrero: "Animales son bienvenidos. Los niños deben estar con correa." El aviso bajo la fotografía decía: "Por cierto, este felpudo poco amistoso mantendrá alejada a la mamá fértil y a su tropa."

12. *Gaudium*, n. 50.
13. *Catecismo*, n. 2368.
14. *Familiaris*, n. 86.
15. A menos que se especifique, las siguientes declaraciones fueron citadas por Patrick Fagan, "A Culture of Inverted Sexuality", *Catholic World Report*, noviembre de 1998, p. 57. (También debo crédito a Patrick Fagan por algunas de las ideas presentadas en la respuesta a la pregunta 14).
16. T. S. Eliot, *Thoughts after Lambeth* [Ideas después de Lambeth] (London, Faber and Faber, 1931), 32.
17. "Forgetting Religion", *The Washington Post*, 22 de marzo de 1931.
18. Véanse los siguientes estudios:

    Larry L. Bumpass and James A. Sweet, *Cohabitation, Marriage and Union Stability: Preliminary Findings, NSFH Working Paper*, n. 65. (Madison, WI,: Center for Demography and Ecology: University of Wisconsin, Madison. 1955).

    Maggie Gallagher, "Fatherless Boys Grow Up Into Dangerous Men," *The Wall Street Journal*, 1 de diciembre de 1998, A22.

    Sara McLanahan y Gary Sandefur, "The Consequences of Single Motherhood," *The American Prospect*, 18 (1994): 48-58.

    David Blankenhorn, *Fatherless America: Confronting our Most Urgent Social Problem* (New York, Basic Books, 1995).
19. Philip F. Lawler, "The Price of Virtue," *Catholic World Report*, julio de 1997, 58.
20. Allan C. Carlson, "The Ironic Protestant Reversal: How the Original Family Movement Swallowed the Pill," *Family Policy* 12 (1999): 20.
21. Para una cantidad de información interesante sobre lo que las primeras feministas pensaban de la anticoncepción, véase Linda Gordon, "Voluntary Motherhood: the Beginning of Feminist Birth Control Ideas in the United States," *Feminist Studies* 1 (Invierno y primavera, 1973): 5-22.
22. Este cambio en la manera de pensar de las feministas con respecto a la anticoncepción se debe fundamentalmente a la influencia de Margaret Sanger y Planned Parenthood, la institución que fundara. Para una visión sorprendente sobre la influencia de Planned Parenthood en la visión del mundo moderno sobre la vida humana y la moral sexual, véase Robert G. Marshall y Charles A. Donovan, *Blessed are the Barren: The Social Policy of Planned Parenthood* (San Francisco, Ignatius, 1991).
23. Citado del artículo de Donal DeMarco, "Contraception and the Trivialization of Sex," recuperado de www.cuf.org/july99a.htm, 6.
24. *Humanae vitae*, n. 17.
25. Juan Pablo II, *Evangelium vitae*, n. 13.
26. Planned Parenthood v. Casey, 1993.
27. Véase la nota 8 de esta sección.
28. Para una presentación bien investigada y equilibrada de esto, escuche la cinta

"The Pill 101: the Abortifacient Action of Hormonal Contraceptives" [La Píldora, curso básico: la acción abortiva de los anticonceptivos hormonales], por el Dr. Chris Kahlenborn. Para ordenarla de la Gift Foundation, véase información sobre contacto en la sección de Recursos.

29. Empleando cifras de probabilidad de concepción y modelos de actividad sexual, John Kippley ha estimado que el uso del DIU es responsable por unos 247,800,000 abortos desconocidos de primeras etapas anualmente en todo el mundo (véase *Birth Control and Christian Discipleship*, 2 ed. (Cincinnati: Couple to Couple League, 1998), 14.

30. *Humanae vitae*, n. 15.

31. Si su médico no puede ayudarla en este tema, contacte el Instituto. (vea información sobre contacto en la sección de Recursos).

32. Véase *nota* 106.

33. *Gaudium*, n. 51.

34. En un estudio del Dr. Josef Rotzer, de mil cuatrocientas parejas casadas que usaban PFN, no hubo un solo divorcio (véase DeMarco, 115).

35. Muchas esposas que usan PFN en sus matrimonios hablan del gozo de ser besadas sin sospechar que su marido "quiere" algo. Ésta es la libertad y el gozo que proporciona el PFN. Hace capaces a los esposos de amarse mutuamente por sí mismos.

36. Una fuente de estímulo para cualquier esposa que espera y reza por la conversión de su esposo es el diario de Elizabeth Leseur titulado *My Spirit Rejoices* (Manchester, N.H.: Sophia Institute Press, 1996). Para ordenarlo, vea la sección de Recursos.

37. La organización One More Soul tiene una línea telefónica nacional de atención personal para revocar la esterilización, a la que se puede llamar para pedir más información. Ver la sección de Recursos.

38. Hay varias organizaciones nacionales de PFN, y una lista se encuentra en la sección de Recursos de este libro. Ofrecen clases en todo el país. Llame a las oficinas de su diócesis o a cualquiera de estas organizaciones, para averiguar dónde se ofrecen clases en su área. Tomar una clase es siempre recomendable, pero un curso de estudio en la casa está también disponible a través de la Couple to Couple League (véase la sección de Recursos).

7
"Prometo," pero no como Dios quiere

1. "The Love Within Families", 799.
2. *TIME* magazine, 8 de noviembre de 1999, 66-69.
3. Más de unos pocos doctores han reconocido la ironía del hecho que pasan los primeros quince años de la vida fértil de la mujer ayudándole a impedir el embarazo, y los segundos quince años ayudándole a concebir. ¿Resulta sorprendente que una cultura promiscua, inclinada a impedir los embarazos con altas dosis de drogas que suprimen la fertilidad y con dispositivos mecánicos invasivos pueda experimentar un alza dramática en la tasa de infertilidad cuando se desea la concepción?
4. Irónicamente, el primer niño de tubo de ensayo en la historia, Louise Brown, nació el 25 de julio de 1978. Esto sucedió justamente en el décimo aniversario de la publicación de la encíclica *Humanae vitae*, del Papa Pablo VI, quien sostenía en ese entonces la intrínseca unión entre el sexo y la procreación. ¿Coincidencia? ¿O es que Dios está diciéndonos algo? (alrededor de cien mil niños producidos tecnológicamente han nacido en Estados Unidos, solamente desde esa fecha).
5. Véase la Congregación para la Doctrina de la Fe, *Instrucción sobre el respeto de la vida humana naciente, y a la Dignidad de la Procreación.* (*Donum vitae*), n. 7, citada como *Donum* en adelante.
6. *Donum,* n. A1.
7. William E. May, *Marriage: The Rock on which the Family is Built* (San Francisco: Ignatius, 1995), 98.
8. Los esposos violan aun más sus votos cuando recurren a gametos de terceros (que se llama técnicamente *fertilización heteróloga*) o "usan" el útero de una madre sustituta para la gestación, dado que el compromiso de fidelidad de los esposos *"comporta el recíproco respeto de su derecho a llegar a ser padre y madre exclusivamente el uno a través del otro"* (*Donum,* n. A1).
9. *Donum,* n. B5.
10. Véase *Catecismo,* n. 398.
11. *Humanae vitae* n. 16 , énfasis agregado.
12. *Familias,* n. 19.
13. Véase *Donum,* n. A1
14. Véase *Donum,* n. B 8.
15. Aquí también vemos cómo la lógica interna de la anticoncepción y la reproducción técnica están relacionadas. Las parejas que se involucran en el coito anticonceptivo no quieren que se haga la voluntad de Dios en su relación sexual, sino la de ellos. Igualmente, los que recurren a técnicas de fertilización no están satisfechos con la voluntad de Dios, sino que quieren la de ellos. Podríamos decir que nos encontramos aquí con un ver la fertilidad como una

llave de agua. En vez de respetar y confiar en los designios de Dios, la gente exige tener el poder de anular la fertilidad cuando *ellos* quieren, y de implementarla cuando *ellos* quieren hacerlo.

16. *Donum*, n. B 8.

17. La siguiente historia trágica que me contó una amiga que enseña PFN, demuestra cuán poco saben algunos médicos. Después de dar una charla sobre cómo interpretar los signos de fertilidad, notó que una mujer en la audiencia estaba muy triste. Resultó que había sido incapaz de concebir y por años había estado siguiendo el consejo de su médico, quien le había dicho que podía aumentar las probabilidades de embarazarse si esperaba, para tener relaciones, hasta que hubiera *subido* la temperatura en su ciclo. En realidad, el alza de temperatura indica el período *infértil* del ciclo. Inmediatamente antes del cambio es el período *más fértil*.

18. Véase información sobre contacto con el Instituto en la sección de Recursos.

19. *Donum*, n. B8; cita de *Familiaris*, n. 14.

20. *Denver Catholic Register*, 21 de julio de 1999, 2.

21. Si su propio médico no puede proporcionar un condón perforado, contacte el Instituto Pablo VI (para información sobre contacto, vea la sección de Recursos).

8

Cuando es imposible decir "Sí prometo"

1. Stanislaw Grygiel, citado en "The Church Must Guide the Sexual Revolution" (Zenit International News Agency, 31 de agosto de 1999), tomado de www.ewtn.com/library/Theology/ZSEXREV.HTM.

2. Andrew Sullivan, *Virtually Normal*, citado el artículo de Philip E. Lawler, "The Price of Virtue," *Catholic World Report*, julio de 1997, 59.

3. Ni es suficiente un breve capítulo de este libro. Todo lo que puedo hacer dentro de la extensión de este proyecto es considerar algunas de las preguntas y objeciones planteadas por audiencias predominantemente heterosexuales sobre la homosexualidad. Para un análisis más completo del tema, desde una perspectiva católica, véase John Harvey, *The Truth About Homosexuality* (San Francisco: Ignatius, 1996).

4. David Morrison, *Beyond Gay* (Huntington, Ind.: Our Sunday Visitor, 1999), 14.

5. Véase Congregación para la Doctrina de la Fe, *El cuidado pastoral de homosexuales*, n. 3. En adelante citada como *Pastoral*.

6. Véase *Pastoral*, n. 3.

7. Cuando hablamos de la concupiscencia del deseo por el sexo opuesto, o por la comida o bebida, es necesario usar el adjetivo "desordenado" porque estos

deseos no son ellos mismos de concupiscencia. Son parte del plan original de Dios, y cuando se dirigen adecuadamente son muy buenos. El deseo homosexual, sin embargo, es desordenado *en sí mismo*. No fue parte del plan original de Dios, sino que es resultado del pecado original.

8. "Catholicism, Homosexuality and Dignity," folleto publicado por Dignity, citado en *Beyond Gay*, p.56.

9. Véase Ramesh Ponnuru, "Sexual Hangup," en *The National Review*, 8 de febrero de 1999, 42.

10. Para los que tengan interés en un sistema de auto-ayuda para curarse, recomendaría Gerald Van der Aardweg, *The Battle for Normality: A Guide for (Self) Therapy for Homosexuality* (San Francisco: Ignatius, 1997).

11. Mario Bergner, el hombre que dio esas charlas, ha escrito un libro que cuenta su historia, llamado *Setting Love in Order* (Grand Rapids, Mich.: Baker, 1995). Para ordenarlo, vea la sección de Recursos.

12. Está más allá del plan de este libro debatir las distintas teorías sobre el origen de la homosexualidad. Hay varias. Mi único interés aquí es explicar brevemente lo que tuvo sentido para mí, para salir de mi propia "crisis de identidad" y dejar constancia que las mismas ideas han ayudado a comprenderse mejor a hombres con diferentes grados de atracción del mismo sexo.

13. Pregúntenle a un homosexual acerca de su vida de fantasía sexual, y casi sin falta se describirá uniéndose con las imágenes idealizadas de lo masculino. Ésta es simplemente la dinámica que estoy describiendo, como ocurrió en mi propia vida, llevada a su extremo erótico. Leanne Payne, consejera con años de experiencia ayudando a hombres homosexuales, describe este fenómeno como la "compulsión del caníbal". Los caníbales, aparentemente y en forma típica, comen sólo a gente que admiran, con la esperanza de adquirir algunas de sus cualidades. Ella cree que los hombres homosexuales buscan adquirir esa parte masculina de ellos mismos que ven en su pareja sexual (o pareja de fantasía), y que temen que ellos no la tengan. Sus libros *The Broken Image* [La imagen quebrada] (Grand Rapids, Mich.: Baker, 1981 y 1996) y *Healing Homosexuality* [Sanando la homosexualidad] (Grand Rapids, Mich.: Baker, 1996) son dignos de leerse, ya sea que usted esté luchando o no con la atracción por el mismo sexo. Para ordenar de Baker Book House, véase la sección de Recursos.

14. San Pablo se refería a una verdad fundamental cuando atribuía la raíz de la atracción por el mismo sexo a la idolatría (véase Rm 1, 23-27).

15. Mire la sección de Recursos para información sobre grupos de ayuda y curación.

16. Mire la información sobre contacto para ambos programas en la sección de Recursos.

9
Decir "Sí prometo" sólo a Dios

1. *Apocalipsis* 21, 1-3.
2. Véase *Cuerpo*, 16 de diciembre de 1981.
3. *Cuerpo*, 28 de abril de 1982.
4. *Cuerpo*, 7 de abril de 1982. El Maniqueísmo es una antigua herejía dualista que ve las cosas del cuerpo como malas, poniendo todo el énfasis en las realidades espirituales.
5. Véase *Cuerpo*, 28 de abril de 1982.
6. Juan Pablo II, *Carta a las mujeres*, n. 3. Recomiendo abiertamente esta breve carta, como también el tratamiento más extenso de Juan Pablo respecto a la dignidad y vocación de la mujer en su Carta apostólica *Mulieris dignitatem* (citada más adelante como *Mulieris*). Para ordenar ambas de las Hijas de San Pablo [Daughters of St. Paul], véase la información sobre contactos en la sección de Recursos.
7. Grygiel.
8. *Mulieris*, n. 26.
9. *Mulieris*, n. 26.
10. Gracias a Mary Rousseau por este ejemplo. Véase su excelente artículo, "Eucharist and Gender", *Catholic Dossier*, septiembre/octubre 1996, 19-23, para un muy buen tratamiento del tema de reservar la ordenación sacerdotal a hombres.
11. Véase Juan Pablo II, *Redemptor hominis*, n. 1.

Recursos

Para matrimonios con problemas

Gregory Popcak, MSW, LCWS
2416 Pennsylvania Ave.
Weirton, WV 26062
Línea gratuita para asesoramiento: 740-266-6461
email: gpopcak@exceptionalmarriages.com

Retrouvaille
Éste es un programa muy exitoso, diseñado para ayudar a sanar a matrimonios con problemas, a través de un diálogo franco y abierto.
800-470-2230
www.retrouvaille.org

Enriquecimiento matrimonial

Marriage Encounter
800-795-LOVE
www.wwme.org

Planificación familiar natural (PFN)

Billings Ovulation Method Association, USA
316 North 7th Ave.
St. Cloud, MN 56303
320-252-2100
www.boma-usa.com

Couple to Couple League
P. O. Box 111184
Cincinnati, OH 45211-1184
513-471-2000
www.ccli.org
email: ccli@ccli.org

Family of the Americas Foundation
P. O. Box 1170
Dunkirk, MD 20754
301-627-3346
www.familyplanning.net
email: familyplanning@yahoo.com

Northwest Family Services, Inc.
4805 N. E. Glisan St.
Portland, OR 97213
503-215-6377
www.nwfs.org
email: nfs@nwfs.org

Pope Paul VI Institute for the Study of Human Reproduction
6901 Mercy Rd.
Omaha, NE 68106
402-390-6600
www.popepaulvi.com

Recursos educativos

Family Honor
2927 Devine St., Suite 130
Columbia, SC 29205
803-929-0858
www.familyhonor.org
email: famhonor@aol.com

Couple to Couple League
P. O. Box 111184
Cincinnati, OH 45211-1184
513-471-2000 (información general)
800-745-8252 (línea de pedidos)
www.ccli.org
email: ccli@ccli.org
The Gift Foundation
P. O. Box 95

Carpentersville, IL 60110
800-421-GIFT
www.giftfoundation.org
email: info@giftfoundation.org

One More Soul
616 Five Oaks Ave.
Dayton, OH 45406
800-307-SOUL
www.omsoul.com
email: omsoul@omsoul.com

Real Love Productions (Mary Beth Bonacci)
P. O. Box 1324
Ft. Collins, CO 80522-1324
888-667-4992
www.reallove.net

Life After Sunday
Boletín informativo que promueve la visión de Juan Pablo II sobre la cultura católica y sobre el verdadero significado de la vida.
P. O. Box 1761
Silver Spring, MD 20915
800-473-7980
www.lifeaftersunday.com

Homosexualidad

Courage/EnCourage
210 W. 31st St.
New York, NY 10001
212-268-1010
NYCourage@aol.com
http://couragerc.net/Encourage.html

National Association for Research and Therapy of Homosexuality
(NARTH)
16633 Ventura Blvd., Suite 1340
Encino, CA 91436
818-789-4440
www.narth.com
email: narth@earthlink.net

Asesoramiento personal/derivaciones

Gregory Popcak, MSW, LCWS
2416 Pennsylvania Ave.
Weirton, WV 26062
Línea gratuita para asesoramiento: 740-266-6461
email: gpopcak@exceptionalmarriages.com

Saint Michael's Institute
286 Fifth Ave.
New York, NY 10001
212-629-4767
www.saintmichael.net
email: info@saintmichael.net

Adicción sexual

Christian Alliance for Sexual Recovery
P. O. Box 2124
Tupelo, MS 38803-2124
662-844-5128
www.helpandhope.org

Sexaholics Anonymous (SA)
P. O. Box 111910
Nashville, TN 37222
615-331-6230
www.sa.org
email: saico@sa.org

Focus on the Family
www.pureintimacy.org

Sanación personal/sexual
(incluyendo la homosexualidad)

Redeemed Life Ministries
P. O. Box 1211
Wheaton, IL 60189-1211
630-668-0661
email: rlivesmin@aol.com

Pastoral Care Ministries
630-510-0487
www.leannepaynenews.com
email: charismc@aol.com

Desert Stream Ministries
P. O. Box 17635
Anaheim, CA 92817-7635
714-779-6899
www.desertstream.org
email: info@desertstream.org

Sanación post-aborto
National Office of Post Abortion Reconciliation and Healing
P. O. Box 070477
Milwaukee, WI 53207-0477
800-5WE-CARE
www.marquette.edu/rachel
email: noparh@juno.com

Elliot Institute
P. O. Box 7348
Springfield, IL 62791-7348
www.afterabortion.org
email: dave12@famvid.com

Reversión de la esterilización

One More Soul National Sterilization Reversal Hotline: 800-307-7685

Recursos adicionales de Christopher West

Libros:
Theology of the Body Explained: A Commentary on John Paul II's "Man and Woman He Created Them" (Pauline Books & Media, 2003, 2007).

Theology of the Body for Beginners: A Basic Introduction to John Paul II's Sexual Revolution (Ascension Press, 2004).

Crash Course in the Theology of the Body: A Study Guide (GIFT Foundation/Ascension Press, 2002).

Producciones de audio y video:
Ascension Press es el distribuidor oficial de presentaciones de audio y video de Christopher West. Para recibir más información visite www.christopherwest.com o www.ascensionpress.com o llame al 1-800-376-0520.

Para contratar a Christopher West para presentaciones y conferencias visite www.christopherwest.com y presione el link "speaking".

Números telefónicos para solicitar materiales recomendados en este texto
Baker Book House: 616-957-3110
Catholic Answers: 888-291-8000
Catholics United for the Faith: 800-MY-FAITH
Couple to Couple League: 800-745-8252
Daughters of St. Paul: 800-876-4463
The Gift Foundation: 800-421-GIFT
Ignatius Press: 800-651-1531
One More Soul: 800-307-SOUL
Our Sunday Visitor Press: 800-348-2440
Sophia Institute Press: 800-888-9344

Índice